在铁人身边的我们

崔英春 ◎著

石油工业出版社

图书在版编目（CIP）数据

在铁人身边的我们 / 崔英春著 . —北京：石油工业出版社，2024.3
ISBN 978-7-5183-6450-3

Ⅰ.①在… Ⅱ.①崔… Ⅲ.①思想政治教育–中国–学习参考资料　Ⅳ.① D64

中国国家版本馆 CIP 数据核字（2023）第 214992 号

出版发行：石油工业出版社
　　　　　（北京安定门外安华里 2 区 1 号楼　100011）
　　　　　网　　址：www.petropub.com
　　　　　编辑部：（010）64523829　图书营销中心：（010）64523633
经　　销：全国新华书店
印　　刷：北京晨旭印刷厂

2024 年 3 月第 1 版　2024 年 5 月第 3 次印刷
787×1092 毫米　开本：1/16　印张：19
字数：246 千字

定价：70.00 元
（如出现印装质量问题，我社图书营销中心负责调换）
版权所有，翻印必究

自序 / Foreword

铁人就在身边 "我们"都是铁人

1963年底，经过三年多的苦战，位于东北松辽盆地的大庆油田完成探明和建设，形成了年产600万吨原油的生产能力。大庆油田的开发，不仅为中国经济建设奠定了重要的物质基础，而且为中国人民战胜困难、奋发图强建设祖国提供了宝贵的精神财富。以王进喜为代表的大庆石油人在油田开发最艰苦的时期，吃大苦、耐大劳、公而忘私、奋勇拼搏，创造了世界石油开发史上的奇迹。

1964年2月5日，中共中央发出《中央关于传达石油工业部关于大庆石油会战情况的报告的通告》指出：大庆油田的开发，是一个多快好省的典型，贯彻执行了党的社会主义建设总路线。它的一些经验在各部门和党、政、军、群众团体中也都适用，或者可做参考。

1964年2月13日，毛泽东在人民大会堂的春节座谈会上发出号召："要鼓起劲来，所以，要学解放军、学大庆。要学习解放军、学习石油部大庆油田的经验，学习城市、乡村、工厂、学校、机关的好典型。"

1964年12月，周恩来在第三届全国人民代表大会第一次会议上作的政府工作报告中，总结了大庆油田的典型经验，指出他们的成绩是突出的，他们的主要经验是值得学习的，并向全国人民发出了"工业学大庆"的号召。

20世纪70年代,全国"工业学大庆"会议召开,提出在"五五"期间全国至少有三分之一的企业办成大庆式企业。

"工业学大庆"运动由此在全国展开。"大庆"成为中国工业战线的一面旗帜。"大庆经验"为我国工业化开辟了一条正确道路,为中国式现代化提供了示范标杆和实践经验。大庆作为鲜活典范,对中国经济社会发展影响至深,作用不可替代。

1964年4月20日,《人民日报》发表长篇通讯《大庆精神大庆人》,铁人成为家喻户晓的工人阶级典范和大庆红旗的标识性人物,人们敬铁人、爱铁人,立志做铁人式的好工人、好干部。

整整六十年过去,如今的大庆已建成一座美丽的石油城,累计生产原油已突破25亿吨,占全国陆上原油总产量的36%。如今的大庆人踏着铁人的脚步,赓续着爱国、创业、求实、奉献的红色血脉。在这场充满光荣与梦想的远征中,接续创造着历史,不断刷新着纪录。当年是"30后""40后"创业,现在是"80后""90后""00后"的主场,无数个平凡的"你、我"汇聚成强大的"我们"。为保障石油供给,端牢能源饭碗,"我们"正在书写着崭新的大庆答卷,"我们"正在绘就着中国式现代化建设能源安全主战场上最动人的风景,"我们"正在迸发出中华民族战胜一切困难挑战最硬核的力量。

岁序更迭,华章日新,广袤的大庆油田涌动着澎湃春潮。在这片热土上,铁人从没有离开,新时代大庆人像前辈一样,满腔赤诚,满怀豪情,不舍昼夜。我无时不被他们深深打动着。

2021年12月13日,作为中国作家协会全国第十次代表大会代表,我兴致勃勃地从大庆东站启程去北京参会。开幕式那天,我平生第一次走进庄严神圣的人民大会堂,和全国作家代表、文艺界代表、中央国家机关特邀嘉宾3000多人一起聆听习近平总书记重要讲话。他的声音铿锵有力,令人如沐春风!我坐在第19排,感觉离总书记是那么近,至今回想起来依然无比激动。

会后,我分别受到中国石油天然气集团有限公司及大庆油田主要领导接见。深知能有这份荣耀,都因自己一直在宣传颂扬大庆油田和大庆精神铁人精神。这是我一直以来,也必然是未来无比坚定的文学追求和创作方向。

党的十八大以来,习近平总书记多次对党的宣传工作和文艺工作者提出指示要求。他始终强调"人民至上",鼓励我们要以人民为中心,为人民创作。在写作这个圈,有人热衷于写风花雪月、有人擅长写穿越魔幻、有人研究怎么猎奇猎艳,我对这些都无感。我生在大庆,从小听着铁人王进喜的故事长大,工作后我当了宣传干事,一开始写"豆腐块"小故事,后来写报告文学。我发现,身边有很多"铁人"气质的同事,到处是"铁"味儿故事、"油"味儿故事,讴歌大庆精神大庆人是我与生俱来、融入血脉的情感与执著。

大庆有三代"铁人",未来还会有新的"铁人"。第一代"铁人"是王进喜,我写过第二代王启民和第三代李新民这两位"铁人",能成为追"铁人"的"铁粉",是我最荣耀、最快乐的事。

2019年11月，我第一次见到了仰慕已久、被誉为"新时期铁人"的王启民。他扎根大庆油田一辈子，敢于跳科技的"泥浆池"。"宁肯把心血熬干，也要让油田稳产再高产"的精神感动了无数国人。一年后，我参与创作的长篇报告文学《人民楷模王启民》由党建读物出版社出版。多年工作中受到大庆精神铁人精神的熏陶，特别是为编写该书多次与王启民面对面采访交流带给我的感动和震撼，让我不写不快，于是又一口气在短时间内写出《铁人三代英雄谱：心血作灯照荒原》《"新时期铁人"王启民给我的启示》《我与王启民的忘年交》《写"新铁人"故事给妈妈听》等多篇作品。

2023年3月，我接到整理王启民口述史出版稿的任务。国家要为功勋人物建馆，要把他们的故事永远讲下去，把他们的精神永远传下去。"人民楷模"王启民是中国石油、黑龙江省入馆的唯一一人，口述采集工作前期已经进行了两年，我为能"参战"激动得彻夜难眠。从那天开始，我向目标发起攻坚。早上4点起床，第二天凌晨以后关电脑，千磨万凿，日夜敲打，70天完成十四万字初稿，万里长征迈出第一步。每当遇到困难，我常想起王启民对我的鼓励，他说，"有问题不要紧，我们一个一个地解决"。他还说，"要把事情做成，光努力还不够，要竭尽全力；如果竭尽全力还不够，就要拼命"。

我从铁人身上学到了铁人精神，也用上了铁人精神。2023年7月，我随油田口述史采集组去王启民家乡浙江省湖州市等地采访，到了他的母校，见到他的亲人、同学、师友，往返几千公里寻访"新时期铁人"故事。出门在外，带着沉重的设备奔波多有不便，但大家心里只有一个想法，来一趟不容易，要把能采集的都记录下来，挤掉休息和吃饭时间也要干，顶着高温酷暑、迎着台风也要干，中暑了、嗓子哑了也要坚持。王启民母校湖州中学校友会负责人66岁的唐国英老师感慨地说："你们工作的样子，给我留下深刻的印象。"

在上海，我见到了王启民初中同学88岁的钮因林老人。老人家提前好几天就热心询问我们的行程，他说："我同学里出了个王启民，他干出了大事业很了不起，这样的英雄模范就该宣传，让全国人民学习！"亲见铁人精神如此深入国人之心，我更为能参与这项工作感到自豪。

2011年，李新民被中国石油天然气集团公司授予"大庆新铁人"称号，被誉为"第三代铁人"。他勇闯海外市场，"宁肯历尽千难万险，也要为祖国献石油"的事迹感动得我一次次热泪盈眶。后来，听说他竟是当年我在大庆石油学校读书时隔壁钻井班的学长，我常常引以为荣。于是，我处处留心收集、学习李新民事迹。精诚所至，金石为开，终于有一天，我真见到了这位偶像，并很快写出了第一篇李新民故事。至此，我的文学创作与大庆两代"铁人"均结下不解之缘。

大庆油田英雄辈出，但没有一个英雄是从天而降，都是凡胎肉身"锻造"的铁人！大庆精神铁人精神永远不老，它始终是一代代大庆石油人"为祖国加油"勇毅前行的强大动力源泉。

2021年夏天，我有幸加入大庆油田重大典型事迹写作组，第一次来到威名赫赫的1205钻井队，结识了该队第21任队长张晶。我们进队史室、上钻台、跟零点班，听钻工兄弟讲他们的张队长，每时每刻都有新发现、新感动。那是大庆油田首次组织对张晶事迹整理挖掘，意义重大，我们争分夺秒和时间赛跑，用一位同伴的话说，就是"不舍得睡觉"，苦战三个月我完成了既定任务，同时写出了2.4万字的张晶故事《新时代钢铁队伍扛旗人》。

深入生活，扎根基层，我和1205全队都成了朋友，和队员的家人也多次通话，心和心更加贴近。不管多远多冷，我每年都去队里看看。记得去年冬天一个早上，五点半天还没亮，张晶队长来接我。他前一天晚上在公司开会，因放心不下井上，一大早就心急如焚地往回赶，车上颠簸了三个小时，我俩唠了一路。他和兄弟们都亲切地喊我"大姐"，我饱含深情写了一篇又一篇，《铁人队里的年轻人》《向铁人老队长报告》……2023年3期《地火》杂志刊发的报告文学《向上向前的力量！》写的就是我所听到的1205队的新故事。

2022年4月23日下午，我接到"写写曲晗"的任务，就像战士接到了战斗指令，立即开车直奔原野深处的生产现场投入采访。7月1日，时任大庆油田第三采油厂第六作业区经理曲晗在大庆油田庆祝"七一"大会上受到隆重表彰。巧的是，当天的《中国石油报》北方周末专刊以三分之二版面发表了我的作品《抽油机里飞出欢乐的歌》，为锦上添了朵小花。标题中有"欢乐"，写作过程并不"欢乐"。记得我当时采访了很久，素材抓了一大把，可是几易其稿还是不满意。凌晨三点，终于有感觉了，马上爬起来开始敲字，一度阻塞的思绪喷薄而出，天空放亮时，捧出4000字的"新生儿"。不久后，报告文学《无限春风来井上》在《石油文学》2022年8期发表，曲晗率队上产、弘扬"严实作风"的故事向更远方传播。

曲晗故事还没落地，我即开始关注"一条长卷的旅行"。故事缘起于党的二十大召开之前，一条长20米、宽1.01米的火红长条幅上，很多党员郑重留下签名，它承载着大庆石油人滚烫的心。

签名活动由大庆油田第三采油厂第一作业区采油206队党支部书记滕飞发起，主题为"石油工人心向党"。在之后的3个月里，活动引发全厂17

家基层党委 247 家基层党支部 3000 多名党员的共鸣,获得了中石油"百面红旗"单位和诸多石油"明星"的热烈响应,从王启民、李新民、刘丽,到钢铁 1205 钻井队、星火一次变电所,到大庆油田主要领导都郑重签名。2022 年 7 月 22 日,中国石油报北方周末专刊以党的二十大会期最金贵的版面头题位置发表我撰写的《火红的长卷,炽热的石油情》。

接着是更为艰苦的同题材报告文学创作。我用一个月时间,完成了三万字初稿,又忍痛推翻重新架构、补充采访。疫情打乱了正常秩序,使平时易如反掌的采访变得难如登天。小区封闭、单元封闭、家门贴封条,寸步难行之下,我选取了全油田党代表方阵、劳模方阵、海外方阵、科研方阵、基层方阵等五大领域中代表性人物,通过微信和电话逐一采访,包括跨国、跨省采访。大庆油田党委宣传部、钻探集团及钻井二公司党委宣传部、1205 钻井队等部门及领导大力支持,很多友人热情帮助联系,第三采油厂党委组织部在全厂发起"我的入党故事"征文,我的创作有了源源活水。

2022 年 11 月初,北方大地飘下第一场清雪,我在同事赵丽婷帮助下完成第三稿,《地火》杂志 2022 年 4 期全文刊出 3 万字报告文学《风展红卷美如画——致敬党的二十大,大庆石油人最长情的告白》,王启民、李新民、张晶、刘丽、张金友、曲晗等 20 个大庆石油人的入党故事以文学形式传播开去。

学"铁人"、做"铁人",以"铁人精神"写"铁人",每篇作品后面都有另外一个长故事。这些年,我有幸采访了很多的人,听到了很多的故事,所有故事都汇成同一个故事,那就是大庆故事;所有的主角身上都闪闪发光,那就是铁人精神。他们,不正是"在铁人身边的我们"吗?!

今年,我们即将迎来新中国成立75周年、大庆油田发现65周年、纪念"工业学大庆"号召提出60周年。在这伟大的时代,中国人每天都在创造着历史,大庆故事永远是正在进行时。我时常在完稿停笔时,又听到一位位可敬可爱的故事主角们从前方传来捷报,我们的故事永远讲不完、写不尽。

"铁人"与大庆油田有缘,而我与"铁人"有缘。"工业学大庆"创造了巨大的物质财富,留下了宝贵的大庆精神铁人精神。记录伟大时代,为伟大精神和美丽大庆而歌,我深以为荣,身怀感恩亦深知不足。承蒙多方信任与支持,几经打磨,终于捧出这本小书,作为一份薄礼,不成敬意。

风传花信,山河已春,此刻我已开启新章。

崔英春
2024年2月4日于大庆油田

目录

第一辑　风展红卷美如画

党代表方阵：高举旗帜　引领方向 / 002

  王启民："我用不懈奋斗接受党的考验！" / 002

  李新民："铁人精神就是我们的中国名片！" / 004

  张晶："时刻准备着，只听党一声召唤。" / 007

  刘丽："现场聆听总书记的报告，很多次我都热泪盈眶。" / 009

劳模方阵：栉风沐雨　奋楫笃行 / 012

  贾世安："干工作，就是要跟困难斗争到底！" / 012

  苏君镇："我这辈子指导基层发展 2000 多人入党。" / 014

  孙宝范："当我想起'铁人'的时候……" / 016

  曲晗："产量是奋斗出来的，好日子是干出来的！" / 018

  王艳："只要心里有光，多远都会到达。" / 020

  王天明："我用最好的成绩向党汇报。" / 022

科研方阵：寻找石油宝藏密码 / 025

  张金友："只要能找到油，所有的付出都值得！" / 025

  钱坤："我愿意用吃苦换来收获和成长。" / 027

  裴明波："我的名字叫明波，就要把地下千米的地震波弄个明白。" / 029

  盖兆贺："我的任务就是拿出好方案，保证打好井。" / 031

海外市场方阵：亮出中国石油名片 / 034

  杨兆龙："以兴油报国之心闯海外。" / 034

  白臣："我戴着党徽，从大学校园到海外钻台。" / 036

  孙世忠："练硬翅膀，才能飞翔。" / 038

  段永坚："铁人精神将我淬炼成钢。" / 039

基层方阵：铁人精神落地生根 / 042

  褚洪芳："我有一棵'初心树'……" / 042

  安国印："没有党，就没有我今天！" / 044

  滕飞："党的光辉照我心。" / 047

  辛承龙："我的名字是爷爷给起的。" / 049

  刘国庆："我的使命，就是保卫油田！" / 051

  钱振华："有了好成绩，我才敢入党。" / 053

  段瑞峰："我和爱人同年入党。" / 055

  王敏杰："入党，源于我的英雄情结。" / 057

第二辑　心血作灯照荒原

石油之子王启民 / 062

　　葡四井来了一名小个子新兵 / 063

　　荒原上，走着一个弯着腰的人 / 065

　　要从"大泥巴"里采油的人 / 070

　　"目中无人"的人 / 075

　　山水迢迢回家路 / 080

　　离婚风波 / 084

　　不眠的灯光 / 086

新时代钢铁队伍扛旗人 / 092

　　铁心向党，十年磨出铁肩膀 / 093

　　铁志打井，上"10万米"四连冠 / 098

　　铁肩扛旗，开辟页岩油新战场 / 106

　　铁律严明，红色基因强队风 / 112

　　铁汉柔情，有情有义好兄弟 / 119

　　铁意忠诚，家国情怀明大义 / 122

向上向前的力量——来自1205钻井队的新故事 / 127

　　战斗，在清晨打响 / 127

　　老队长，我想和你说说话 / 129

　　从嘉陵江畔来到北方油城 / 131

　　冬天的钻台没有童话 / 134

师傅们 / 136

歌声，响彻婚礼殿堂 / 137

诗句，写在钻塔上 / 140

第三辑　无限春风来井上

吸铁石 /148

永磁体 / 148

磁芯能量场 / 151

磁化淬炼 / 157

无声的榜样 / 159

磁场效应 / 161

我们的"206" /167

"今天我值班" / 168

我是从你身上掰走的那株"绿萝" / 169

我的师傅叫钱姐 / 171

讲不完的"206" / 174

老司机的别样春节 /176

特车大队的早上 / 176

"沈飞"大客的主人 / 178

消毒，消毒，消毒 / 179

睡不着的时候，也倒过来想想 / 182

都平平安安就好 / 184

六区上产记 / 185

秋雨中，临危受命 / 185

怎一个"难"字了得 / 187

一场风暴来袭 / 189

为这片深爱的热土 / 194

深深耕，细细作 / 197

春暖日，花开时 / 200

抽油机里飞出欢乐的歌 / 204

"问答"咏叹调 / 205

冲锋进行曲 / 207

"逐梦"大合唱 / 209

第四辑　小站深处有佳音

站里有个女孩叫宋佳 / 214

向阳而生 / 215

爱我所爱 / 216

乐我所乐 / 218

逐光而行 / 221

程专家的内心独白 / 226

井场受命 / 226

挑战"不可能" / 227

有一种快乐你不懂 / 229

我不是一个人在"战斗" / 231

刘可夫的传奇 / 233

那一年,回到家乡 / 233

那一天,小鸟搬家了 / 235

那一刻,享受着比赛 / 237

那一程,遇见更好的自己 / 238

小苗家 / 241

爷爷的遗憾 / 241

妈妈的光辉 / 242

"小苗"的心愿 / 244

节气里的石油故事 / 246

立春:"佳姐"和"霍总" / 246

谷雨:时光深处"八一村" / 250

立夏:一口井的燃情与长歌 / 255

大暑:炽热的青春 / 257

立秋:班长小辛 / 260

寒露:当秋露寒遇上火山岩 / 262

霜降：老崔和小孙 / 265

冬至：从最长夜出发 / 268

我们的读书会"自有诗意" / 271

缘起于春天 / 271

"朗读者"们的样子 / 272

都是"自己人" / 272

北京，一抹"石油红" / 273

做一团"小火苗" / 274

代后记　我们的作家代表证 / 276

第一辑　风展红卷美如画

"我志愿加入中国共产党,拥护党的纲领,遵守党的章程,履行党员义务,执行党的决定,严守党的纪律,保守党的秘密,对党忠诚,积极工作,为共产主义奋斗终身,随时准备为党和人民牺牲一切,永不叛党。"

誓词铿锵,响彻天际。

这是 2022 年"七一"前夕一个雨后初晴的早上,原野深处一间普通的小四合院里比往常热闹许多,大庆油田第三采油厂第一作业区采油 206 队党支部向全厂党员发出邀请,引来全厂"最强天团"。厂领导班子带领各单位中层干部、基层党员先锋如约而至。他们站成百人方阵,正参加一场特别的主题党日活动。

签名仪式开始了,在"没有共产党就没有新中国"的嘹亮歌声中,厂党委书记、厂长同时签下名字,随后,党员们手握黑色签字笔,依次在红色长卷上郑重地签下自己的名字——王显平、万贵春、安国印、孙学法、陈祺、胡彦青……不多不少,整整 100 个名字清晰地留在了长卷上。

人们收笔，直起腰身，再次向红色长卷行注目礼。她红艳如火，一行明艳的黄色宋体字分外醒目："石油工人心向党——喜迎二十大，建功新时代，永远跟党走"。

从这一天开始，从这一处出发，她拂过每一口井、每一座站，收下全厂17个基层党委、200多个基层党支部、2827名党员的名字。

接下来，她走出第三采油厂，辗转千里油区，走进德高望重的"老会战"家里，走进"人民楷模""大庆新铁人""大国工匠"办公室，走进"百面红旗""三老四严""三超精神"发源地等十多家标杆单位的生产科研一线……一程程、一站站，红卷继续"旅行"，承载的情义越来越浓，参加签名的党支部数量增至247个，签名党员3216名，并且这个数字仍在不断增长。

金秋十月，美丽红卷满载着全油田8万多名党员、18万余名大庆石油人的深情厚意，向首都北京致敬，喜庆党的二十大胜利召开。

党代表方阵：
高举旗帜　引领方向

　　他们是全中国共产党党员的优秀代表，肩负着大庆油田所有党员和基层党组织的重托，一张代表证凝聚着全党的意志，承载着人民的期望，履行着神圣的职责。

　　那一刻，他们意气风发地走进人民大会堂，现场聆听党中央的声音，"绝对忠诚"刻进骨子里，流淌在血液中。他们深知，这份荣耀属于所有石油人。他们不敢忘记铁人王进喜说的"讲进步不要忘了党，讲本领不要忘了群众，讲成绩不要忘了大多数，讲缺点不要忘了自己，讲现在不要割断历史""要是没有党，没有群众，我个人算个啥"，他们把这份光荣化作奋进的动力，坚定当好大会精神的传播者、宣传者、践行者。

王启民："我用不懈奋斗接受党的考验！"

　　王启民，1937年9月26日出生于浙江省湖州市。1961年9月参加工作，1978年入党。"新时期铁人""最美奋斗者""人民楷模"，中国共产党第十五次全国代表大会代表、中共十五届中央候补委员。

2019年9月29日,"人民楷模"国家荣誉称号获得者王启民走上颁授台,接受党和人民的最高礼遇。三天前,是大庆油田发现60周年纪念日,那天恰好也是王启民82岁生日。此项殊荣成为他最好的生日礼物,更是一位老共产党员的光荣。他说:"我是个笨人,这一辈子只专心做了一件事,就是研究怎么开发大油田。能把自己的兴趣爱好与党的事业、祖国的需求结合起来,是一种莫大的幸福。"

王启民曾住过20年的"干打垒",如今已至耄耋之年。他忘不了那个热血沸腾的会战年代,还时常唱起那首《干打垒之歌》。

1970年的一天,刚刚在油田开发试验区打了一个"漂亮仗"的王启民又接到一个新任务。他顾不上回家亲一下襁褓中的儿子,就带着行李卷,进驻中区西部试验区。他将带着他的团队在这块9平方公里的土地上,好好研究提高采油速度的问题。

此时,看着身边的人一个个入党了,他羡慕不已。大学实习期间,他积极报名参加松辽石油会战,不怕吃苦,认真工作,成为100多名实习生中唯一的三级红旗手。可由于出身不好,他只能把对党的向往深藏心底,埋头工作。

这个个子不高、身体单薄瘦弱的南方人,坚持每天跟测试井、盯作业井,拿第一手数据。取资料是重体力活,整个试验区87口油井,排距500米,井距300米。他迈开双腿,在荒原上一走就是几十里。测井时,他和工人一起摇测试绞车,每次都一气呵成测完再收工,有时饭都顾不上吃。他常趴在一只电压不稳、忽明忽暗的灯泡下整理资料,画地下油层连通图,直到深夜一两点钟,屋里的灯还亮着。

他编写了一个又一个施工设计方案,哪些井要"动",哪些层位要"动",怎么"动"……地下的情况不断变化,老问题刚解决又出新问题。他恨不得把地层掀开,把地下情况搞个明白。

在铁人身边的我们

终于,中区西部试验区的"干打垒"里传来了好消息。这里,20世纪60年代日产原油仅为百吨,从1970年试验开始后,第一年日产原油就上升到1000吨,第二年日产原油达到2000吨,此后连续10年稳产,单井日产原油保持在40吨以上。

采集1000多万个数据,绘制出大庆油田第一套试验区高含水期地下油水饱和度图,创出"分层开采"方法,王启民和他的团队靠科学创造了"一片井全部都高产"的奇迹。

这一时期,大庆油田原油产量的箭头高高上扬,稳产5000万吨的目标提前5年实现,跨入世界特大油田行列。增长的原油产量为国家换回大量外汇,在换回外汇最高的年份,全国每100元换汇额中,就有大庆石油创造的14元。

1978年,中国迎来了科学的春天,40岁的王启民终于加入了梦寐以求的中国共产党。从群众到共产党员这一步的跨越,王启民期待了很久。无论过程多么漫长,他从未改变过对党的热爱。这一年,"中区西部综合措施接替稳产技术"获全国科学大会奖,王启民当选第五届全国人大代表。1997年,他光荣当选党的第十五次全国代表大会代表、中共十五届中央候补委员。

2022年8月1日,85岁高龄的王启民,鹤发童颜,精神矍铄,他注视着红卷上"石油工人心向党"几个大字激动不已地说:"有这句话就够了,有这句话就够了!"然后,欣慰而有力地签下了自己的名字。

李新民:"铁人精神就是我们的中国名片!"

李新民,1967年6月生于黑龙江省泰来县,大庆油田国际勘探开发公司总经理。1990年7月参加工作,1994年5月入党。"最美奋斗者""大庆新铁人"，中国石油天然气集团有限公司"特等劳动模范"，全国优秀共产党员，中国共产党第十八次全国代表大会代表。

盛夏正午的阳光，照进大庆油田国际勘探开发公司总经理的办公室，为正在工作的主人披上一身浅金色的光晕。正如年轻时在钻台上一样，这位浑身散发着质朴气息的石油人，正是"大庆新铁人"李新民。

2022年5月，李新民迎来了自己第28个入党纪念日，钢铁钻台上，仿佛又回响起他的声音："选择入党，就是选择了奉献。能为祖国献石油，是一名共产党员的骄傲……"

1967年6月，黑龙江省泰来县一户普通农民家的第5个孩子呱呱坠地，他就是李新民。接着，弟弟妹妹陆续出生，父母含辛茹苦，终日劳作，供养着7个孩子。李新民从小学习刻苦又懂事，心里有一个愿望：一定要好好念书，长大让家人过上好日子。

在他14岁那年，父亲因积劳成疾突然病倒。雪上加霜的是，11岁的妹妹和7岁的弟弟又接连伤病，巨额医药费和主要劳动力的缺失使家里的天塌了，他含着眼泪决定辍学养家。

就在他在地里干活时，村里把救济款和救济粮送到了他家。村干部带着叔叔、大爷们来帮着干重活，学校还免除了他的学杂费，帮助辍学3个月的李新民又重回校园。这次特别的经历，让他深刻感受到这世上有个总把老百姓装在心里的党组织。后来，他发奋学习考上了大庆石油学校，2年后毕业参加工作，成为一名大庆石油人。他做梦也没想到的是，被分到了赫赫有名的1205钻井队——铁人王进喜生前带过的英雄队。

他永远不会忘记，去队里报到的那天，天空飘着小雨，井场道路泥泞。李新民心疼脚上唯一的一双旧鞋子，便一手提着行李，一手拎着鞋子，赤脚

在铁人身边的我们

走进了队部。从此，这位赤足入队的小伙子就在井队扎根了。

为了尽快学会钻井平台上的所有技能，他一有空就跟在师傅身后刨根问底，下班了也不走，给老师傅当帮手，给技术员打下手。身上的工服、头上的安全帽几乎没下过身，床头的技术书却换了一批又一批。不到一年时间，他就掌握了全部6项操作技能，成了全队的技术能手。

1992年5月，毕业不到2年的李新民当上了1205队技术员。不久，因工作需要，另一位技术员调走，李新民主动承担了两份工作。有人嫌井队苦，他却觉得井队好，干得有滋有味。再累，能有铁人那时候累？再苦，能有铁人那时候苦？

1994年春天，黑龙江省泰来县胜利乡收到一份入党函调。这之前，他们刚刚收到大庆石化公司一家单位发来的李新民姐姐的入党函调。村干部高兴地夸赞："老李家的孩子们要入党了，有出息，不忘本。"

后来，李新民从一名普通钻工，成长为钢铁1205钻井队第18任队长，扎根大庆油田16年，海外开拓创业7年，带领钻井队立起井架900多次，率先突破钻井总进尺250万米。他们的井打到哪里，就把铁人精神带到哪里，在海外打井，打出了中国石油"铁人"的样子。

60多年前，有人曾发出过"大庆人是特殊材料制成的"惊叹。李新民也和前辈一样，有一身不向困难低头的"铁筋骨"。他虽拥有诸多荣誉，可每当人们向他致以敬意时，他总是谦虚地自称"我只是一个普通的石油工人"。在1205队当钻工、技术员、副队长、党支部书记时，他这么说；在钻井二公司GW1205钻井队海外项目部当经理时，他这么说；成为1205队第18任队长，之后带队挺进海外钻台时，他这么说；在2012年光荣当选中国共产党第十八次全国代表大会代表，2021年被中共中央授予"全国优秀共产党员"称号的时候，他依然这么说。

张晶："时刻准备着，只听党一声召唤。"

张晶，1982年9月出生于黑龙江省安达市，大庆油田钻探工程公司钻井二公司钢铁1205钻井队第21任队长。2008年11月参加工作，2012年3月入党。中国石油天然气集团有限公司"劳动模范"，全国"五一"劳动奖章获得者，中国共产党第二十届中央委员会候补委员。

2022年10月，大庆油田的天空和北京一样阳光灿烂，刚列席参加党的二十大、当选为第二十届中央候补委员并参加了党的二十届一中全会的张晶载誉归来。能现场聆听习近平总书记的声音，见证这一历史性时刻，他无比激动。他深知这份光荣是党中央对大庆油田的厚爱，是对新时代石油工人的重视和信任，更是鼓励和期待。

遥望2008年秋末，也是同样明媚的阳光，刚进入大庆油田钻探工程公司钻井二公司15168钻井队的张晶，就向党支部递交了入党申请书。

进入钻井队后，大学生张晶从最苦最累的场地工干起。在一次抢险中，他抱起一袋一袋的重晶石粉，手脚并用向1.5米高的漏斗里倒，连续奋战3个小时，浑身上下白成了雪人，汗水在脸上和泥，累得两腿直打颤。4年间，张晶婉拒转岗成技术员，选择当了司钻，冬天干得棉袄里直冒热气，夏天下了钻台，一扬脖能灌好几瓶凉水。4年间，他在公司举办的安全知识竞赛上，带领15168代表队异军突起，从季度冠军一路杀到年度总决赛。他当过场地工、钻井液工、钳工、井架工、副司钻、司钻，抡大锤、抬铁管，把井队的活干了个遍。他更黑更壮更像钻工了，他带的"团员班"出勤率最高、进尺最快、关系处得最融洽，成了"小老虎"班，他成了很能干的小班长。

在铁人身边的我们

2012年3月，张晶如愿加入党组织。

从当上钻工的那天起，张晶就做好了扎根一线的准备，井队艰苦，才更需要有人坚守。当钻井二公司机关和钻探机关频频向他伸出橄榄枝的时候，他婉言拒绝了。

2017年，公司党委班子研究1205队的发展。时任党委书记张世川走遍所有井队，求贤若渴。"学石油的大学生，在基层干10年没挪窝。7年的副队长，是个硬手；7个月的队长，把一个普通队带成了银牌队。"很多人推荐张晶。班子研究决定，派张晶去1205队当队长，要把这块好钢用在刀刃上。

十年磨一剑，时刻准备着，只听党一声召唤！2018年，组织找张晶谈话时，张晶激动不已，1205队是铁人带出来的"王牌冠军队"，也是他和所有钻井人向往的"梦之队"。那一刻，他挺直胸膛，斩钉截铁地回答："我干！"

此后，钢铁1205钻井队第21任队长张晶，带着队伍攻城拔寨冲上"十万米四连冠"，挺进非常规钻井"新战场"，一次次创下新纪录，骄傲地向世人宣布：建队69年，累计钻井进尺320万米以上，相当于钻透362座珠穆朗玛峰！

2021年7月1日，中国共产党成立100周年庆祝大会在天安门广场隆重举行，张晶作为全国劳模代表现场观礼。当天安门广场响起"大庆铁人拼命拿下大油田的誓言铿锵"的献词时，张晶眼含热泪，激情奔涌。他要扛起红旗踏上新征程！

2022年"七一"前夕，大庆铁人纪念馆前广场，"以优异成绩迎接党的二十大胜利召开"金色标语在阳光下格外闪耀。1000名身着红工服的新党员代表列队肃立，200面鲜红旗帜迎风招展。千人方阵在油田党委书记朱国文的领誓下，面对鲜红党旗齐声宣誓，豪迈的誓言在油田上空回荡。张晶向所有人发出倡议："强国复兴，奋斗有我！"

参加党的二十大归来，返岗后，他第一时间向党组织汇报，要像铁人老队长那样"当了干部还是钻工"，继续扛红旗、打好井、当标杆。

打井，要打铁心向党的忠诚井、高扬旗帜的标杆井、永远向前的先锋井、科学过硬的严实井、使命担当的争气井。

标杆，要做中国陆相非常规钻井的标杆、安全绿色低碳发展的标杆、低成本运营的标杆、数字化和智能化管理的标杆、传承红色基因的标杆。

他的胸中有一团火在燃烧，有江海在沸腾奔涌。他的声音铿锵有力，道出了所有大庆石油人的心声——当好党的二十大精神的践行者，永做党和国家最信赖的骨干力量。

刘丽："现场聆听总书记的报告，很多次我都热泪盈眶。"

刘丽，1974年3月出生于黑龙江省大庆市。大庆油田第二采油厂第六作业区采油48队采油工班长。1993年8月参加工作，1998年8月入党。2020年中国石油天然气集团有限公司"特等劳动模范"、全国劳动模范，2021年中国"大国工匠"年度人物，中国共产党第二十次全国代表大会代表。

2022年10月16日至22日这7天，是刘丽一生中最难忘的7天，是她作为一名石油工人最自豪的7天。这7天里，她和全国2200多名代表共同见证了中国共产党第二十次全国代表大会召开这一辉煌的历史时刻。当习近平总书记等党和国家领导人走进会场，她情不自禁地热烈鼓掌；当国

在铁人身边的我们

歌响起的那一刻,她含泪高歌热血沸腾;当看到报告中提出了一系列关于保障能源安全的内容时,她深受鼓舞,干劲倍增。

返回岗位后,她迫不及待地和大家分享现场聆听党的二十大报告的激动心情和参会的诸多感受。报告强调,要尊重劳动、尊重知识、尊重人才、尊重创造,要把各方面优秀人才集聚到党和人民事业中来。对于一线来说,有技术、能创新、会发明的工人才更有力量,这是"刘丽工作室"成立多年来,始终致力的方向。一个人的力量是有限的,一群人的力量是无穷的。工作室从两名采油工起家,发展壮大到拥有 12 个分会、531 名成员,她所在第二采油厂的创新创效成果数量由过去的每年 100 多项增加到现在的每年 300 多项。她带领工作室累计为大庆油田培训技能骨干 1.5 万余人次。这些数字,饱含了奋斗的汗水、劳动的快乐和收获的欣慰。

"听报告的时候,我的想法就是,以后咱们做的每一项成果,要显示出更多技术含量,体现出我们的创和新。"初冬的暖阳洒满"刘丽工作室"的小院子,刘丽和大家热烈地交流着,把自己新的思路和迸发的灵感传递给工友们。她还在默默地践行着当年父亲对她的"八字嘱托"。

刘丽出生时,父亲刘文生已经 45 岁了。她清楚地记得,上小学时用的第一本字典,是父亲写厂志得的奖品。在她的学生时代,无论是简单的阅读文章签字,还是考试成绩签字,父亲都会端端正正写上八个字:巩固成绩,继续努力。

父亲有很多奖章:朝鲜战场上的军功章、大庆会战胜利的纪念章、先进标兵的荣誉奖章……在小小的刘丽还不明白劳模是什么的时候,就幻想过将来有一天,自己胸前也能戴上像那样的奖章。

刘丽长大后也开始得奖,从小学到中学一直都是学习委员。技校 3 年,她刻苦学习,1993 年以全校第一名的成绩毕业,工作第二年就是单位的

"排头兵",1995年春天参加全国成人高考,以高出分数线230分的好成绩考上大庆市职工大学。1995年、1996年,她当选大庆油田"杰出青年",2006年被聘为采油高级技师、大庆油田技能专家,2009年成为中国石油天然气集团有限公司技能专家。她像父亲一样,收获了一张又一张证书、一枚又一枚奖章。

而党徽,是父亲最看重的一枚"奖章"。

父亲是老党员,从刘丽上班的第一天起,他就告诉她要好好干,争取早日入党。在父亲要求下,她坚持书写,写每天学到的知识,写认识和感受,可父亲并不满意,她就"巩固成绩,继续努力"。有一天,她把家里的稿纸都用完了。第二天下班回来,书桌上又摆着厚厚的新稿纸,原来是父亲刚去百货商店买的。

一份入党申请书写了又写,两年后,刘丽终于用取得的成绩通过了父亲这一关,将申请书向党组织郑重递交上去。1998年8月,刘丽光荣入党。

从此以后,她胸前永远有一枚闪亮的党徽,与不断增加的新奖牌、奖章、代表证相映生辉:全国"五一"劳动奖章、国务院政府特殊津贴专家、全国技术能手、中国"质量工匠"、全国"五一"巾帼标兵、全国"最美职工"、中国石油"特等劳动模范"、全国劳动模范、中国"大国工匠"年度人物、中国共产党第二十次全国代表大会代表……

从采油女工到"大国工匠",从巡井小路到党的二十大"党代表通道",从"刘丽工作室"到人民大会堂,她一步步践行着"巩固成绩,继续努力"的信念。

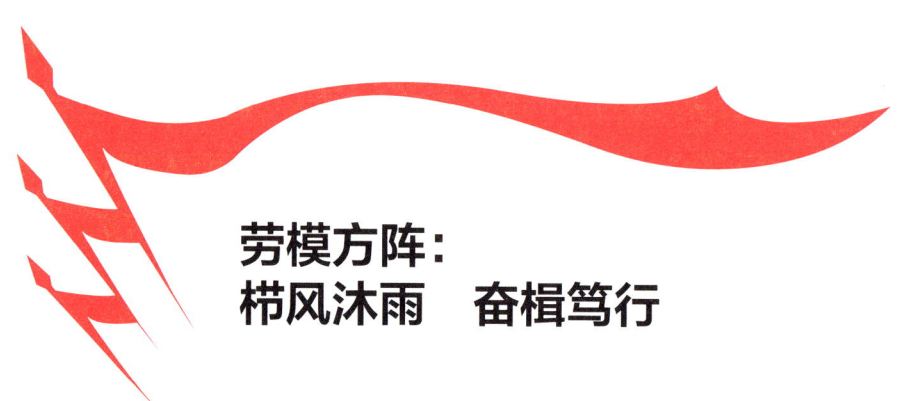

劳模方阵：
栉风沐雨　奋楫笃行

60多年来，大庆油田英雄辈出，群星璀璨。他们崇尚劳动，热爱劳动，始终站在一代代石油大军的最前列，以平凡之躯、奋斗之姿，把不可能变成可能，以诚实劳动创造一连串历史辉煌。他们执着、专注、一丝不苟，再累、再难、再苦也不停步。他们珍惜荣誉，初心如磐。他们身上有力量，心中有信仰，眼中有光彩！

贾世安："干工作，就是要跟困难斗争到底！"

贾世安，1936年2月出生于山东省莱阳市。1959年2月参加工作，1964年7月入党。大庆会战标兵、劳动模范。

1959年2月，18岁的贾世安从部队转业后就去了新疆找石油。一年后，松辽石油会战打响，他第一批前来参战。当时他还没有想过，这片苍茫又陌生的黑土地，将承载他的一生。他知道的是，建设大油田，困难千万重，这是一场很难打又必须要打赢的战斗。

石油藏在地下，不能只看地上的压力表，得往深里钻往地下找。贾世安脑子活办法多，遇事不解决绝不罢休，很快就当上了采油班班长。

国家缺油，多开采出一滴，国家的油库就能满一点。咋能多出点油？他日思夜想，眼前一亮：不能把井的油嘴搞得一般大，要根据不同的地层压力调成合适的大小，那样就能多出油了。

他的新发明受到大庆和石油工业部领导的表扬，并送他一个美名叫"地下警察"。1961年到1964年，他连续4年被评为战区标兵、劳动模范。

当年在采油一厂礼堂后面的墙上，挂着一排先进人物的大照片，前面是大庆石油会战"五面红旗"：王进喜、马德仁、段兴枝、薛国邦、朱洪昌，后面紧挨着的就是贾世安。

1964年夏天，已是大庆油田采油一厂中六队副队长的贾世安被大队书记叫去，递给他一张入党申请表。在组织的培养下，他加入了中国共产党。加上队里原来有的两名党员，队里成立了第一个党支部。

这一年，油田开发建设热火朝天地铺开了，大油田以后怎么才能开发好？要提前做准备，拿出科学方案。为此，油田指挥部决定划出14口井，拨出一批人，成立205试验队。205试验队隶属采油一厂四矿，专门开展"小井距"试验。经过千挑万选，领导相中了贾世安，让他当队长。刚刚入党的贾世安，热血再燃。

1966年5月，试验队整体划归新成立的采油三部。一年年过去了，"小井距"试验搞得越来越好，成了油田一块很重要的试验田。这里后来有了一个美丽的名字，叫作萨北油田，贾世安当过地质组组长、副矿长、安全科长，直到光荣退休。

60多年过去，这片油田、这座城市发生了翻天覆地的变化，一座座办公楼里的忙碌，一片片作业区的生产场景，又投用了哪些新工艺新技术，贾世安已不再了如指掌。可他与石油的故事从没有间断，十几口人

在铁人身边的我们

四世同堂的大家庭，除了在学校念书的，大部分都在油田工作。家庭聚会时，孩子们讲的数字化油田技术，他听来恍如隔世。

2022年一个夏日，党龄58年的贾世安刚刚战胜了一场大病，像凯旋战士胜利归来。回家路上，沿途不停工作的抽油机和挺拔的大杨树，一个接一个向他致敬。回到家中，他叫女儿翻出一个旧包，颤巍巍地看着、摸着，里面的宝贝是一枚枚奖章、军人证、工作证、荣誉证，老人家好像又回到了那个战旗飞舞、机器轰鸣的年代。

真正的战士，血永远是热的。

苏君镇："我这辈子指导基层发展2000多人入党。"

苏君镇，1950年10月出生于黑龙江省五常市。1969年1月参加工作，1970年5月入党。市局劳动模范，大庆会战标兵，石油工业部交通运输战线先进个人。

在大庆油田第三采油厂，很多年纪大一些的党员都"师出同门"。

这些党员，有的在职，有的退休，有一线职工，也有科长、处长，甚至有调出厂工作的局长。尽管他们的职务、岗位、年纪各不相同，但只要问起当年入党，厂组织部跟他考核谈话的是谁，几乎每个人都会脱口而出："苏师傅！苏科长！苏君镇！"

身材瘦弱，精神矍铄的苏君镇今年73岁，党龄53年，在任职厂党委组织员20年间，经他手发展的党员少说也有2000多人，创下了一个后人无法超越的纪录。

1968年的冬天，19岁的苏君镇光荣参军，第一次出远门，就从家乡黑龙江省五常市到了3000公里之外的青藏高原,并很快成了一名身怀绝技的汽车兵。

在部队参加汽车驾驶培训,半年之后第一次"单放"。早上三四点钟天没亮,他就出发,晚上黑透了才到达,第二天再原路返回。苍茫寂寥的青藏线上,没有铁路,没有水路,全是望不见头的公路。要是走到半路,水箱漏了,车抛锚,就在山上原地等救援,晚上点炭火取暖,嚼邦邦硬的军用饼干充饥,一蹲就是一宿。

那个时候,不管多复杂路面,他都要自己开,上过平原罕见的"平路三尺坡"、爬过九道湾、驶过日月山、挺进过橡皮山……当兵四年,行程近百万公里。

这一路奔波,苏君镇感受过荒野的孤寂,体会过遇险的艰难,更被党组织救援过、关怀过,他心底渐渐滋生起渴望,如果能入党,心里就有了根,有了家。

苏君镇车开得好,又写一手漂亮的楷书,很快当上了部队文书,也鼓起勇气,向党组织表达了自己想要入党的愿望。

1970年5月,苏君镇加入中国共产党,心底的根终于扎深了。

1973年3月22日,苏君镇复员后,来到大庆油田采油三部运输大车班,成了一名汽车司机,他的任务是开罐车,为全厂的汽油车燃料保供应。

苏君镇开的油罐车大,为其他车的安全考虑,他很少踩急刹车,处理情况都有提前量,同时也省油省车。别人开的车跑十万公里就去大修了,可他的车,九年开了28万公里,连轮胎都没换过,年年都被评为"红旗车"。

他知道,油罐车是保生产的生命车,车没有油,井就上不去,作业措施就上不了。所以,不管什么时候,即便赶上三更半夜没有油了,他也要出车去拉油。

在铁人身边的我们

日复一日，风雨无阻，工作干得用心，又从来不计个人回报，1978年，他得了一个特别精致的奖章，那是石油工业部给发的交通运输战线先进个人奖励，同时他还是连续六年的市局劳模、会战标兵。

28岁时，苏君镇离开了他的车、他的路，带着多年磨砺出的责任心与担当，来到了第三采油厂机关党委组织部工作。

在外"跑"惯了，他对基层的感情深，当了干部，还是经常深入井站、一线班组，一脚泥一身土，了解基层情况，给入党积极分子上党课。

那些年，全厂所有党员都出自他手，不论是已退休的老劳模206队"黑脸书记"王成才，还是现任第一作业区党委副书记、工会主席的褚洪芳，抑或当下很多在职的某个部室主任，新党员把他当作"党"的化身，老党员把他当作党员标杆。

2021年，他收到一枚"光荣在党五十年"的奖章，精心收藏，视若珍宝。

阳光洒在他曾经工作过的办公室里，他当年发展的党员王艳与他交接后，成为了新的党委组织员，继续着全厂发展党员的工作。他扎在党组织的根，长出茂盛的须、丰硕的芽，结出精彩的果，滋养着一代代后辈，以最虔诚的心，去继续完成这项神圣的事业。

孙宝范："当我想起'铁人'的时候……"

孙宝范，1939年11月生于黑龙江省绥化市。1961年8月参加工作，1971年6月入党。《铁人传》作者。第二届中华铁人文学奖获得者。

新时代的阳光，照耀着同一个时代的人，照亮了同一个年代的初心。

满头银发的老人,鼻子上架着老花镜,一笔一画,在篇篇铁人故事上签上了自己的名字——孙宝范。

他是《铁人传》的作者,80多岁的他,家里满满当当都是有关"铁人"的书籍、报刊、邮票和纪念品,爱惜如宝。不久前,他的新书《共产党人王进喜:听亲历者讲铁人故事》刚刚出版,封面红彤彤的,亦如那个曾经在铁人身边的火红年代。

1960年3月,寒风还在大庆油田上空肆虐,王进喜率队用5天零4个小时打出第一口生产井的时候,孙宝范还在学校念书。他做梦也没有想到,一年之后,他与这位后来被称作"铁人"的人,会有那么重要的人生交集。

1963年5月1日下午四五点钟,孙宝范第一次见到王进喜,对方全身都是泥浆,到处都是油,脚上袜子都没穿,活脱脱的一个"铁人",一个共产党员的形象一下子就深深扎进了孙宝范心里。这时的孙宝范刚从哈尔滨师范专科学校毕业到大庆工作三年,他接到创作一部以铁人王进喜为主题的话剧任务,有幸来到铁人身边。

孙宝范很快摸清了铁人的工作规律:早上4点起床后,先去给工人烧盖房子的砖。6点吃早饭,然后开始跑井,一个井队一个井队地跑。下午4点多,回队部开调度会,晚饭后再去周边井队看看。最后回到屋里,和他一起学习毛主席著作,一直到夜里11点多才休息。

铁人爱学习,爱思考,40岁的他尊称24岁的孙宝范为"洋先生",遇到问题,常向他请教,"我学会一个字,就像搬掉一座山,我要翻山越岭去见毛主席。"铁人常会带着大家挑灯夜读。一天晚上,正好翻到了《在延安文艺座谈会上的讲话》。孙宝范边念边解释生字,铁人听得很认真,当念到"'横眉冷对千夫指,俯首甘为孺子牛',应当成为我们的座右铭"时,立即

在铁人身边的我们

追问这两句诗的意思。

孙宝范详细解释了诗句和"孺子牛",铁人感慨道:"牛出力最大,享受最少,我要老老实实为党和人民当一辈子老黄牛。""当党和人民大众的牛"成了铁人一生的信条,透过"铁人"也深深印在孙宝范心里。

1970年,铁人王进喜为油田熬干心血,走完了年仅47岁的人生。铁人走了,可是他好像时刻藏在孙宝范心里发着光为他照亮,第二年6月,孙宝范终于加入了梦寐以求的党组织,并下定决心要用笔写出"铁人"的精神。

30年,是他诠释"铁人"的时间,呕心沥血完成大庆人所共知的《铁人传》,以最朴素的讲述,把真实、鲜活、生动的铁人永远留在了人们心里。

半个世纪过去,孙宝范依然在学铁人、做铁人、写铁人、讲铁人,成为一座城市名副其实的"铁人事迹宣传者""铁人精神传播者"。

曲晗:"产量是奋斗出来的,好日子是干出来的!"

曲晗,1977年3月出生于吉林省洮南市,大庆油田第三采油厂副厂长。1998年11月入党,2001年7月参加工作。大庆油田"新时代铁人式标兵"、优秀共产党员。

在2000年大庆石油学院石油工程系毕业生中,很多人在学校就加入了党组织,他们的入党介绍人都是同一个人——曲晗。20年过去,这批大学生党员早已成为油田各单位的能人、强人,其中还不乏中层干部。提起同学曲晗,他们无不对这位当年的系党支部书记兼校学生会副主席充满敬意。

在诸多学弟学妹印象里,曲晗身上有很多优点:思想成熟,言行自律,是一个有想法、有信仰的人。

1997年夏天，20岁的曲晗从吉林省洮南一中毕业，考上大庆石油学院，成为一名准石油人。从入学第一天起，他的热情和积极作为就感染了老师和同学，他被推选为班长，第一个递交入党申请书，第一个成为预备党员，转正后又承担了大量额外工作，在完成学业、获得奖学金的同时，把党支部和学生会的工作干得有声有色。在校期间，经他介绍入党的同学就有100多人。

2001年，曲晗大学毕业入职大庆油田，初次见面的队干部与他聊了几句，感到很惊讶，眼前这位刚出校门的小伙儿，竟对党的知识、发展党员的流程、党支部的业务都很熟悉，俨然是一位经验丰富的"老支书"了。

曲晗说，大学校园的经历是他特别的人生历练，让他的信仰更坚定。如今，他工龄21年、党龄24年，无论是在一线岗位实习，还是带一支基层队，抑或干技术、搞经营、带队伍夺油上产，他总是坚信一个道理："敢打硬仗，才是真正的共产党人。"他当采油队队长，不到一年把队伍带成了油田公司银牌队；当联合站站长，把一个厂先进、局先进带到了集团公司先进行列；当采油矿副矿长，又把全系统的生产搞得稳稳当当，有他独当一面，主要领导很省心。提起他，先后3位矿长、经理都称赞他是个"难得的闯将"。

2021年，作业区面临欠产。临危受命的他，带头"打样"，"新井投产一天不理顺，就一天不回家"，把指挥中心前移，带领班子成员驻队，二线变一线、一线变前线、饭桌变会桌、现场变会场，连续奋战60多个昼夜，实现新井问题全部动态清零。从欠产到追产，从追产到超产，从慢干到快跑，从被动生产到主动加产，曲晗带着他的作业区一路奔跑，创出了上产奇迹。2021年底的工作讲评会，厂主要领导带头为他鼓掌。

在铁人身边的我们

在 2022 年大庆油田"七一"表彰会上，曲晗作为优秀共产党员代表发言。线上线下很多人都听到了，包括他曾经介绍入党的油田各条战线的同学们，听他讲如何率队打赢一场场硬仗，他的话中还有很多深意人们也听懂了——"我为祖国献石油"是信仰，"为油田负责一辈子"是责任，践行"能源的饭碗必须端在自己手里"的政治嘱托是最大的任务。

王艳："只要心里有光，多远都会到达。"

王艳，1970 年 5 月出生于黑龙江省大庆市。曾任大庆油田第三采油厂党委组织部副部长。1989 年 3 月参加工作，2000 年 12 月入党。黑龙江省劳动模范，中国石油天然气集团有限公司优秀党务工作者。

王艳有一双会说话的大眼睛，留着利落的短发。时光带走了曾经的青涩，她却还是那个爱说爱笑，走路生风的"小燕子"。

王艳的第一个工作岗位，是在荒原深处一个小水站里，每天上班要在敞篷卡车上颠簸很远的路。父亲心疼女儿，她却说："爸，你放心，我到哪儿都能干好！"

父亲最了解这个从小就要强的女儿，小学时她一直是少先队大队委"三道杠"，初中时她领着新团员入团宣誓，高中时她是大庆市优秀班干部。虽然高考失利，但她相信，在另一条路上她也能走远走好。

王艳说出的话就绝不会食言。上班第一年，她被评为厂优秀员工。第二年，刚满 20 岁的她报名参加技术大赛，获得全厂注水工第一名。22 岁，她又拿了个全厂中级工第一名回来。

在最偏远的变电所倒班，队长看她手脚麻利，头脑灵活，就让她当资料员。她爱学习，有不懂的问题都要搞明白，队里的技术员、大学生、矿里的工程师，都被她追着讨教过。

她相信"勤能补拙"。有人见活躲着走，王艳却迎着上，干的是资料员，可无论是化验员、经管员的活，还是炊事员、卫生员的活，只要有人忙不过来，她都会搭把手。春秋检大忙季，井上、计量间、会战现场，常见穿着工服的她与大伙打成一片，边学边干，一点儿不藏力气。她觉得这个队就是她的家，跟大家在一起，真心快乐。

"小燕子"干啥像啥，每逢厂里地质大队来检查，大伙儿都推选她代表全矿去迎接。工作人员拿出计算器算瞬时水量，这边还没按完计算器按键，那边她已心算出了结果，数据完全一致。

上班第一年，王艳就写了入党申请书，队里的技术员、大学生都排在她前面。她不在乎这些，思想汇报照样一篇接一篇往上交，干活照样件件不落下，成绩照样步步往上提。

30岁那年，她参加干部竞聘，成了全矿第一个女副队长。也是在这一年，她终于通过组织考验，完成了在党旗下的宣誓。那一刻，她激动得泪光盈盈。2年后，她被提拔为队党支部书记；3年后，她把党支部带成了全厂先进党支部；5年后，矿党委派她去带一个有些"过气"的老牌先进队，她很快把队伍带成了中国石油天然气集团有限公司先进党组织，全油田发出号召"向好书记王艳学习"；43岁那年，她被任命为厂党委组织部组织员。

如今，52岁的她在厂党委组织部副部长的岗位上，每天依然忙得脚不沾地，满身活力，一如当年那个说着"我在哪都能干好"的自信女孩。

工作30多年，她一直埋头向上攀登，成为大庆油田基层党支部书记的标杆和优秀女职工、好书记代表，走上了黑龙江省劳动模范、中国石油天然气集团有限公司优秀党务工作者的颁奖台；在组织部任职10年间，共指导

在铁人身边的我们

基层党支部发展党员 949 人,成为全厂 2000 多名党员的"服务员""知心大姐"。

王天明:"我用最好的成绩向党汇报。"

王天明,1993 年 6 月出生于黑龙江省大庆市。大庆油田工程事业部第 17 工程部安装公司电焊工。2013 年 8 月参加工作,2014 年 5 月入党。全国青年岗位能手,中央企业青年岗位能手,中央企业技术能手,中国石油天然气集团有限公司劳动模范,第十三届全国青年联合会常委。

2013 年,德国。

国际青年焊接技术大赛赛场,巨大的蓝色荧幕上亮起了中国国旗。刚刚 20 岁的王天明,夺冠了!

远在异国他乡,一个中国孩子更强烈地感受到了祖国的伟大!

从国际赛场归来,他这个入党积极分子奋笔疾书一份思想汇报,以最炫目的成绩向党组织汇报。

王天明不是传统意义上的好学生。高考失利后,他选择来到父母工作的油田,成为一名电焊工。同样的花季,当很多人坐在大学教室,畅游浩瀚的知识海洋时,王天明在汗流浃背地训练,憋着一股劲。但他又是一名典型的好学生,当有人三言两语就点破他技术的症结所在时,他第一反应是开口喊人"师傅"。

这一声"师傅",像是冥冥之中的牵引,直接给他牵来个名师——2 年前曾获"嘉克杯"国际焊接技能大赛单项第一名,有"焊王"之称的王召军。

自此，王天明在"焊王"的指导下，走在了成为高徒的路上。白天，他跟着师傅认真学习，把师傅纠正过的焊件用手机拍照，晚上睡觉之前一遍一遍地看，反复琢磨哪里焊得不好，闭着眼睛模拟该怎么做，再把自己的理解都记在笔记本上，一有时间就向师傅请教。

他踏踏实实地走过一个个焊点，用焊光焊出了自己的"完美焊道"——在国务院国资委举办的"嘉克杯"国际焊接选拔赛中，他获得了第一名的成绩；代表国家参加德国国际青年焊接技术大赛，取得氩弧焊方法第一名，成为继师傅王召军之后再次在国际赛场上摘得冠军的中国人；再后来，全国青年岗位能手、全国"向上向善好青年"提名奖、中央企业技术能手、中国石油天然气集团有限公司劳动模范、"龙江最美石油人"、黑龙江省青年五四奖章、"感动龙江"人物提名奖等荣誉纷至沓来，一切像是伸手即至，可只有他自己知道这一切来之不易，亮出身上多处烫伤的疤痕，他说，伤疤是焊工最好的徽章。

党龄比他多5年的师傅告诉过他，苦练本事不仅仅是去为了比赛拿成绩，一定要把经验用到实际生产中。

王天明深以为然。2014年3月，他参与的工程项目进入冲刺阶段，必须在12个小时之内完成38处焊接工作。但是项目管线错综，地下不断返水，摆在眼前的就一个字：难。王天明快速思考，很快将参加大赛时总结的对称式焊法、摇把焊等技术都用上了，提前3个小时完成攻坚任务。

几年后，在原油管道工程漠大二线上，师徒二人在工作中相遇了。此时，王召军带领"尖刀队"，而王天明带着"青年突击队"，一对党员师徒共赴一个战场。在这里，他们承受了零下35摄氏度的极寒天气，克服了约10公里长连续蜿蜒的陡坡地势。为保证施工顺利进行，王天明连夜制订出了一套高效焊接方案——在向下焊的基础上，针对不同工序、不同部位加

在铁人身边的我们

入5种不同的操作技巧,使得项目部焊接速度、焊接质量明显提高,仅用10天时间就完成了该区段2.1公里的管道焊接任务,一次焊接合格率达到99.3%,焊接速度提高了30%,在祖国最北端的"国之动脉"上留下了大庆石油人的"签名"。

千帆过尽,荣誉满载,归来仍是少年。只是这个29岁的"少年"已是有9年党龄的党员了。油田的主战场正在递交给他们,百年油田进入了新时代。

科研方阵：
寻找石油宝藏密码

当历史的车轮驶进"十四五"，当高水平科技自立自强，成为国家重大战略，大庆油田锚定快速上产、领衔高产、持续稳产的目标踔厉奋发。这是一场看不见对手的战争，战场在数千米的地层之下。一次次技术突破的背后，是千百个日夜的坚守。"干工作要经得起子孙万代检查"是铁人王进喜的标准，也是新时代油田科研人对自己的硬要求。

张金友："只要能找到油，所有的付出都值得！"

张金友，1983年4月出生于黑龙江省绥化市兰西县，大庆油田勘探开发研究院非常规油气研究部署项目经理部经理。2007年11月入党，2009年参加工作。黑龙江省劳动模范，大庆油田"新时代铁人式标兵"，大庆油田功勋员工。

夜深了，大庆油田勘探开发研究院一间实验室里的灯光还亮着。"大家再琢磨琢磨，不同油层的参数有什么差异，对产量有什么影响。"非常规油气研究部署项目经理部经理张金友和团队正进行着一场热烈的讨论。

在铁人身边的我们

大庆油田曾连续 27 年实现 5000 万吨以上高产稳产，但高峰过后，石油还能从哪儿来？这是别人常问张金友的问题，也是他的主攻目标。

储量是油田的根基。大庆人将目光瞄向了非常规石油。然而，大庆油田的非常规石油属于陆相非常规石油，黏土矿物含量高达 35% 以上，岩石孔隙度低、渗透性差，曾被国外地质学家认为基本不可能储油。

从 2018 年底开始，为解决大庆油田"后劲不足"的问题，大庆探区非常规致密砂岩油重大科技专项正式设立。张金友和团队全力攻坚，目的只有一个，就是要把那些"藏"起来的油采出来。

他们面前最大的"拦路虎"就在齐家—古龙勘探区。常规石油都是呈带状蕴藏在地下，但致密砂岩油却是零星分布，更像是散落在棋盘上的棋子。要想在几千平方公里的大"棋盘"上准确地找出一粒粒"小棋子"，无异大海捞针。

自从和非常规油气打上交道，在办公室凑合一宿成了他的常态。地上堆叠的资料和图纸，让不足 6 平方米的小区域显得更加狭小。一张书桌、一个书架、一张行军床、一台电脑和百余本专业书籍，是他全部家当。

在凉森森的岩心库里，他和同事把上百斤的岩心从架子上搬下，用刷子蘸着冷水细细清洗，蹲下身子，仔细观察着这些沉积于亿万年之前、来自千米地下的神秘石头，研究它们的沉积纹理、裂缝特征。不知不觉间，1000 多个日夜，在一次次眉头紧锁与舒展中滑过去了。

张金友还记得，最久的一次攻关连轴转了两个多月，人跑瘦了，腿跑细了，但是梳理了 3910 米岩心、15221 块试样分析数据。依据扎实的数据基础和研究方法，攻关团队终于在齐家—古龙地区的几千米地下找到了既富集又好采的致密油勘探的密码，实现了陆相页岩油从"0"到"1"的历史性突破。

大庆油田开采"新油"有了指望。2021 年 8 月 28 日上午，天高云淡，辽阔的松嫩平原上锣鼓喧天，大庆油田非常规油气国家级示范区建设推进会隆重举行，《我为祖国献石油》的歌声响彻云霄。古龙页岩油勘探取得重大战略性突破，新增石油预测地质储量 12.68 亿吨。12.68 亿吨，是大庆油田 2020 年国内原油产量的 42 倍，相当于为每位国人贡献了 0.9 吨油。

张金友和同事们激动得热泪盈眶。中国人用自己的双手又找出一个新的能源宝藏，而这其中有自己的努力。为了这一刻，一切付出都值得！

他更忙了。带着 40 名平均年龄 30 多岁的科研团队一起忙，做实验、做汇报，每天工作日程都排得满满的。科研工作者始终在"解谜"的路上，不断跟新的"卡脖子"问题做斗争。他认为，这是自己的天职和本分。

金色的阳光洒在即将中年的张金友身上。他身材单薄瘦弱，目光却清澈明亮，亦如多年前在大学研究生一年级入党宣誓时的坚定。那时候，他这个班长还是校学生会思想研究会副主席。如今，这位工龄 13 年、党龄 15 年、博士在读四年级的油田科技工作者和同事们一起，每天都在努力着，超越前人、超越权威、超越自我，默默用行动书写着："我把青春献给你！我把生命献给你！我把全部献给你！"

钱坤："我愿意用吃苦换来收获和成长。"

钱坤，1988 年 10 月出生于大庆市大同区太阳升镇。大庆油田采油工程研究院举升工艺研究室副主任。2009 年 10 月入党，2015 年 7 月参加工作。入选首批集团公司"青年科技人才培养计划"。

2022 年 9 月，油城大庆被凶险的新冠肺炎疫情按下"暂停"键。在距

在铁人身边的我们

离大庆市区 410 公里之外的大庆油田最外围，34 岁的钱坤作为中国石油天然气集团公司一项科研项目的负责人，连续 30 多天住板房，跑试验现场。

这里是大庆油田第八采油厂的工作区域，地理方位已是黑龙江省哈尔滨市通河县。在他带领下，一项为解决"油管内电加热防蜡解堵"问题的科研攻关项目半年前开题，这是他负责的第四个项目，也是最重要的一个。现在要解决的只是整个项目中的一个小问题，后面还有很多很多事情要做。

2022 年是钱坤参加工作的第 7 年，也是他加入中国共产党的第 13 个年头。住在荒郊野外的板房里搞科研，吃的、喝的、穿的，都有最令人心安的保障，他从心里感恩，并且干劲冲天。

钱坤出生在一个普通的农村家庭，父亲是一名退伍军人，也是一名老党员，钱坤的童年是在父亲讲也讲不完的党员故事中度过的。他从小就想，将来一定要加入中国共产党，也成为像父亲和父亲战友那样的人。

2008 年 9 月，钱坤考上大学。他以班级综测第一和全票通过的成绩，成为班级第一名党员、年级第一批党员。自那以后，他以一名新党员身份奔向人生新跑道。他组织创办东北石油大学爱心社，作为黑龙江省优秀毕业生，被保送成为东北石油大学与大庆油田采油工程研究院第一批产学研联合培养硕士研究生。在校期间，他参与集团公司级项目，首创了基于间接示功图测量的故障诊断方法，研制了电动潜油柱塞泵故障监测及诊断系统，填补了这一领域的技术空白并申请发明专利。

2015 年 7 月，他签约来到大庆油田，深入第三采油厂生产一线，从一名普通的采油维修工人干起。他总是捧着一本本专业书向他人请教，一句话、一张图都必须研究得明明白白，老师傅们都"怕"他，维修班长也被"逼"得找来报废的组合井口，给他讲个一清二楚。也是在那时候，他深刻认识到，油田开发后期，有杆举升方式存在杆管偏磨严重、无效能耗高的生产难题。研发中小排量无杆举升技术的想法开始萌芽。

凭着强烈的求知渴望，2016年他考取了东北石油大学石油与天然气工程专业博士研究生，为梦想插上了新的翅膀。2017年，他被选调到大庆油田采油工程研究院举升工艺研究室后，在基层一线萌生的想法一个个"抽枝发芽"。他倾注巨大热情，开始进行新型无杆举升技术研究，攻关电动潜油柱塞泵无杆举升技术，开展永磁直线电机优化设计和长距离无感柔性闭环控制技术研究，成功解决了井下电机"瘦身"难题，实现"无保养、长寿命"运行，发明专利"永磁直线电机及其控制方法、装置和系统"，捧回了2021年度中国石油天然气集团有限公司专利金奖。这是大庆油田首次获得集团公司级专利金奖。

作为注册起草人，他还申报制定ISO国际标准《人工举升用潜油直线电机系统》，这是大庆油田首次主导制定的国际标准，也是国内石油行业人工举升设备首个国际标准制定项目。

为了心爱的科研，大部分节假日他都在忙工作。他愿意用吃苦换来收获与成长，为梦想插上更加丰盈的羽翼。

裴明波："我的名字叫明波，就要把地下千米的地震波弄个明白。"

裴明波，1982年6月出生于黑龙江省双城市单城镇。大庆油田勘探开发研究院地震解释一室课题长。2008年4月参加工作，2013年11月入党。全国青年岗位能手标兵，中国石油天然气集团有限公司"特等劳动模范"。

在铁人身边的我们

月光照进大庆油田勘探开发研究院一间办公室的窗子里，也落在裴明波紧锁的眉头上。如之前的无数个夜晚一样，当他抬起头来，又是一天飞快地走远。

2008年4月，刚迈出大学研究生校园的裴明波，来到大庆油田勘探开发研究院，干起了地震解释工作。他虚心学习、踏实肯干，很快成为"小专家"。4年后，他受命去搞深层火山岩地震解释，后来担任课题长，又承担国家重点技术研究发展计划（简称"973计划"）中的一个子课题。从此，他开启了更为艰难的求索之路，也正是这时，他向党组织捧上了一份入党申请书。

2013年11月，裴明波光荣地加入了党组织。那年，他随研究院专家团队来到北京铁道大厦会议室，参加国家"973计划"《火山岩油气藏形成机制与分布规律研究》成果验收审查会。看着同样参与答辩的工程院院士钟南山、航天英雄杨利伟等国民偶像从身边走过，裴明波压抑不住心里的兴奋和紧张。以中国科学院院士贾承造为首的院士评审团，就大庆油田的总项目理论和技术成果给予了高度评价，项目顺利通过验收。而这个项目中一个子课题就是由裴明波负责的，他要把火山岩地震勘探的"B超"升级为"CT"。

正常的油气都藏在砂岩里，但是在松辽盆地，有一种特殊的油气藏在一亿年前喷发的火山岩里。一亿年以前的事，怎么去研究它？每座火山之间又有什么关系？要搞清楚的问题实在是太多了，他只能从现有资料，反推当时火山喷发的状态，给每个火山做"解剖"，看里面究竟藏着多少油气藏。

一天深夜，他突然从床上弹起来大叫："对，现今火山喷发！"他的举动惊醒了爱人、吓哭了孩子，可他全然不顾，起身下楼，在深夜的小区快步走出很远才打到出租车去单位，急火火地打开电脑，在网上"打捞"资料。

别人看起来犹如无字天书的地震波，在他眼里却有油滴的活跃和气藏的灵动。他坚信，通过细致的分析和认识，能对火山岩储层的预测再往前迈一步。

想法很好，难度超大。裴明波闯进国际公认的"禁区"，在浩瀚而神秘的火山岩气藏里苦苦探索，通过模拟1亿3千万年前火山喷发的过程，建立分期次的火山口地震识别技术，一共识别了190个不一样的火山口，发现了112个新火山口，相当于找到了112个新的火山岩气藏。

工作14年来，裴明波主持参与科研项目14项，获国家级、省部级奖励7项，其中国家"973计划"子课题研究成果在国家科技部评审中排名第一；发表学术论文9篇，其中国际论文3篇，被SCI收录1篇；任"十三五"集团公司重大科技专项副课题长，国家"973计划"子课题研究负责人。

裴明波向党组织捧出了一份份饱含青春心血的科研成绩单。他喜欢自己的名字——明波，他说这就是他与地震波的缘分，只要能找到更多的油气资源，哪怕踏破千里，穷尽一生。

盖兆贺："我的任务就是拿出好方案，保证打好井。"

盖兆贺，1986年4月出生于黑龙江省大庆市。大庆油田钻井工程技术研究院设计中心项目经理。2011年7月参加工作，2021年4月入党。大庆钻探工程公司"百名优秀青年岗位能手"。

2022年11月10日，全身防护装备的盖兆贺，从伊拉克辗转迪拜终于回到祖国怀抱。家乡、父母、妻儿，13个月未见，眼前之人终于从手机里的影像变为触手可及的温暖。

盖兆贺参加工作没多久，就从一名录井队的实习技术员走上钻井工程技术岗位，而他所在的大庆油田钻井研究院是大庆油田钻井工程技术的"天花板"。在这里，年轻的他总是能看见行业"大牛"，他时刻"拧紧发条"不敢懈怠。领导看到他的这股韧劲，决定培养他搞科研。

第一步，就从钻井设计的统计分析开始，了解设计理念，培养系统思维，掌握专业常识，他越学越有心得，钻井下什么管子，用什么钻井液，用什么水泥固井，处处都有学问，让他如痴如醉。

经过一段时间观察，领导发现，这个年轻人很擅长把整个系统知识综合性把握，形成一个大的分析报告或者论证方案，确实适合"吃这口饭"，就逐渐把一些特殊工艺井、风险井的论证分析工作交给他。

在盖兆贺的脑海里，有一张巨大的地下油藏图。除了大庆，他还设计过新疆油田、西南油气田、浙江油田的钻井方案。不同的区块有不同的地质条件，用多粗的管子、下到哪一层、用什么钻井液体系与对应层相配合，温度、压力、井控……他把一道道难题解开。

他的脑袋里还有一本百科全书。在新疆油田，要考虑沙漠保护；在浙江油田，要考虑湖泊、稻田的环保措施；给蒙古国、伊拉克做设计，要把当地的安全环保法律吃透；在中东，要研究海相沉积环境下什么管材不易被腐蚀……

2019年，他为集团公司"630"钻井示范工程编制了现场施工方案，并制定了标准化提速模板，最终升平库平1井相比邻井提速100%，钻井周期缩短78天，起到了良好的示范效应。

2021年，盖兆贺光荣入党。那时的他已是干了10年的钻井工程师，大庆油田的非凡10年，也成就了他马不停蹄的10年。从现场录井到钻设计，再到科研攻关的磨炼，从国内各油田的摔打，到国外的远足实践，37岁的他，完成各类钻井设计100余口井，主持和参加科研项目10余项，获得钻探工程公司级以上科技进步奖励6项，油田公司规划设计奖励6项，研究攻克的各项技术保障了油田调开井、深井的高效安全施工，累计创效上亿元。

入党后没过多久，他以突出的业务成绩和超强的协调沟通能力，被组织派到大庆油田在伊拉克的钻井生产一线独挑大梁。他不负所托，工作得到了甲方高度认可。

他的心里只有一个想法：拿出好方案，打好每一口井。这是任务，更是责任。

海外市场方阵：
亮出中国石油名片

在国内，他们是大庆人；在海外，他们是中国人。

在万里之遥的钻塔上，在异域他乡的建设工地上，冒着枪林弹雨，顶着汹涌疫情，忍着思乡之痛，一支支铁人队伍选择坚守。无论走到哪里，他们都把大庆红旗插到哪里，把"大庆精神铁人精神"这块金字招牌带到哪里！他们忠心赤胆，许身报国，他们干劲儿如钢铁，意志如钢铁，信念如钢铁！

杨兆龙："以兴油报国之心闯海外。"

杨兆龙，1967年6月出生于黑龙江省哈尔滨市高楞镇。大庆油田中东分公司经理。1988年4月入党，1990年7月参加工作。大庆油田"新时代铁人式标兵"、中国石油天然气集团公司市场开发先进个人、国际业务重大专项安全应对突出贡献个人、中东地区工作委员会优秀党务工作者。

"60后"的杨兆龙是那个年代中稀罕的大学生，在大学里就加入了中国共产党。1990年参加工作，2002年为响应油田拓展海外业务需要，他第一次走出国门，任钻技公司印尼固井项目经理，之后又被派往大庆钻探伊拉克艾哈代布项目部，到中东分公司前，他已在海外工作整整20年了。

这20年里，他有12年在伊拉克。2014年6月，伊拉克发生内战，战火逼近巴格达。当时前线的员工们都非常恐慌。为安抚军心，杨兆龙向大家立下军令状："绝对第一时间撤离，绝不扔下一个弟兄。"他组织项目人员成立应急小组，制订紧急撤离方案，仅用12天，就将175人安全撤离回国，并为坚守岗位的76名骨干做好了安全部署和生活安顿，同时制订好了陆路紧急撤离方案。两个月后，形势有所缓解，他马上组织复工复产。待项目全部顺利复工，形势完全稳定后，他才回国。

2019年5月，DQ010队承钻的EB-B井钻进至4044米时，钻遇异常高压油气层，发生溢流险情。甲方团队储备的重晶石粉不足，便委托杨兆龙寻找。他迅速动用在伊拉克境内所有资源寻找，不到30个小时，500公里以外还没有清关的1000吨重晶石粉被运到了井场。如果再晚到3个小时，后果不堪设想。

2018年5月，大庆艾哈代布钻井一体化项目已经接近尾声，为了伊拉克中部市场接续，必须拿下东巴格达南油田钻井项目。为了精准拿出投标方案，他冒着50多摄氏度的高温，用一天时间勘查完2个区块近1000平方公里的油区，为商务测算提供了第一手资料。

有人劝他别着急，气温这么高，又这么危险，一天巡完太紧张，但他知道，要想拿下这个项目，必须先人一步做好充足准备。最终，他凭借高超的工程技术能力和精准的商务运作，一举中标东巴格达油田南段两部钻机一体化服务项目。

2021年12月，他被任命为大庆油田中东分公司经理。当时他正在东

在铁人身边的我们

巴格达项目现场，接到任命后，直接前往中东分公司就任，直到今年5月才回国轮休，已连续16个月没回过家。

海外工作20年，他与家人更多的是分离。在伊拉克12年，他没在家过过一次年。他深知，过年正是海外人员最容易心散的时候，他在，主心骨就在。他的头发虽已花白，但他肩背始终笔直。他能说一口流利的英语，更有一颗火热的中国心。保障国家能源安全、端牢能源饭碗，是他的初心，也是他和同事们无往不胜的动力。

白臣："我戴着党徽，从大学校园到海外钻台。"

白臣，1986年7月出生于黑龙江省大庆市。大庆油田中东分公司科员。2007年10月入党，2012年9月参加工作。大庆油田钻探工程公司安全环保先进工作者，大庆油田中东分公司杰出员工，中东大区优秀中方骨干员工。

2014年5月4日，是白臣女儿出生的日子。而12个小时之前，初为人父的白臣已经登上了飞往伊拉克的飞机，没能第一时间见到女儿。

白臣的姥爷是一名共产党员，退伍前是原东北野战军第10纵队机枪连连长，参加过大小30余次战斗。姥爷攥着拳头给他讲述黑山阻击战的故事："前面的战友倒下了，后面的接着冲，200多人的连队最后就剩下3个人。"这些故事充盈着他的童年，中国共产党人的光辉形象也是从那时起，刻入了他的心底。

上大学二年级时，白臣被学校定为重点培养对象，但想要加入中国共产党，各科考试必须一次性通过。英语四级成了一道坎，他每天泡在图书馆一遍遍抄写背诵，挂着耳机练听力，虽然家离校园只有半小时路程，那一年他只在过年时回过一次家。2007年10月，他顺利通过考察期，正式加入中国共产党。此后，他有了"世上无难事"的底气。

2012年研究生毕业后，他进入大庆油田钻探工程公司钻井一公司70007钻井队，基层井队火热的生活打磨掉他身上的书生气，使他成为一名技术过硬的石油汉子。

2014年，白臣被公司派遣到伊拉克艾哈代布项目部DQ009队担任钻井工程师，带着对未曾谋面的女儿的想象和牵念，他开启了海外石油人的生涯。

伊拉克的蚊虫肆虐，白臣的身上被叮出一个个葡萄大的紫包。白天，井场地面温度高达五六十摄氏度，他工服的后背总是沁出一圈一圈的盐渍。甲方监督要求苛刻，工程师业务深度骤然增加，还有对家乡与家人的思念……这些，一度压得他喘不过气来，但他没忘记自己是共产党员，是大庆石油人。他每天只睡三四个小时，很快掌握了项目的钻井流程与井控要求。

赴伊拉克一个月之后，伊拉克发生了震惊世界的内战，按公司要求，队里大部分人员需撤离，白臣主动要求留守井场，带领电气师、翻译及5名雇员肩负起看井任务，平稳度过等停阶段后，队伍顺利复工。当他再回到家时，女儿已经3个多月，会翻身了。

2015年，他在海外现场连续工作4个月。这4个月，井队连续获得甲方井控考核第一名。

2017年初，他被提拔为DQ009队钻井平台经理。2年时间，他就带着这个名不见经传的队伍摘得钻井一公司铜牌队荣誉。他个人荣获大庆油田钻探工程公司安全环保先进工作者荣誉称号。

2020年，突发新冠肺炎疫情，白臣再次主动要求坚守，主外又主内，

在铁人身边的我们

队里无一人感染新冠病毒,还配合建设东巴格达作业基地,顺利地完成了作业区 46 名员工的动迁。

这场硬仗,他一连打了 11 个月。

回国前,他看着从高耸的井架里透过来的阳光,与大庆的并无二致。快一年了,他想念妻女了,这一轮出国前,二女儿还在咿牙学语,如今已成了"小话痨"。太阳即将落下,与异乡有着 5 个小时时差的大庆,应该是半夜了……

孙世忠:"练硬翅膀,才能飞翔。"

孙世忠,1988 年出生于黑龙江省大庆市肇州县。大庆油田市场开发部海外 HSE 管理科科员(借聘)。2011 年 4 月入党,2013 年 7 月参加工作。

大学时代的孙世忠是校园轮滑社社长。他喜欢在轮滑场上风驰电掣的感觉,也渴望在广阔天空放飞自我。大学三年级他加入中国共产党。当他面向党旗,举起右拳庄严宣誓的那一刻,胸中有一团火在燃烧。

2013 年夏天,孙世忠成为大庆油田工程建设公司油建二公司一名实习员,报到第一天就被通知要去安徽工作,25 岁之前都没出过黑龙江省的他,第一次出门就是千里之外,他满怀期待。

到了安徽驻地,他就和大家一起,投入到为安徽销售分公司一座油库建设的火热工作中。与同事们 3 个月的朝夕相处,他不会就问,不懂就学,一天天在进步。第二年夏天,一座壮观的大油库在他们手里竣工了。作为建设大军的一分子,他特别有成就感。太阳把他白嫩的皮肤晒成了健康的麦色，风霜将他的肩膀打磨得越来越宽厚，一抬胳膊肌肉就显出形来，有一种"头戴铝盔走天涯"的豪迈。

2019年，31岁的孙世忠"飞"出了国门，飞到伊拉克的大庆油田承建的一个电站。他在安全HSE监督岗位上，一干就是8个月。2020年初，新冠肺炎疫情全球蔓延。当时伊拉克没有商业航班，孙世忠选择了留守，一留又是16个月。在国外的这段时间，他深刻地感悟到，一个人走得越远，就越理解什么是家国情怀；越是在异国他乡遇到困难，就越体会到祖国的强大和温暖。

回国后，孙世忠作为大庆油田工程建设公司油田工程事业部干部，借聘在油田公司市场开发部海外HSE管理科。他的主要工作是海外社会安全及HSE管理。又一片新领域向他展开，他认真学习新业务，向身边党员看齐。他发现，不只伊拉克，还有南苏丹、沙特阿拉伯、蒙古国、坦桑尼亚等十多个国家的土地上，都有大庆油田的建设者。这么多同行常年在国外工作，他们走遍天涯，流下汗水，披上荣光。

段永坚："铁人精神将我淬炼成钢。"

段永坚，1985年2月出生于吉林省通榆县。大庆油田钻探工程公司钻井二公司1205钻井队党支部书记。2008年7月参加工作，2015年8月入党。黑龙江省优秀共产党员。

能进入钢铁1205钻井队这支光荣的集体，和铁人干一样的事业，是段永坚参加工作以后的梦想。

2008年，段永坚刚刚迈出中国石油大学校门，就带着对铁人的崇拜来

在铁人身边的我们

到大庆油田钻井一线,没有被分到 1205 钻井队,他内心很失落。面对高耸的井架、轰鸣的钻机,他暗自立下誓言:一定要干出样子,有朝一日进入 1205 钻井队。

有了这个目标,他专挑重活累活干,把每道钻井工序绘制成图表,反复琢磨加深记忆,连做梦都是在干活,不到半年,他就成了队里的"小钻井通"。

2009 年,表现出色的他实现了愿望——被调到 1205 钻井队当实习技术员,也就是在那一年,习近平同志来到了 1205 钻井队,并嘱托大家"要把红旗一直扛下去,弘扬铁人精神,牢记艰苦奋斗,不断锐意进取,真正把工人阶级的崇高品质、伟大精神在 1205 钻井队代代相传"。24 岁的段永坚热血沸腾,发誓一定要好好干,不辜负嘱托。

"把井打到国外去"是王进喜老队长的夙愿。2012 年,他主动申请到海外去,担任伊拉克 DQ17117 修井队工程师。

刚到当地,他就遇到了三个难题:一是当地政局不稳,在井场周围时常能听到枪炮声;二是当地自然条件极其恶劣,地表温度高达五六十摄氏度,这对于一个东北人来说就是一种"烤"验;三是刚接手的那口井工期紧、任务重,而他是从钻井转到修井,很多工作都要从头做起,压力特别大。

越难越苦越要向前冲。他与队友们用藿香正气水抵御高温,顶着压力保生产,为了尽快适应修井工作、抢出工期,他不分昼夜盯在井上,累了就在司钻房的墙角靠一会,困了就和衣蜷缩在床上眯一会,热得实在受不了就喝水,每天能喝 10 多瓶水。在大家的共同努力下,保证了按期交井并获得甲方的高度认可。

半年后,段永坚被提拔为平台经理。上任那天,他朝祖国的方向凝望了很久,他暗下决心,一定要好好干,绝不给铁人队伍丢脸。2015 年 8 月,他光荣地加入了中国共产党。入党宣誓的那一刻,他深深感到自己有了最为坚强的后盾，"为祖国献石油"的信念更加坚定。

新冠肺炎疫情来袭，当地雇员防控意识弱，医疗水平差，救治能力有限，稍有不慎就可能造成大面积的感染。最简单的办法是停产封闭，但出来就是拿油的，井不能停，再难也要往上冲！

为守好第一道防线，段永坚在驻地大门口设立防疫检查点，亲自值守。本来可以由中方翻译担任门口防疫员，但考虑到防疫检测风险大，翻译还没有成家，他主动担起了这项工作。人裹在防护服里像被蒸包子，有人要换他下来，他拒绝了："我守好门，你们干好活，等疫情结束了，我把你们都安全地带回家，一个都不落下。"这期间，实现了安全平稳生产，全队无一人感染新冠病毒。

在海外工作 8 年，他带领队伍在伊拉克创出了连续 5 年满日费率 100%、安全无事故、区块效益最好等多项高指标。DQ17117 修井队成为一支海外修井"铁军"，在海外叫响了铁人队伍品牌。

2020 年 10 月，经过近 10 个月坚守，段永坚圆满完成任务回国轮休调整，同时，他被任命为 1205 钻井队党支部书记。

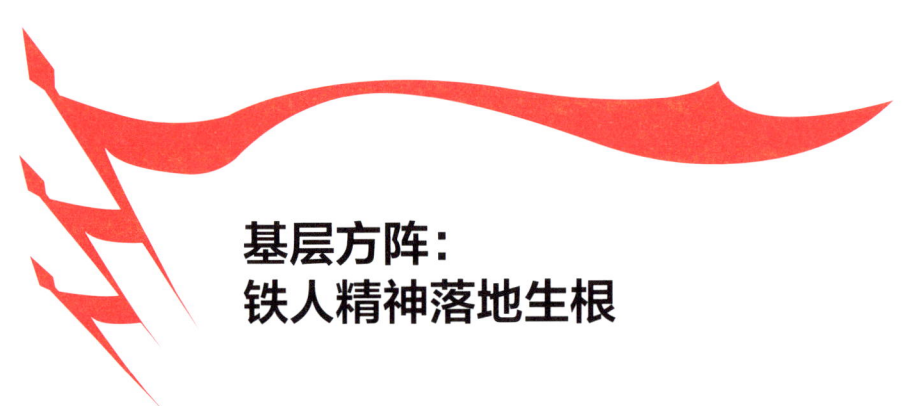

基层方阵：
铁人精神落地生根

2022年10月末，在大庆油田南一区西部区块，重点产能建设项目开发快马加鞭，1972口新井投产完毕，钻井进尺突破148万米，远超去年同期。新时代、新征程、新建设如火如荼……

广袤油区，千里沃野，采油机、钻塔、修井机林立……随处可见忠于职守的"石油红"。平凡岗位，不凡努力，非凡成绩，大庆石油人前进的每一步，都奔向光荣与梦想——百年油田。大庆精神铁人精神在一代代人心中生根发芽，传递红色旗帜，赓续红色血脉，用大庆力量为祖国"加油争气"，用严实作风书写"大庆答卷"。

褚洪芳："我有一棵'初心树'……"

褚洪芳，1974年12月出生于黑龙江省大庆市，第三采油厂第一作业区党委副书记、工会主席。1995年7月参加工作，2004年3月入党。中国石油天然气集团公司劳动模范、中国石油天然气集团公司优秀党务工作者。

在大庆油田第三采油厂第一作业区采油 206 队一张老照片上，黝黑的王成才书记的一侧，有一个白皙娇小的女同志，脸上还带着婴儿肥，腼腆地笑着，正是时任技术员的褚洪芳。

褚洪芳生长在一个偏僻小乡村，父亲是"自学成才"的"土大夫"，在当地，是少有的"文化人儿"，经常给孩子们讲党的故事。在褚洪芳的心房里，早早就烙下了党员是"厉害的好人"这个最原始朴素的印记。

参加工作后，褚洪芳当过采油工、资料员、化验员。1999 年，她成为采油 206 队的技术员。在 206 队，标准高、检查多、困难也多，但褚洪芳有股不服输的劲儿，她早来晚走，放弃休息时间，为把工作干好，一狠心，给未满周岁的孩子早早断奶。

工作越做越细，标准越干越高，活也就越来越多，一个个难题接踵而至，渐渐地，每天兴冲冲的她，开始变得蔫头耷脑。

党支部书记王成才看在眼里，主动开导她，还给她找了个"名誉"师傅——注水井班长孙延河。

孙延河不仅现场经验丰富，也是一名优秀党员，他耐心地带着褚洪芳到现场一个个解决问题，还给她讲"206"的前辈，"土专家"张景华、变废为宝的"巧师傅"赵军……他们都是褚洪芳眼里"厉害的好人"。

有了"好人们"的指引，褚洪芳如鱼得水，工作干得"开了挂"，捧回了"厂十佳技术员"的奖杯，拿下了"厂技术大赛技术员组第一名"。她第一时间向孙师傅报喜，师傅鼓励她要积极要求入党，她鼓起勇气，向党组织递交了入党申请书，介绍人一栏，写的就是孙延河。

2004 年入党宣誓后，她在食堂后身，栽下了一棵小杨树，这是她心底深藏多年的种子幻化而成的"初心树"。2009 年，她去了北二二联合站当党支部书记。2017 年，她调回 206 队，成为老书记王成才一样的领头雁，继

在铁人身边的我们

续带领"206"奋飞。

这些年间,她取得了许多荣誉,集团公司劳动模范、优秀党务工作者,油田公司的杰出员工、厂铁人式好干部标兵,206队党支部先后被评为集团公司和黑龙江省先进基层党组织,全国五四红旗团支部、油田公司效益型功勋队。

2018年春天,厂"党支部书记工作室"在206队的小院落地。同年,这里被列为大庆油田铁人学院现场教学基地。到现在,从中共中央组织部到油田内外党组织,他们已经接待了200多个培训班,共计16000多人。

2019年5月,传来好消息,206队党支部被厂党委确定为"五清三会"发源地。2020年,油田唯一的"新时代党员讲习所"在这里正式开张,满室的党旗红。

几经淬炼打磨,终成强劲磁铁。已经成长为第一作业区党委副书记、工会主席的褚洪芳还会经常回到206队。她对这里的一草一木,又熟悉又深情,门口"建设吸铁石型党支部"的大牌子,合照过许多次的"五清三会"泰山石,下点雪、刮点树叶就会引来许多"红工服"打扫的小院儿……

距离褚洪芳入党,二十年过去了。

二十个春夏秋冬,二十个热烈炙夏的生发,那棵"初心树"已长成高高的大杨树,它的根基越发稳固,抽出粗壮的枝条,在炎热的夏季,迎风摇摆,绿意盎然。

安国印:"没有党,就没有我今天!"

安国印,1985年4月出生于山东省菏泽市,华北油田第三采油厂党委书记,大庆油田第三采油厂党委常务副书记(挂职)。2007年12月入党,2008年7月参加工作。

在安国印心里，并列着两个"第三采油厂"，一个在冀中大平原的华北油田，那里是他的"大本营"；一个在东北松辽盆地的大庆油田，他的"第二故乡"。

2021年，作为中国石油天然气集团有限公司人才强企战略一项重要部署的受益者，这位"85后"的处级干部，获得来大庆油田挂职锻炼两年的机会，同每一个石油人一样，即便这辈子走过万水千山，没到过大庆依然是一种遗憾，他挥手告别领导、同事和亲友，一路风雨兼程奔向他心中的"石油圣城"——大庆。

从十几岁走出家乡那个偏僻的小村庄，他就一直在路上。用十几年的时间在校园读书；用四年的时间以大学生身份加入梦寐以求的党组织；用两年的时间在最基层的小站倒班；用一年的时间顶着冬天春天的"白毛风"、夏天秋天的"黄毛风"，赴千里之外的内蒙古国境线指挥投产一条大管线；用三年的时间，把江苏储气库的生产经营工作搞起来。他像一块永不满足的海绵，学采油知识、学集输工艺、学经营管理，如饥似渴地汲取着营养。此行，能深度参与大庆油田当今时代的新征程，他激动又荣幸。

在一个秋高气爽的上午，沐浴着大庆油田的金色阳光，他见到了油田党委书记朱国文，朱书记亲切与他交谈，并亲手把他交给了一个人——时任第三采油厂的厂长万贵春。从此，他的生命里，又多了一位德高望重的好导师、好师傅；他的行程里，又多了一段在"新三厂"的奋斗路。

他随着万厂长从油田公司机关楼一出来，便驱车返回三厂，师傅直接将他带到了厂安全会会场，认人儿，听情况，想事儿，做记录，一个会下来，便完成了从"华北油田采油三厂党委书记"到挂职"大庆油田采油三厂党委副书记"的角色转换。

"组织上派你来得太及时了，咱们正缺人手，以后，工作上的事儿，你

在铁人身边的我们

就多辛苦了！"安书记走马上任，迎接扑面而来的党委巡察工作，紧接着，党委宣传部、群团工作部、党委组织部，各路工作接踵而至，厂机关和基层干部很快认识了这位笑眯眯的大领导小安书记。

新生活开始了，办公室也是宿舍，办公桌也是书桌，顿顿吃食堂，天天住单位，安书记成了货真价实的"小单身"。

女儿来电话了，奶声奶气地喊一声"爸爸！"他心都快融化了，宝贝又问那个老问题："爸爸，你什么时候回家？"

她已经快半年没有看见爸爸了。从小到大，她在手机里看爸爸的次数，比看见真爸爸的时候还多，女儿的嘴噘得老高，眼里含着泪花。挂了和女儿的视频电话，他揉了揉湿润的眼睛，又拿起了《余秋里回忆录》，这是他看的第二遍了，越是深读，越觉得大庆石油人伟大、共产党人伟大。

在这里的每个季度，他都要认真写一份总结，做什么了，有什么体会，下一步还有什么打算，写完要恭恭敬敬呈给师傅看，师傅每次都看得很认真，写上评语，再签上自己的名字。他的师傅万厂长，这位58岁即将卸任的老领导，一点也没有要停下来的意思，总是亲自主持生产会，部署上产工作，带着全厂大步向前。

安国印佩服的，还有厂党委书记王显平。这位老领导、老共产党员，政治素养和谋事能力太强了，小小的"206"主题党日签名，从最初的动议到后来的发展，一步一步往前推，把全厂党员心里的一团团小火苗给点燃了，燎起了全油田八万多党员、十几万职工心里的熊熊大火，眼看着，一个支部的小心事，变成了全油田的大心愿！他与206队"缘分不浅"，206队的党支部书记滕飞，是小他两届的学妹，原本不认识，没想到毕业多年后，两个人跨了半个中国一起共事。

2022年8月20日起，大庆新冠肺炎形势严峻，全市进入静默期。但萨北油田的"生产线"却依旧繁忙，无一"静默"，厂领导班子、中层干部与全厂2000多名职工连续驻岗、驻队、驻区、驻厂，死看死守，一口井也不能停。危难之时，厂党委发出号召——"战疫有我，共产党员请出列！""保卫大庆的时候到了！"短短几小时内，尚困在小区封控中的80多名党员勇敢站出来，报名当志愿者，为人民服务。

8月31日，静默第11夜，明月高悬，秋夜凉如水，厂办公楼内灯火通明，安国印和厂领导班子成员都在静静地工作，亦如那天在206队小院里发起签名的主题党日现场，风雨最狂时，困难最大时，站在第一排的永远是他们，关键时刻没有一个人退后和动摇。正是有了这样的"第一排"，全厂"大部队"才始终队形整齐、阵脚不乱。

在大庆党员的巨型方阵中，安国印，为今生能成为其中一员而骄傲。

滕飞："党的光辉照我心。"

滕飞，1988年4月出生于吉林省长春市，大庆油田第三采油厂第一作业区采油206队党支部书记。2008年11月入党，2011年7月参加工作。厂优秀共产党员。

刚上任的党支部书记滕飞眼含热泪。她的手被上一任党支部书记、现作业区党委副书记、工会主席的褚洪芳握着。这像是一场传承与交接，沉甸甸的接力棒交到了她的手里。

滕飞的父亲是家中老四，1岁半时患上了小儿麻痹。爷爷在父亲16岁那年意外去世。在爷爷出意外前不久，刚刚向党组织递交了入党申请书，没入上党成了爷爷一辈子的遗憾。滕飞从小就知道，如果没有党和国家的照

在铁人身边的我们

顾，她们家的日子会过得很艰难。滕飞下定决心，一定要成为一名党员，因为入党是爷爷未了的夙愿，也因父亲一辈子对党的感激。

进入大学后，她第一时间向党组织递交了申请书。党组织考察、问询她的入党动机时，她眼眶湿润，说出了她长久以来的心声——因为从小到大，党的光辉就像一束光，照亮温暖了她的心。

2008年，在成都上大学的她亲历了汶川大地震。当时，她不知道哪里来的勇气，果断拉着3个室友跑下楼。身为团支部书记的她，一边稳定同学们的情绪，一边逐个确认同学们是否平安。那三天，她配合学校组织同学们在操场上休息，为情绪不稳定的同学舒缓心理，同时看到了人民子弟兵舍命救人的壮举。这年11月，她如愿以偿成为了一名正式党员。

毕业后，她来到大庆油田工作。从一名采油工到技术员，如今成长为一名标杆队的党支部书记，她把对党的这份感激深埋于心，用实际行动来报答。

2017年，还是技术员的滕飞距离预产期只有7天了，同事们都劝她去医院待产，她却说啥也不走。"队里拿金牌要紧，我没事。"她轻轻拍拍肚子，笑容已经由从前的青涩，染上了将为人母的光芒。她在岗位上守到最后一刻，将各类资料、各项指标做到最优，公司检查的领导得知她马上就要做妈妈了，都对她竖起拇指："你真是太敬业了。"迎检后的第二天，儿子呱呱坠地，大家都说这是个"金牌宝宝"。

2022年7月，滕飞"新官上任"，成为了206队的党支部书记。

在采油206队的小四合院里，一个个身着工服的人忙碌着。阳光照在屋顶"筑坚强堡垒、建铁人队伍、创最佳业绩、当行业一强"大字上，熠熠生辉。

有人说，206队党支部像个接地气的熔炉，只要把生铁投进去，都能炼出好钢。这些年，少说也有100人从这里走出去，成为油田各级干部和专业技术人才。金牌队、功勋集体、先进党组织，国家的、集团公司的、黑龙江省的、大庆油田的，近百项荣誉奖牌亮闪闪的。历届党支部都追求做块"吸铁石"，每一任书记都把自身能量充满，带起更多的电，生出更强的场，把群众紧紧凝聚在党旗下。他们都是滕飞的榜样。

206 队有大庆油田首家"党支部书记工作室"，有大庆油田唯一"新时代党员讲习所"。上班第一天，滕飞就接手了一个新展室的筹建工作，厂要打造"新时代基层党建示范阵地"。厂党委书记王显平经常来，给支部建设很多指导和鼓励。作业区孙国东书记带着大家一起干。他们要合力把 206 队打造成一个阵地。什么阵地呢？学习贯彻习近平新时代中国特色社会主义思想的阵地；重温党史、赓续精神血脉的阵地；牢记政治嘱托、弘扬严实作风的阵地；党支部书记"五清三会"基本功训练的阵地；基层党支部建设示范阵地。

时间紧、任务重，从过年到现在，她一天都舍不得休息，撸起袖子加油干，时间总是排得满满的。8 月 20 日，她刚刚跟着队长一起治理完敏感区域样板井，准备迎旅发大会，突然，新冠肺炎疫情形势严峻，全城静默。滕飞放下家里两个孩子，第一时间赶回队里，摇身一变，成了厨师、清洁工、巡井工……

在难得的闲暇时间，她还会熟悉新展室的解说词——

征途漫漫，惟有奋斗！

辛承龙："我的名字是爷爷给起的。"

辛承龙，1988 年 6 月出生于黑龙江省大庆市。大庆油田第三采油厂第五作业区注采 506 班班长。2009 年 4 月入党，2010 年 7 月参加工作。大庆油田杰出员工。

在铁人身边的我们

冷空气打着旋儿降下一阵清雪，辛承龙早早到了队里，嘱咐员工上井的注意事项。干采油的，该怎么对付这种特殊天气，他门儿清。他认为这是所有基层班长都该具备的本能反应。

这是他步入 34 岁的初冬，也是他做采油工的第 12 年、成为一名共产党员的第 13 年。6 年副队长岗位的历练，助力他成为"油公司模式"改革下一名崭新的注采班长。他带领 20 多人管理 150 多口油水井，还有计量间、配水间、注入站。作为全厂上百个基本生产单元的"兵头将尾"之一，他凭着一身热血抡大锤、挖穿孔，披星戴月、栉风沐雨，创效益型铜牌队，越战越勇。

这腔热血，从大学时正式加入党组织的那一刻就蓄满了。再往前追溯，点燃最初小火苗的，是爷爷珍藏的那些小红本和奖章。

那年，刚上小学一年级的辛承龙和小朋友们玩捉迷藏，他灵机一动钻进爷爷家的立柜里，一下子发现了很多红证书和红五星奖章。那时候，他还不知道爷爷辛玉和是油田大名鼎鼎的劳动模范，更不知道，后来在大庆家喻户晓、人人对标的"三老四严"精神，就是爷爷在采油一厂三矿中四采油队当队长时最先打的样。他对这些宝贝充满好奇，禁不住伸出小手挨个翻看，懵懵懂懂地意识到那是一种光荣。军功章、劳模证书、优秀共产党员证书……都是他向往的那种令人尊敬的光荣。他想快快长大，也能获得这样的光荣。

转眼到了 2010 年，22 岁的他大学毕业后回到生养他的第三采油厂。他每天上班的位置离爷爷生前工作的地方很近，他从事的采油工作也是爷爷生前干过的。爷爷退休那年，他正好出生，是爷爷亲手带他长大。当年在抗美援朝战场上，爷爷比他现在还年轻，是作战英勇的炮兵班长，在炮火连天中入的党，后来到了玉门油田，再后来参加了松辽石油会战。他摸过爷爷腿上的伤疤，那是一块特别的奖章。

那次，他带人连夜处理管线穿孔，因地点在一片树林里不能上机械设备，只能用人挖。他们足足挖了2个小时，又一桶一桶把积水舀出去，到天黑终于处理完毕。挖掘过程太累了，中途有人打退堂鼓，他也累，但咬牙坚持到了胜利。

那次，气温降到了零下20摄氏度，队部的供暖管线冻了。为了不让工人挨冻，他带着几名骨干轮番上阵，用镐一下下刨开1米多深的冻土，把阀门挖出来修好，从早上一直干到晚上。炉子点着了，暖气送上了，几员大将却冻感冒了。当居民怀着感激的心情向他们竖大拇指的时候，他觉得就像上台领奖。他坚信，如果爷爷还活着，也会给他鼓掌的。

不知不觉，辛承龙的红证书也有一小摞了：厂优秀员工、油田优秀共产党员……踩着爷爷的脚印走，照着爷爷的想法做，这一切，他做得都很自然，因为"承龙"的名字，是爷爷给起的。

刘国庆："我的使命，就是保卫油田！"

刘国庆，1983年4月出生于黑龙江省大庆市。大庆油田第九采油厂保卫大队案件二班班长。2004年12月参加工作，2009年6月入党。大庆油田公司"油田卫士"。

2004年12月，21岁的刘国庆脱下戎装，离开军营，从西藏阿里退伍分配到大庆油田第九采油厂保卫大队，在险象环生的工作中勇往直前，用一腔赤胆守护着他的家乡。

刚到保卫大队，刘国庆就听说案件一队负责的辖区，地理位置复杂、

在铁人身边的我们

外来人口聚集、发案种类繁多、危险系数高……他主动申请去了案件一队，每天看巡防图、看历史案件、跑现场，很快熟悉了井站分布、油区和附近村屯的地形地貌，每当有设伏抓捕行动时，他总是主动去最危险的位置。2009年6月，刘国庆被提拔为副队长，并光荣加入中国共产党。从此，在保卫油田的最前沿，又多了一名热血忠诚的党员。

2019年，在葡西作业区注采五班区块的一次现场抓捕中，3名盗油分子手持镐把、铁棒暴力对抗，企图从他封锁的路段逃走。当时己方只有2人，但他半步也不退，搏斗中头部被击中，血流满面，依然奋力搏击，最终与增援人员共同抓获盗油分子。

2020年9月，夜晚的嫩江阴冷潮湿，蚊虫成群，刘国庆和队员们静静地潜伏在草丛中，衣服被湿气打透贴在身上，守到次日早上5时许，盗油车终于驶入视野，从渡口上船准备过江。他立即带领队员冲上船，抓获盗油车辆3台、作案司机1名，收缴被盗原油8吨。

2021年，利用配货车运油销赃悄然兴起，调到案件二班担任班长的刘国庆刚走马上任，就开始摸排分析，与邻近保卫班组和辖区派出所开展联动，制订打击方案：使用GPS跟踪，在必经之路上突然设卡，利用伪装车辆侦查堵截……还演了一出经典的"声东击西"戏：由派出所在主要道路设卡查车，迫使配货销赃车辆走防洪堤坝，而他就带着保卫人员在堤坝附近拦截，将销赃车辆全部"歼灭"，抓获盗油分子3人、车辆2台，收缴被盗原油30余吨。

工作18年，他累计协助抓获犯罪嫌疑人150余人，抓获盗油车辆500多台，追缴原油2000余吨，为国家挽回经济损失数百万元，多次荣获大庆油田公司"油田卫士"、油田保卫先进个人、优秀共产党员等荣誉，以他的一腔热血与无畏行动，谱写了对党的无限热爱、对油田保卫事业的无限忠诚。

钱振华："有了好成绩，我才敢入党。"

钱振华，1972年5月出生于黑龙江省大庆市，大庆油田第三采油厂第一作业区采油206队采油工。1991年7月参加工作。2013年6月入党。大庆油田第三采油厂优秀员工。

"那就好好告个别吧……"童稚的声音响起来的时候，为她送行的双层大蛋糕也被推出来，钱振华的眼眶瞬间就湿润了。

2022年7月25日，采油206队专为即将退休的钱振华举办了一场欢送会，党支部书记滕飞为她送上一面锦旗，上书"严细认真，万次量油无差错；热心助人，三十余载献油田"。

这是对她一生工作的最高褒奖——万次量油无差错，是她用每一次的严细与认真搏回来的。

时光匆匆，参加工作时总觉得退休遥遥无期，没想到这一日来得这么快。

钱振华出生在红色草原牧场，她父亲是生产建设兵团的一名牛奶检验员，从他手中过检的牛奶，哪怕有一点儿不合格都不行。农户们的牛奶不合格就卖不了钱，想要弄虚作假的人都对父亲又"畏"又"恨"，甚至还会偷摸报复，烧了她家的洋草。

那会儿钱振华还小，以为是父亲做了错事。母亲拉着她的手告诉她："你爸是个好人，他做事认真，没做错。"父亲常说要是不合格的牛奶让老人和孩子们喝了，对不起人家的信任，也对不起自己的良心。父亲凭着这股对工作认真的劲儿，多次被评为先进工作者。

受父亲的影响，钱振华从小做事就一板一眼，总是认真至极。

刚调到206队的时候，身边的同事都干劲儿十足，党员们更是一个赛

在铁人身边的我们

一个，飚着劲儿干。

尽管工作也很认真，但钱振华还是没有信心能比这些党员干得更好。有人鼓励她入党，她却觉得，自己还远远达不到党员标准，还不到入党的时候，可已经萌生了想要向党组织靠拢的想法了。

她暗地里较劲，为了量油数据及时准确，肚子咕咕叫，也绝不耽误活，经常会错过午饭、错过班车。一天又一天，她所管辖的计量间跃居全队"榜首"，总能在各种检查中取得好成绩，队里投票评她为"优秀量油工"。

得到了全队人的认可，那天夜里，她终于坦然下笔，写下了入党申请书。一边写，脑海中就浮现出队里一次次抢产，党员冲在前的画面。206队在厂区附近，属于"敏感地带"，每次大大小小检查，总有份儿。各项工作，什么时候都得是最好的，为啥员工素质都高、技能都强？是练的，也是责任心使然。这一份在心中酝酿已久的入党申请书，带着多年来对党组织的无限向往，一气呵成地写了出来。

2013年6月25日，她成为了一名中国共产党党员。

光阴流转，这么快就要退休了。入党的那一天，仿佛还在昨日。

2022年"七一"前，钱振华最后一次参加支部的主题党日。她怀着激动的心情站在百人方阵中，感受着发自内心的自豪和高贵。宣誓的那一刻，天空下起倾盆大雨，她似乎感觉不到，只能听见清晰而又庄严的入党誓词，从领誓人口中，从自己口中，从百人团口中呼出又汇聚，凝成一股力量，穿越雨幕，回到惊心动魄、波澜壮阔的伟大征程中，回到她参加的每一次会战抢险时，回到她在这支队伍里，曾经喜悦与感激的时光。

那一刻，泪水悄悄混在雨水中流下。

31年的采油工作画上了一个完美句号，钱振华舍不得，但看着队里正在成长的书记队长、充满生机的年轻人，如铁一般顽强的各个"应急抢险"

小组，她心中宽慰又自豪。

在这块"吸铁石"里，每个人都是一粒粒"小铁块"，紧紧围绕着"核心磁场"不断修桥开路，披荆斩棘，大步向前！

段瑞峰："我和爱人同年入党。"

段瑞峰，1987年3月出生于黑龙江省大庆市。大庆油田工程建设公司油田工程事业部第一项目部生产办主任。2010年7月参加工作，2017年3月入党。大庆油田工程事业部优秀项目经理。

段瑞峰大学毕业后，从大庆油田工程建设公司油田工程事业部一名实习员干到技术员，又从技术员干到段长，后来成为项目副经理。工作单位就在他出生的让胡路区。不过，办公室里一般看不到他，因为他只要上班就在外边跑。

媳妇也说不清他究竟在哪上班。干油田建设的，居无定所。小段经常玩消失，有时候三五天，有时候半个月，最长的时候一两个月不露面，即便回来也是来去匆匆，不是凌晨3点爬起来走了，就是半夜三更才回来。

媳妇和他同年大学毕业，在另一家单位做人事工作。一到大忙季节，两个人便各自埋头加班，谁也不找谁。但他们有个共同的盼头，就是等着都忙完胜利"会师"的那一天，就可以痛痛快快地大吃一顿了。

段瑞峰个子高，身板直溜溜、瘦筋筋的，乐观健谈，经常出口成段子。他俩和其他的年轻人一样，爱旅游、爱撸串、爱打篮球、爱侃大山。

23岁那年，段瑞峰在班组实习，扛管子、抬架子、上大罐、拽电缆；24岁，他当上了技术员；27岁，他成了工长。自从"荣升"工长后，他所

在铁人身边的我们

有的娱乐活动都消失了，就连结婚也是匆忙应个景。上台站一会儿亮个相，就算把仪式办完了。因为施工太紧张了，蜜月是第二年工程任务结束才补上的。

他接到的第一个大活，是第一采油厂第七油矿中 514 污水站的改扩建工程。这是当年的重点工程，这种工程每年油田只有三四个，第一采油厂的"独一份儿"落在了段瑞峰手里。他一头扎到现场，从 2016 年夏天工程开始到第二年秋天工程竣工，体重从 70 公斤掉到了 60 公斤，工程拿回了个"省优""部优"。

2017 年 3 月，升任项目副经理的段瑞峰入党了。两个月后，媳妇梁霄也入党了。那年"七一"，岳父老梁被单位评为优秀共产党员标兵，上了光荣榜。父亲老段也曾是单位的先进个人。80 岁的姥爷是 1960 年从部队转业来大庆的"老会战"，听了这些好消息很是欣慰，好像看到了自己年轻时的影子。

段瑞峰每天早晨 4 点半第一个到现场，他要为 6 点钟开工做足准备。他对施工质量、安全、进度、材料的进场，人员、设备的调配无一不管、无一不清。他一天接打百八十个电话，中间得给手机充好几次电。

从 2019 年到 2020 年，他跟一个叫"南 1-1"的大项目奋斗了整整一年。工程建设涉及方方面面，工程现场的党员分工不同，所属支部不同，却在日常工作中亲如一家。他作为油田第一家党建协作区的项目经理、党支部副书记，把工作干得有声有色，油田主要领导亲自率队现场观摩，号召油田类似的工程项目要向"南 1-1"学习。2021 年，他又在第一采油厂中七联打了个漂亮仗，完成了这个站的集中监控及系统完善工程，成了同行业标杆。不久后，大庆油田"新时代岗位责任制大检查"就在这里发起。

如今，段瑞峰党龄已有 5 年，已经干了四五十个小工程，大的也有八九个了。每当开车经过第一采油厂辖区时,看着车窗外的一座座场站、一片片罐区,感觉像见到了老朋友般无比亲切。那都是他和同事们一砖一瓦,从 0 到 100 踏踏实实干出来的。

走过去的是青春年华,立起来的是金质丰碑。一想到这些,段瑞峰心里便油然生出一份骄傲,将来可以对自己的后代说:"瞧,这一片儿,都是我亲手建设的。"

王敏杰:"入党,源于我的英雄情结。"

王敏杰,1973 年 8 月出生于黑龙江省讷河市,大庆油田第三采油厂第四作业区注采 408 班采油工。2002 年 7 月参加工作,2021 年 6 月入党。厂优秀员工。

1973 年这一年,电工王林可谓是双喜临门,春暖花开时迎来第一喜,大庆油田采油三部维修大队电修党支部正式批准他入党了;暑热蒸腾时又迎来第二喜,宝贝儿子王敏杰呱呱坠地。三十年后,儿子长大成人,又来到他工作过的小队当上了采油工。又二十年过去,儿子也入党了,已经退休在家的老父亲很高兴。父一辈,子一辈,就这么传下去。

2022 年 7 月 1 日的大庆油田铁人广场,烈日当空,一面面党旗高扬成红色的海洋。在庆祝建党 101 周年集体宣誓现场,49 岁的王敏杰作为千名新党员方阵的一员,举起右拳,庄严宣誓,追求十年,终于入党了!

他胸前一枚党徽在阳光下灿烂生辉,护住热烈起伏的左心房。厂党委组织部特意为每个人拍了一张照片留念,记录下这特别的时刻。王敏杰第一时间把照片传给家人,党龄与他年龄相同的老父亲非常高兴,两个 10 岁的

在铁人身边的我们

双胞胎女儿为爸爸点赞,一直支持他爱他的媳妇为他骄傲。虽然他只是一名普通采油工,但从这一刻起,他的身份又不同了;虽然马上就要进入半百之年,可身体内仿佛出现一个巨能场,头上冒出的汗水都熠熠发光!

这是王敏杰在第三采油厂第四作业区工作的第二十个年头。

在注采404班,有人称他为"老师傅",也有人称他为"好大哥"。他从小在这一片儿长大,2002年参加工作又回到这里,他的父亲王林从1966年一直干到退休,也在这里。作为典型的"坐地户",他闭着眼睛都能说出每条路的走向,每栋房子建成的年代,哪片树林有蘑菇,哪片野甸子上有黄花,哪个水泡子里有鱼。

他有一个无忧无虑的童年。春天的"干打垒"里还余留着冬日的寒气,父亲会教他唱《没有共产党就没有新中国》,让他大声喊,喊得身上直冒汗。那时候,他还不懂"党"是谁。上学后,知道了董存瑞、黄继光、邱少云的故事,他开始崇拜这样的英雄,那些喊出来的热气蒸腾着他的崇拜,后来,他知道英雄们都有一个共同的身份——共产党员。

上班后,他发现原来身边就有"英雄"。有技术能手、有全厂劳模,队干部总是带头干最脏最险的活儿,有人解决技术难题有一套,有人干活有"巧"劲,有人特别爱帮助人,他便悄悄向大家学习,风里雨里,泥里水里,总是随叫随到,同事们都喜欢这位高个子、心肠热、好脾气的小伙子。

党支部书记动员他向党组织靠近,经常找他谈心。2010年3月,他忐忑又羞涩地向党组织递交了一份入党申请书,一年后,成为一名入党积极分子。

这是个先进队,要求进步的人特别多,其中不乏平凡岗位的普通工人,这个也要入,那个也要入,入党名额实在金贵。他呢,总是憨憨厚厚,排不上也不急,不给他也没意见。只是干活儿一点没松劲儿,心里还是藏着那个想法。

父亲退休前是一位有口皆碑的老支部书记，一言一行对他影响很大，"儿子好好干，争取早日入党。"那也是他父亲的希望。可是王敏杰总觉得自己还不行。一年又一年，王敏杰成了业务骨干，油水井的活儿都会干，泵站上的事儿也懂，队长半夜十一点打电话，他也能马上开车就到现场。他忙得好像"忘了"那件事儿。

忽然有一天，党支部书记找他谈话，说，上级组织批准了，决定把他列为下一年的入党重点发展对象。一个四十多岁的大男人，激动得心怦怦直跳，只知道憨笑。

原来，党支部书记张龙整理着王敏杰写了十年的厚厚一摞思想汇报，还有他亲自考察了十年的积极分子考核材料，去找矿里介绍情况，矿里又把情况反映到厂里，说的内容都差不多："这个人，年纪是不小了，文化也不高，但是入党动机端正，也不为了啥，也不图个啥，也不争个啥，就是有这颗入党的心。希望组织考虑。"

2021年"七一"之前，在中国共产党成立一百周年之际，404班党支部大会研究决定，接收王敏杰为预备党员，预备期一年。

冬日暖阳洒下万道金光，照耀着广阔的东北大地，洒在高高的钻井平台上、投向浩如星海的抽油机井群中，也洒在铁人纪念馆前的铁人雕像上。他身后，是气吞山河的石油英雄群像。

长卷火红，如旗如画，一代代大庆石油人初心如磐，感受着时代前进的呼吸与脉搏，参与着百年油田蓝图的描绘和创造。他们正昂首阔步走进新时代，迈向新征程，掀起一场激情燃烧的新会战！

第二辑　心血作灯照荒原

　　一个甲子过去了，大荒原变成了大油田。从 23 岁的毛头小伙到如今的耄耋老人，王启民与大庆油田的命运紧紧连在一起。他说，是上辈子有约，这辈子有缘，老天有意。

　　在这片处处有"铁人"名字、讲"铁人"故事的热土上，他遗憾欠下了亲情债、健康债，但对油田从未离开过一寸脚步，从未动摇过一分初心。他为石油奋斗了一辈子，他感动了全中国！

而今，这个南方人，早已习惯并爱上了北方的冰雪。每当雪花飘起，老人会站在大庆油田有限责任公司机关16层楼的办公室里，手扶窗台，极目远眺。那是怎么也望不尽的，只能在飞机上才能看全的，幅员5000多平方公里的大油田！他曾亲手布下的，不同年代出生的抽油机井群星般律动，"怦怦怦"他的心跳始终与之同频，向大地叩拜。

石油之子王启民

2020年7月1日上午,在大庆油田总医院的一间病房里,来了一位特殊的病人,他就是家喻户晓的"新时期铁人""人民楷模"王启民。再过一会儿,医生要为他做左眼白内障飞秒超声乳化手术,植入一枚连续视程人工晶体。

术前,84岁的老人家特意起身"探望"了那台叫作"飞白"的机器人儿(高级的人工智能系统)。当听说手术全程将由计算机精确引导、比手工操作切口更精准、技术全国领先时,他不停地点头,对前来看望他的院领导和医护人员说:"我国在5G、人工智能和新能源方面的发展速度很快,前两项已经处于世界前沿。"

他还说:"我也在学习研究AI人工智能,今天,要先体验一下这个高科技。等眼睛治好了,还要做事情。"见这位耄耋老人说起高科技和新技术,竟还像年轻人一样感觉很"来电",在场的人们无不惊讶。

手术很顺利。术后观察两小时期间,左眼蒙着纱布的王启民和大家亲切攀谈。挥手告别时,他留下一句话:"一生一心做一件事,为党为人民奋斗。"想到这话正是老人光辉一生的写照,很多人眼睛湿润了。

葡四井来了一名小个子新兵

1959年9月26日松基三井出油，宣告了大庆油田的诞生。第二年，数万人马从全国各地挺进萨尔图草原，轰轰烈烈的松辽石油大会战开始了。

1960年4月1日的晚上，天寒刺骨，"冒烟雪"漫卷荒原，松辽石油会战第一探区葡四井试油队队长郭子正，刚收了一个"新兵"。23岁的南方小伙儿王启民，坐了一天一夜的火车，又在大卡车槽子上"颠"了80公里，到大同镇来报到。

这位年轻人，小个不高，却很挺拔，像棵清秀水灵的小嫩葱。"小嫩葱"里面穿着大棉袄、大棉裤，外面裹着大羊皮袄，简直成了个活动的"棉花球"！

"一看你就有备而来，这是做好了吃苦的准备哦！"军人出身的郭队长就喜欢这个踏实劲儿。

"棉花球"使劲儿点头。棉衣裤是湖州老家的母亲亲手做的，羊皮袄是北京未来的岳父母特意送的。早听说北大荒特别冷，耳朵一抹，就掉了，鼻子一捏，就没了，尿尿要用棍子敲。他从小在太湖边上长大，又在北京上学，怎么也想象不出，那地方到底能有多冷呢？

也是这一年，中苏关系破裂，苏联专家撤离，被西方长期封锁的中国石油业雪上加霜。最气人的是，他们临走还口出狂言："中国人根本开发不了这个油田，大东北那么冷，油采上来怎么流，走不动，除非把油田搬到赤道上去。"

火车上，他兴奋得一夜未眠，作为北京石油学院石油地质系1956级实习学生，就要去参加松辽石油大会战了！这是同行的150多名师生梦寐以求的。此刻，他们都是一样的心情——冷，算什么！只要有石油，只要国家

在铁人身边的我们

需要我们!

飞驰的火车,顶着启程时的嫩绿春芽,一头冲进大东北的冰天雪地。铁路沿线汹涌着人的海洋,号子声、喊叫声、机器轰鸣声震耳欲聋,帐篷支起来了,马车牛车走起来了,铁轨枕木架起笔直的云梯,在松辽平原上铺起一道壮丽的彩虹,把天地烧得火热!

郭队长朝草甸子深处一指,四号井,从今天起归你管了。那时候,人手紧啊,一个萝卜一个坑,才不管你是实习生还是毕业生。

实习生深一脚浅一脚地插在雪窝子里,穿过一个大冰泡子,终于找到了长在芦苇丛中的一枝"铁树杈",它孤零零的、光溜溜的,人称"光屁股井"。

井口流程也简单,像一棵小矮树。当年,松基三井出油了,四号井和另外几口探井紧随其后也出油了。对于崭新崭新的大油田来说,地底下是个啥情况,全靠收集分析探井"吐"出的信息。这井,可是个"宝贝蛋"。

王启民走在上井路上,野甸子上传来"嗷呜嗷呜"声,那是狼嚎。"白面书生"稳稳心神,抱着一根棍子防身,继续走。

王启民成了火线上任的技术员,每天录取井的生产数据。查井的脾气、测井的体温、看井的脸色,关注井的变化。不管什么天气,有没有狼,他都来。

"五一"过后,冰泡子化成了水泡子,上井要蹚水过。水退了,露出大泥巴。"走着走着,咦,鞋没了,原来被泥巴吸了进去!"老年后的王启民讲起这段故事,常调皮地扭回身瞅瞅,好像当年在找鞋子。

试油队住在大同镇老乡家,上班要来回走几公里。王启民惦记这口井,干脆住井上。井旁有个小锅炉房,一条长椅足够蜷身,热腾腾的脊背,冰冰凉的"床",全靠一身火力扛。

他每天都把取完的数据记在小本子上，一共有20项资料，72个数。本子用了一半的时候，队里自己动手在井边儿盖"干打垒"，他和大伙儿一起和泥脱坯，四面堆起泥巴墙，扯上帐篷做房顶，像个"布拉吉"。

"临时工"王启民去大队要床，大队也没有床，说库房只有行军床，要，你就拿走。小王同学如获至宝。新床矮脚，紧贴地面，屋外水泡子的湿气偷偷入侵身体，年轻人浑然不觉，酣然入梦。谁知竟悄悄埋下日后折磨他一生的腰病祸根。

队里一色的转业兵，刚脱了军装换的"杠杠服"，对试油技术搞不大通。技术员王启民当"先生"搞培训，给讲讲原理，说说规矩，强调强调操作规程和注意事项。"小先生"认真，又是备课，又是查资料，又是讲课，又是个别辅导。白天看井，晚上办夜校，日程排得满满当当。

从初春到初冬，8个月过去了，王启民实习结束，试油队评上了"标杆队"，闹了个全探区唯一；实习生王启民被评为"三级红旗手"，全油田实习生里也是唯一。

荒原上，走着一个弯着腰的人

1961年，毕业后的王启民决定留在大庆，一同留下的，还有他大学时的女友陈宝玲，在远离故乡的北大荒，他们结婚有了自己的家。

第一个春节要来了。在研究院地质组矮趴趴的"干打垒"里，王启民和几个年轻同事，一想起外国专家的嘲讽，胸膛里就冲上一股子气来，他们愤然写下一副对联：莫看毛头小伙子，敢笑天下第一流。横批：闯将在此。他们把那"闯"字里的"马"特意写得大大的，冲出了门框。

然而，"闯"字写得容易，做起来却是难上加难。拿下大油田，需要的

在铁人身边的我们

是铁人王进喜那样的勇气，而持续开发大庆这种大型陆相砂岩油田，需要的却是科学以及漫长的守候。

20世纪60年代初期，油田开发仅一年，一口井突然发生水淹，此后油井水淹现象频频发生，势头凶猛，采油井不出油只出水，这意味着油井的衰亡。油田得了水患，这还了得吗？

时任石油工业部副部长康世恩召集油田专家和技术人员研究对策，人挤挤拥拥一屋子，可由于缺乏认识和经验，到底该咋办，谁也说不明白。首长满脸阴云，忧心忡忡地说："开采三年，水淹一半，采收率不到5%，这就是在地下埋了颗'定时炸弹'呀，'炸弹'不除，我们就要被淹死，请你们一定要挖出来！"

时间转眼到了1963年，陈宝玲怀孕了，而王启民却没有心思去体味初为人父的喜悦。王启民主动要求下现场搞试验，逐渐成为十大试验的主力。冬天来了，忙于工作，分身乏术的他，只能让即将临产的妻子独自上了回北京娘家的火车，车才到锦州站，陈宝玲就生下了女儿，取名"锦梅"。

大庆油田地下油层厚薄不均，应当分层注水，在某些油层放大注水量。在一次小范围技术讨论会上，王启民公开提出自己的观点。这在当时，绝对是对国内外推行的"温和注水法"的颠覆。结果，一石激起千层浪。人们不禁惊讶，初出茅庐的小青年儿，哪来的胆子"唱反调"？他说的这些，能行得通吗？

其实，他早就一头扎进采油现场，收集资料，分析研究，去寻找规律了。他发现，松辽盆地地下太复杂了，油层薄厚不均，渗透率差别很大，即使是同一油层内，非均质现象也很严重。所以，注到地下的水，一定不是齐头并进的。要根据各层"胃口"不同，一对一"私人订制"注水量，要因势利导，分期、分批、分阶段给油井"吃细粮"，而"温和注水"搞的是"一边儿齐""一锅粥"。

他的想法获得了油田领导的支持，并得令带人去搞试验。原来，从1960年开始，"饥饿"的王启民就将海量数据"吃"进了肚里。十年间，他摸清了大庆油田油层为河流、湖盆沉积相的"家底"。他脑子里想法越来越多，能有一片"试验田"去大干一番，简直求之不得！

他整天跟工人"混"在一起。白天，一口井一口井取样化验，晚上，带领试验组讨论研究。正在长身体的年纪，赶上的却是人人都吃不饱的年代。夜里饿得睡不着，爬起来，捡几片菜叶子，用小刀细细地切了煮煮吃，算是美味了。

上井时，偏偏腰越来越疼，他走一会儿歇一歇，也不吭声。送玻璃油管的汽车来了，离井场200米捂住了，四轮陷进泥巴里。人拉肩扛运管子，师傅一头，他一头，管子搭在嫩皮嫩肉的肩上，上来就打了一个趔趄，双腿发抖，脸憋得通红，豆大的汗珠往下掉，照样不吭气儿。

3个月后，风尘仆仆的王启民带着厚厚的图表和几本数据从现场回来了。紧接着，他又进行室内模拟试验，技术对比、分析做了2000万次，底气渐增后，他针对大庆油田与众不同的"体质"，提出了"早期内部注水，保持压力开采"的应对措施。

试验中，他选了一口油降水升的"老大难"井，一遍遍地试，一次次地摸索，竟奇迹般地恢复了产量，含水量也明显降下来。又乘胜追击，一口口井"摸"下去，一个个结果熬出来，主力油层陆续"恢复"了青春，曾"灭迹"的高产井又成批"活"了过来。这套做法打破了固化思维的老框框，闯出了大庆油田开发的先河。

闯出第一道光亮，来不及喘息，王启民又快马加鞭，带人搬着行李卷，

在铁人身边的我们

进驻中区西部试验区。现在，他的"阵地"扩大成了 9 平方公里。新任务是研究咋样提高采油速度。

此时的王启民，每天跟测试井，盯作业井，拿第一手数据。取资料是很笨重的体力活，不像现在都是电脑办公，高科技。整个试验区 87 口油井，排距 500 米，井距 300 米。每天，他迈开双腿，要在荒原上步行几十里。每次摇测试绞车，都要一气呵成测完才能收兵，他和工人一起干，有时饭都顾不上吃。

人们发现，这个人话很少，从不闲扯，总是弓着腰，身体前倾，脚步急匆匆，好像前面有很多活儿等着他去干。那瘦小的背影，永远像推着一架独轮车在跑。

王启民的时间好像总是不够用。晚上，他趴在一只电压不稳，忽明忽暗的灯泡底下整理资料，画地下油层连通图。人家喊他去看电影，他答应着去了，可屁股还没坐热呢，又跑回去工作。深夜一两点钟，夜班工人见他屋里灯还亮着。

帐篷里黑乎乎的，顶上抠了个小洞洞就算是窗户。紧靠边摆四张床，中间并排横着两张"一头沉"桌子，桌上铺着大图表、小本子、尺子、画图工具，顶上吊着那只"半死不活"的灯。

他在编写一个又一个施工设计，哪些井要"动"，哪些层位要"动"，怎么"动"，地下情况不断变化，老问题刚解决，又出新问题，永远研究不完。可国家缺油啊，他恨不得把地层掀开，把石油的情况搞个明白。

大东北的冬天太冷了。王启民后来总是笑称自己对付寒冷有办法。他说："星期天，别人都回家了，我就把几床被子全都压到自己身上。唯一的小暖炉，也是我的啦！半夜工人下班走了，我还能钻到有火墙的房子里去睡会儿。这问题不就解决了！"

第二辑　心血作灯照荒原

他一讲到困难，总是轻描淡写。其实，试验组宿舍的房子太小了，5个人，只能放3张床，他抢着睡桌子。取暖的炉子一点着，地上的冰碴就化成密麻麻的小水珠。床是冰冷的，被子是湿漉漉的，连身上的衣服也潮乎乎的。他在一个又一个零下37摄氏度的夜里被一次次冻醒，腰越来越僵硬，风湿已从腰部窜到了四肢，连十个手指头都不听使唤了，又蹿上眼睛引起虹膜发炎。发作时，双眼肿得像烂桃子，头疼欲裂想撞墙。人们发现，这个人的腰弯得越来越厉害，背后，都叫他"王罗锅"。

"王罗锅"已经好几个月没回家了。妻子陈宝玲惦念他，给他买了新鞋，送到宿舍去。他蹬上鞋子，却怎么也弯不下腰系鞋带。她心疼得流下了眼泪。

1965年，王启民被确诊为严重的类风湿强直性脊椎炎。医生惊讶不已："这样的人，还在工作？必须离开试验现场，要是再不治疗，可能会瘫痪的！"

可现在的他，脑子里塞满了未解的问题，成了走路都会撞大树的"呆子"。心里只想着试验，哪儿也不想去，哪儿也不能去。地下油水运动千变万化，只有守住了，才能搞明白。所以，一刻也不能离开，一分钟也不能马虎。

"我不能撤！"王启民倔劲儿上来十头老牛都拉不回。"这里的情况，我最熟悉。试验正在关键时期，一旦撤了，再花钱动用机械设备就会难上加难，之前的努力就会前功尽弃。我不能当逃兵啊！"

一天晚上，他忍着腰部剧痛从作业队交代完工作往回走，心里着急从荒野中抄了近道。突然，脚下被一块大"土坷垃"绊住摔倒了，怎么挣扎也起不来。他咬紧牙关再次想站起来，腰部又是一阵电击似的剧痛，身体好像不是自己的了，他又失败了。"我才不到30岁啊，怎么这么没用呢？我不能就这么倒下了，还有很多事情要做啊！"想到这些，眼泪忽地涌出来。

过了好一阵，他慢慢平静心绪，一点点活动四肢，先坐起来，再跪起来，再用一只手拄地，他终于站起来了！等到他慢慢挪回驻地的时候，天快亮了。

中区西部试验区 20 世纪 60 年代的日产仅为百吨，从 1970 年试验开始后，第一年就升到 1000 吨，第二年达到日产 2000 吨，此后，连续 10 年稳产，单井日产 40 吨不降。这是个奇迹。采油工们乐坏了，技术专家们也暗自点头，觉得他们鼓捣的这套法子，靠谱，挺灵验。而王启民的腰彻底弯了。

他像一头骆驼，脊背微微拱起，托起了——采集的 1000 多万个数据，绘制出的大庆油田第一套试验区高含水期地下油水饱和度图，创出的"分层开采"方法，兑现了当初"一片井全部都高产"的承诺。

这一时期，大庆油田原油产量平均以每年 28% 的速度递增，稳产 5000 万吨目标提前五年实现，跨入世界特大油田行列。成倍增长的原油为国家换回大量外汇。其中最高年份，全国每 100 元换汇额，就有大庆石油创造的 14 元。

要从"大泥巴"里采油的人

眨眼间，80 年代来了，开发 20 多年的大庆油田，逐步进入高含水期，几个主力采油区陆续出现了自然递减，一半以上的油井都安装了抽油机。油井，再也自喷不动了。一些悲观论调冒出来，说大庆油田已经快走到尽头了。

夜色渐浓，月亮爬上来。大庆油田勘探开发研究院副总工程师王启民的眼睛眯着，脖子有些僵硬，他对两块岩心发呆好半天了，又拿着放大镜颠来倒去地看,好像要"盯"出石油来似的。只可惜,它们太薄了!上面的条状油斑,稀稀疏疏,比小拇指还细,要么薄如游丝,要么纠缠成絮,要么混沌如泥,像甩袖汤,像磨刀石,像千层饼,就是不像石油。

这样的层,按照国际惯例,在储量表内不做统计,被公认为没有开发价值。然而,谁能想到,当年,大庆油田第二个5000万吨稳产十年,靠的真就是这曾被人不屑一顾的"废料"呢!

有一颗强烈的好奇心和探索精神,几乎是科学家的"标配"。王启民也不例外。

1984年,王启民受命承担了大庆油田1986年至1995年第二个5000万吨稳产十年规划编制任务。国家要求生产5500万吨不能降。产量从何而来?

他向领导大胆进言:向渗透性极差又极薄的表外储层要资源。人们又被惊到了。这样的油层,在油田开发史上,可是一直被判"死刑"的啊!

早在中区西部试验区的时候,王启民就开始注意到不受待见被打入"另册"的表外储层了。国家需要油,他想要"啃"这块"骨头"。

油田领导和石油工业部很开明,也很支持他,表外储层开采试验列入大庆第二个十年稳产开发试验研究的重点项目。终于有机会可以大干一场了!

他组织对1277口井的表外储层做了个大摸排,发现单井最多达58层,大庆长垣面积上千平方公里,虽然分开看油层很"瘦",但合起来却很"肥","废料"大有潜力可挖。

对于他的"异想天开",有人说他"天方夜谭",有人说他不负责任,有人说他是"疯子"。而王启民心里想的是:"禁区,既然是人定的,就可以打破它!"而怎么破禁区闯出去,把表外储层的油采出来呢?他又变得"痴痴呆呆"的。

在铁人身边的我们

"大泥巴里怎么采油啊！"这也是质疑声之一。的确，岩心上的含油砂岩只占 30%，少得可怜，其余全部是泥岩。

王启民日夜扎进"表外储层"里研究，从石油形成的机理，到砂岩体相互之间的关联，再到水驱规律，零零散散的小星星，逐渐聚集，连成一小片光亮，眼前越来越明朗，每一个难点都令他茶饭无味，每一次突破都令他甘之如饴。

1984 年 12 月，寒风夹着雪粒打在脸上，像刀割一般，令人气都难喘。对试验结果望眼欲穿的王启民，并没有等来捷报。三口试验井，打完射孔后，没有产量，抽上来的几乎全都是水。试验失败了。

有人开始起哄了。

王启民蹲在井场，对着油管壁仔细观察，终于发现上面挂着的一点点油星，不禁眼前一亮："这不是油嘛！"

"你家炒菜没有油了吗？这点儿油，拿回家炒菜都不够呀！"

"真是滑稽死了！"新一轮更猛烈地嘲笑。

同行专家摇摇头走了，油田领导也无奈地摇摇头。谁知王启民却坚信，既然管壁上沾了油，就说明油是可以从表内层运动过来的，只要有技术手段，就能把边边角角的油星、油沫儿都"刮"出来，做到油尽其用！

除了嘲笑和讥讽，还有好心劝诫。他们承认他的道理，但表外层实在单薄又寒酸，根本不具备工业开采价值，如果贸然放到稳产规划中，万一落空，将影响整个油田稳产任务完成。

"这个责任，你担得起吗？"

"风险太大了呀！"

"打这样的井，就是浪费钱。"

爱人陈宝玲也说："启民，困难太多了，非要这么干吗？"

他身心俱疲，一定是哪里出了问题！可问题究竟在哪儿呢？他像患了选择性"失聪失明"，着了魔一样，分分钟只想找到答案。

逐一排查五个试验区所有数据，一遍遍回想每个细节，繁杂中抽丝剥茧，一道道门推敲。他常常忘了下班回家，走在路上也在思考，本来要去一个熟悉的地方，却走错了方向，碰见熟人就跟没看见一样。

夜深人静，他闭着眼睛靠回忆把试验井"零件"一件件拆开，又一个个"组装"回去。睡着了，梦里继续试。有时，又忽地爬起来，抓住张纸就记着什么。

"家里的粮本找不到了，陈宝玲"命令"他从试验区回来找。他耍赖说，"你都找不着，我还能找到？让我找试验井资料还差不多。"

儿子王庆文1970年出生，从他零岁到十岁，正是王启民"扎"在试验区的十年，作为父亲，他几乎全程失陪。

他精心盘算，借用3口已完钻的井，再打一口新井，用了"三借一打"的布井法搞试验，为的是少花钱多办事。可新井打完投产，还是没出油。

他动用全部脑力，一寸寸地搬动挡路"巨石"，哪怕撬开一点点缝隙，而解题的灵感，由雪花铺地般的统计图表中分泌出来，以无数次失败"焊"成攀登的"梯子"。汗如雨下算什么，腰更弯了算什么，忘了吃饭算什么，这种投入便是忘我。忘了自己的人，不知道困，不知道饿，不知道渴，也不知外面还有个花花世界了。他孤独又坚定，他好像就是为此而生，连汗液里都流淌着探索的灵光和亢奋。

终于，他找到了原因！他抓紧去找搞工艺的同事，对目标层上措施压裂。开始还好，初期日产达到5吨以上，可之后产量天天降，天天降，半年后，降到日产1吨多。王启民笑了，可以可以！还没给它们"吃饭"（注水）呢！经过稳定注水后，日产量恢复到3吨以上，达到了工业开采的下限。

在铁人身边的我们

杏五试验区8口井的试验结果马上要出来了，很多行家都在等着王启民揭锅盖，看表外层到底能不能采出来油。结果是，这8口井昼夜生产，连续19个月累计产油5757吨。"废品"里真的出了油！

有一口原来产量很高的井，由于含水层侵扰严重，含水层层飙升，高达95%，每天采出的100多吨液里，只有5吨是油，其余全是黄水汤。王启民蹲了两个月，做了10多次方案，全都失败了。工人都烦了："折腾这么多遍，也没见多出油，还折腾个啥劲儿？"试验组同事也有些灰心了。

熬得两眼通红的王启民，身体大不如前，可这人却犟得很。他重新对这口井的上百个油层和周围十几口油水井连通关系进行分析，最终找到没有被水淹的层段，再次拟定实施方案。当作业工第12次取下油管，打开阀门后，油管里呼呼地涌出了又黑又稠的油！在场的人都激动不已，他的眼睛也湿润了。经测试，这口井日产竟达到108吨。

一项项试验艰难地进行着，失败常有，但总有最后一个失败连着金子般的成功。外界对表外储层的"成见"被"杠杠硬"的试验结果悄悄融化了，反对和质疑声渐稀。大庆油田吃下一颗"定心丸"。

此后，油田全面布局，打响一场攻坚战。王启民设计的第一次加密方案开始实施。

到了1985年，被人嘲笑为"炒菜油"的黑滚滚的原油已经源源不断输送到天南海北，为祖国"加上油"了。表外储层开发，累计增加7.4亿吨的地质储量，有人计算过，这些油装在铁路油罐车里，可以环绕地球一周，相当于又找到一个大油田。

支撑梦想变成现实的是1500多口井的地质解剖和分析、4个试验区45口井的试油试采、10口取心井的岩心测定和分析，还有人跟试验区不离不弃，"长"在一起的整整七年的时间。

开车行驶在四通八达的油田公路上，星罗棋布的抽油机井群中，有一批调整井，数量在 12000 口左右，它们从北到南，依次排布在各个采油厂，波及萨尔图、喇嘛甸、杏树岗三个油区，它们出生的年份，从 1980 年一直延绵到 1991 年。正是它们，以充沛的活力，助力大庆油田昂首超越第一个稳产十年的目标线，迈向油田第二个 5000 万吨稳产十年！

多年以后，王启民依然感谢当年的反对者。他说："要做成事，就要认真对待质疑，逐一收集反对理由，加以仔细分析，对有理的采纳注意，把其他的默默过滤掉，甩在春风里。"

这位终生热爱科研的"狂热分子"，是不会浪费精力和时间去做无意义的争辩的。最管用的回答就一个字：干！

"目中无人"的人

当一个人心里只有一件事的时候，很多世俗的纷扰就会自动失效，没有什么干扰得了他。王启民长年修炼了"自我屏蔽"的功能。这使他有时候看起来很执拗，有时候也有些不合常理，令人哭笑不得。

为王启民服务过的司机师傅，曾对王启民的"一根筋"感到很无奈。1995 年的夏夜，浓云压城，暴雨如注。哈大高速公路上，一辆小轿车往大庆方向奋力行驶，车灯努力射出两束强光探路，雨刷器坚定地刷开视线，坐在车上的王启民心急如焚。

他不顾车身颠簸，借用车里微弱的灯光，又打起手电筒，聚精会神地修改一份报告。一会儿工夫，眼睛有些酸疼，他直了直腰，活动活动胳臂，继续争分夺秒地"抢活儿"。

他手里，是一份关于大庆榆树林油田和头台油田产能情况的报告。白

在铁人身边的我们

天，王启民来到哈尔滨，请省领导看过之后，领导表示肯定并提出了修改意见。这份报告，要在第二天上午8点正式上会。

时间已是晚上6点了。报告有多处修改，需要重印。在哈尔滨大街小巷，他和司机一家一家印刷厂地"扫"，不是说不能印，就是"狮子大开口"要高价，最低一家也要三万五千元印刷费。

王启民心中有数，同样的情况，在研究院自己印，也就是几千元的费用。厂家人说："你这活这么急，再说又是公家花钱，你何必这么认真呢！"

时间很紧，路程不短，天公不作美，活儿又急，王启民犹豫了一下。想了想，他还是给研究院调度室打去电话，安排通知出版室主任陈有才做好连夜加班的准备。然后，他对司机说："辛苦你一趟，咱们回去，路上小心一点。"

晚上7点30分，汽车冲进雨幕。

车子开到肇东时，雨越下越大，车行艰难，司机心里暗暗叫苦，犯着嘀咕。看一眼旁边的王院长，焦虑又疲惫，心中一阵感动，不由得跟他一起着急。师傅全神贯注，尽量把车子开得平稳一些，再平稳一些。

王启民想到的是，争取时间。

夜里11时许，疲惫的小汽车终于回到研究院院里。王启民快走几步，用身体护住报告不被雨淋湿，一边嘱咐司机抓紧时间回家休息，一边开始招呼待命的打字员和陈主任，进入工作状态。

他把车上整理好的修改内容，逐一由打字员修改。这时候，陈主任在办公室翻箱倒柜，只找来两包方便面。肚子早已经咕咕叫的王启民很是满意，连连说："不错不错，还能吃上热面条！"

边吃边忙起来。

陈主任说："您明天还要开会，还是赶紧回家睡一会儿。这里由我顶着！"

王启民一摆手:"不行啊!这报告很重要,我放心不下啊!"他边说,边又开始逐字校对,又和大家一起收片、排版、印刷,直到最后装订。

王启民弓着腰,眼里布满血丝,脸上是掩饰不住的倦容。众人看在眼里,不免眼睛有些湿润。时间一分一秒过去,一份崭新的报告以最快速度完成了。

凌晨4点20分,雨还在下。100份散发着油墨香的报告被搬上了小轿车,王启民冒着大雨,回哈尔滨开会。当他拿着报告走进会议室时,距离开会时间还有十分钟。直到这时,他一颗悬着的心才放下,长长舒了一口气。

一夜之间,雨中往返360公里。司机师傅忘不了那场雨,忘不了王院长的执拗和眼里布满的血丝。

研究院的小青年儿对王院长"忘词儿"的事儿也表示无奈。

1993年的春节要来了,到处张灯结彩、喜气洋洋,过年的气氛越来越浓。研究院工会组织的联欢会正在紧锣密鼓地筹备中。各科室有节目要上联欢会的,可就忙开了。开发二室的年轻人编的小品入选了,名字叫《看我神气不神气》。

全剧一共5分钟,角色不多。除了两个主角之外,还有一个院长,只有两句台词,强调科研人员在油田开发上的责任。找谁来演呢?党支部书记肖爱莉灵机一动,不如干脆请王启民院长来演!院长演院长,本色出演。

肖书记抱着试试看的心理,敲开了院长的办公室。王院长从一堆图表中抬起头,听明来意,想了想,竟然爽快地答应了:"行,我来演!"

"亲爱的同事们,大家好!"随着报幕员甜美的声音,春节团拜会正式开始。好戏一个接着一个,场上场下,喜气洋洋。

"开发二室的小品做准备!"

在铁人身边的我们

大幕拉开,演员登场亮相。

"王院长,该你上了!"只见,舞台灯光一亮,王院长拎着手提包走上舞台,台下观众瞪大了眼睛,一看是王院长亲自演,都不出声,屏气凝神往下看。

只见王启民亮开嗓门,激动地大声说道:"科技是第一生产力,没有科技就没有大庆油田……我们大庆油田已经稳产第 17 个年头了……"

王院长一开口就"走了板",越说越激动:"我们虽然在稳产上还有一些困难,可是,只要我们依靠科学技术和铁人精神,就能战胜困难……"

人们都愣住了,原来心里只有一件事的他忘了角色,慷慨陈词,全场响起雷鸣般的掌声,掌声里,更多的是感动。

研究院的女高工对王院长的"目中无人"也很无奈。

原来,王启民"得罪"过她。一次,他急三火四地去找一位科室主任说工作,正碰上这位主任在和女高工谈话。两个人同时跟王启民打招呼。王启民劈头盖脸直接跟科室主任说起来,把眼前的女高工"晾"在一边。时间一分一秒地过去,女同志脸上红一阵、白一阵,尴尬得站也不是,走也不是,终于忍无可忍,一气之下,甩袖而去。事后,她找到王启民的爱人告状,罪名是他"目中无人"。

如此这般,王启民连自己都不知道啥时候,就把人得罪了。他对着爱人的数落和责备,摇摇头,一笑而过。

"目中无人"愈演愈烈。他把老朋友老领导也"得罪"了。1997 年,华北局请王启民去考察参观,王启民去了。那里的局长是曾在大庆油田当过党委副书记的杨万里。他对王启民好吃、好喝、好招待。然后,就找他做工作,要把王启民调过去。"只要你说同意两个字,我就马上去找王志武局长说,把你调过来!"王启民立马回了四个字:"我不同意!"

"干嘛不同意啊？"王启民哈哈一笑，说："老天爷，给我这么定的啊！他只叫我做好一件事，那就是开发大庆油田，其他的事，不用管啦！"

华北局长杨万里气坏了！本想把他挖过去，有经验，到那边给升职，管理整个油田。没想到，还不同意。

王启民并不动心，不想去，他说："油田跟油田，是不一样，大庆的情况，他了解，他哪儿也不去！"

为此，王启民的爱人陈宝玲也气得够呛。华北油田离北京近，条件好，位置好，陈宝玲可惜坏了。这么好的地方，还不去！

对此，王启民不以为意，一笑而过，他承认有时候不太理人，也是有可能的，因为脑袋里都是问题，杂七杂八的事儿，就没有地方搁。

"我的事情很多，要把精力用在五年的规划上做一些研究工作，要做年度的计划，要做总结。产量上的、开发上的、'七五'的、'八五'的、'九五'的、年度的，都是我汇报。"

王启民对自己的要求是，给王志武局长、周家俊副局长当好"参谋"，讲道理要很充分，提建议措施，要很科学，有依据。

"什么事儿都感兴趣，那你就做不好了。"

王启民好像只钟情搞研究、做汇报，只有这件事最能调动他的兴奋点。然而，他并不喜欢那种搞些花里胡哨"把戏"的汇报。

"油田那么大，地上地下，情况那么复杂，你搞几个表面光溜的东西，就能把问题解决了？不太可能！"他毫不掩饰自己的观点。

"不是为汇报成功，而是把事儿做成功！"

说起这些，王启民的"小迷糊"立马不见，观点像连珠炮，句句直击靶心。

山水迢迢回家路

进入20世纪90年代了，昂扬喷发了30年的大庆油田，源源不断把宝贵的黑色油流注入国民经济大动脉，支撑中国走过艰难时期。而今，油井采出油在减少，水在增多，经过了二次加密、三次加密，到了1989年，产量已经没有办法再继续维持在5000万吨，要是再没有接续稳产技术，很快就要"掉"下来。

"大庆，要考虑年产5000万吨以上稳产30年的问题。"这，既是希望，也是硬指标。

元旦过后，油田技术座谈会热气腾腾地召开了，大会开了整整10天，会场出现一个高频词"稳油控水"。

王启民"表外储层"研究的成功为下一步稳产打了一针"强心剂"，有了7亿吨储量的"后手"，以后要想5000万吨箭头向上，有保障了。

那么，现在要换一个问题了，如何做到高效？要稳住油，还要控住水，弹支高效开发的曲子，大庆油田该换换调子了。

"我有把握将油田高含水期向后推移5年乃至更长时间！"

"把每年的含水上升控制在0.3%左右。"局长王志武已经习惯找王启民问计，王启民每次都不会让他失望。

原来，"稳油控水"战略一提出，王启民就早早组织人马"做功课"了。忙什么？他带领团队拿出了"三分一优"结构调整的方法，提出了两个指标，"三年含水不过一"和"3、6、9、10"工程。至于克服多少困难，此处可以省略一段万字长文。

一套新模式出来了，"稳油控水"顺利实施有保障了。剩下的事儿，就是做细文章，把方法和指标全部落到每个采油厂，一锤一锤去夯实。

儿童影剧院大礼堂，油田召开干部大会。王涛同志从北京来做指示。"巧干三年不过一？"会前听汇报，他不敢相信自己的耳朵。"油田高含水后期，含水上升率，每年控制在1%都不容易，你们提出这个0.3%，3年不超过1个百分点，这可能吗？"

苦战到1995年，"稳油控水"该揭开锅盖了！一串串开发指标和生产数据，醒目。油井老龄化趋势被控制，垂垂迟暮的老井，又焕发青春。大庆的"稳油控水"成功了！同一时期，中国石油"稳定东部、发展西部"战略捷报频传，油气产量稳步上升，大庆油田这块稳稳的"压舱石"，立了头功！

1995年，"稳油控水"系统工程，获得中国石油天然气总公司科技进步特等奖，并在国家1995全国十大科技成就中名列第二。同年，功勋卓越的王启民，荣获孙越崎科学教育基金奖能源大奖，而全国只有4人获奖。

1996年12月，大庆高含水后期"稳油控水"系统工程，获得国家科技进步特等奖！

时光如白驹过隙，距离1978年那场著名的全国科学大会已经快20年了！那时，41岁的王启民带着"油田开发中油层细分沉积相的研究应用和注水开发矿场试验"两项技术成果，为大庆油田摘得国家科技大奖。从此，他手里攥紧科学技术这把利剑再没松开过。

除了大庆，世界上还有一个地方牵动着王启民的心，那就是浙江的湖州，他魂牵梦绕的故乡。湖州那年的冬天特别冷，冷月清辉笼罩着一座新坟。坟前，跪着逝者沈宗贤浑身缟素的儿子王新民、王世民，女儿王一民，唯独没有最远方的儿子王启民。这一天，是1992年12月14日。

2000多公里之外的大庆。王启民闷坐了好久了。他手里紧紧攥着那张电报，恐怕一松开，母亲的灵魂就真要飞走了，可母亲已经走了！噩耗千里

在铁人身边的我们

飞来:"母亡,速归!"

"母亡,速归!"像一串炸雷,他痛遍周身。

夜深了。陈宝玲走过来,低声安慰丈夫:"启民,明天,我先给家里多邮些钱……办丧事,要花销。"她有些哽咽得说不下去了。

回答她的是长久的沉默……

6个月前,湖州大弟弟来信说母亲病重。王启民脑袋"轰"的一声。总觉得娘还像年轻时一样硬朗,有什么困难都能扛得住!好像都忘了她今年都已经81岁了。

这一年,"稳油控水"的战火越燃越旺。十多个示范区建起来了,一个个决策出台了,一项项措施技术跟进着,整个油田士气高涨。这一年,油田的产水量控制住了,注水量也比往年大大减少了。很多工作刚刚开展,稍一耽误就会影响全局!已经是研究院副院长的王启民,担子更重了,时间越来越不够用啊!他心乱如麻。

他恨自己。1960年父亲去世,他在大庆实习未归。母亲一生操劳,他都没有几天在膝前尽孝。他暗下决心,先把这一段工作忙过去,就回老家。到时走心里也踏实。好在妻子一下寄去几个月的工资,能让母亲得到好一点儿的治疗。

盼望着又担心着,深秋,弟弟又来信,母亲病重,活不了多久了,想他。字字千钧,像巨石压得儿子胸膛生痛。他揉揉干涩的眼睛,使劲儿甩甩头,强迫自己镇定,再快步走向下一场汇报,组织新一轮研究,工作需要他,他已经没时间想别的了!他取出一笔积蓄,再次寄往老家。

一场暴雪不期而至,寒风送来第三封家书,语气更加焦急了。王启民不忍卒读,他盼着奇迹出现,母亲再多等他些时日。

他55岁了,真想妈妈啊!可从大庆到湖州,坐慢车要3天才到,来回路上最少一个星期，他实在没有这个时间！

太湖边儿，埭溪村，重病的母亲已在弥留之际，她已不能说话，顽强地熬着日子，常迷迷糊糊间把别人的声音听成是启民的声音！

1937年9月26日，她把启民生下来，慢慢养大，带着他逃荒，供他上学，送他远行。1976年，在大庆住的那段日子，守着儿子却总"逮"不着他人影。儿子的腰累弯了，弯成了九十度，成了"罗锅"了！启民有了一双儿女，日子过得紧巴，还想法让她吃上南方大米，可娘俩却少有时间坐下来唠唠家常。1979年，她要带女儿回老家了，儿子送了一程又一程，此后，母子重又隔山隔水，只有一张张汇款单飞来见她。她多想听儿子用乡音再喊她一声"妈"！

无眠之夜，王启民悄悄展开家信，那些话，像刀子狠戳他心。弟弟的最后一封信跟电报接踵而至。"咱妈走了……妈走时迟迟不肯闭上眼睛……你心太硬了！到最后，妈都没看着你一眼……你心是铁做的吗？"

连续加班体力透支的王启民肝肠寸断，眼泪把桌上图纸洇湿了一片……

1997年，"稳油控水"取得巨大成功，已全国知名的大庆"新铁人"王启民终于回家了！他归心似箭，直奔旧坟，颤抖着捧几把新土，燃着一张张纸钱，又折几根绿枝插在碑前……

他长跪不起，一股巨大悲痛涨满心胸，感情像开闸的洪水奔涌而出，震得山林呼啸，湖水呜咽，大放悲声："妈呀，儿子来晚了，原谅儿子的不孝吧！"

王启民连磕三个响头，再抬头，已是满脸热泪！

离婚风波

有人曾悄悄问过王启民,那次,到底在离婚书上签字没有?王启民笑了。

那是1995年深秋的一个夜晚,他和妻子陈宝玲之间爆发了一场争执。这对结婚30多年的恩爱夫妻,前所未有过的。

起因是妻子瞒着丈夫办好了手续,要把全家工作调往北京,而丈夫也同样瞒着妻子,在商调函上签了"本人不同意"。

那天的"战火"刚一点燃就直线升级。

晚饭也没吃好,"火"也没压住。王启民一进门就先发制人,向妻子发起一连串愤怒的"连珠炮"——

"谁说要走了?"

"这么大事儿,你怎么能自作主张呢?"

"就知道你不想走,所以之前没跟你商量。"先斩后奏的陈宝玲有些气短。

"那边气候更适合你的身体,再说,我家人在北京,到那边,离他们也近一点儿……"妻子觉得自己的想法并没有错。

恼火的丈夫再次发问——

"那边有大油田吗?离开大油田,你让我去干什么?"

"在小油田,你也可以干你的老本行嘛。再说,到那边你把身体养好了,不一样可以给国家多作贡献吗?"

"火苗子"继续上蹿——

"笑话!我在这儿干了大半辈子了,人熟地熟,专业更熟,是说扔就扔,说走就走的吗?"

陈宝玲心头一沉。作为相濡以沫的妻子，她哪能不知丈夫的心情？可这些年来，她看着他没日没夜地工作，熬干心血，累弯腰，她多想让他这只不停旋转的陀螺停一停、歇一歇，苦思苦想，才出了这么个主意。

王启民并不领情："大家都是这么干过来的，辛苦的，不是我一个人。""即使我人走了，心还扔在这儿，你就忍心看着我整天没着没落的？"

"那也不能只想着工作，不管这个家呀！这些年，你今天下现场，明天去工地，家里的事儿你管过几回？"陈宝玲鼻子一酸，一阵哽咽。

其实，这些年，王启民对妻子是深深抱愧的。她为他和这个家付出的实在是太多了。住平房的时候，她自己动手和泥盖仓房，家里贮藏冬菜没有菜窖，她去借别人家不用的菜窖；女儿锦梅差点儿生在火车上，儿子庆文出生才三天，他又下现场。她一个人在家坐月子吃的是炒面和挂面。大年初一，他去工作，她在家又带孩子又做家务，连饺子都没吃上。无尽酸苦变成委屈的泪水夺眶而出，陈宝玲越想越伤心。

屋里安静得出奇，墙上的石英钟在"嗒嗒"地走着。

"宝玲，我答应你，等我退休，你让我去哪儿我就去哪儿，好吗？"丈夫走过来，递上一条毛巾。

"行了行了，你这一竿子又给支到退休去了！"妻子擦了把眼泪，接着数落："启民，你怎么还不明白？我不是思想狭隘，我是为了你。你白天瞅着跟没事儿人似的，你晚上躺在床上这疼那疼难受得不行。你以为我愿意离开大庆？别忘了，当初咱俩是一起来大庆的，你干了多少年，我就干了多少年，你搞石油，我也一样，我的工作也在这儿！"

"既然这样，我们就不走了。"

"多少次机会你都错过了，石油工业部领导为了照顾你的身体，几次要你过去，你不走；在别的油田当领导的老同学要你过去，你不走；这次我求了那么多人,事情都办妥了,你还是无动于衷,你不为自己想想,也得为我和孩子考虑考虑呀!"

"那你带孩子过去吧,我一个人在这儿。"王启民依然像块顽固的石头。

"不行,要走全家一起走!这两天商调函就该到了,就差你在上面签字了。"

"商调函我收到了,而且已经签完字发走了!"

妻子愣住了,睁大眼睛看着他。

王启民的语气平静又坚定:"我签的是'本人不同意'。"

"什么?!"

"我早说过,什么事儿都好商量,就这事儿,没商量。"

"没商量?没商量……就离婚!"忍无可忍的妻子,像一头暴怒的狮子,使出最后的撒手锏。

可她万万没想到,丈夫想都没想,真的在离婚协议书上签了字!

妻子的最后一道防线崩塌。丈夫这是"老虎吃秤砣铁了心"了,他吃准了她不能真和他离婚。她本想拿离婚吓唬他,却变成了他拿签字吓唬她。

结果呢,一场离婚大战不了了之。

不眠的灯光

在大庆市让胡路区,有一座青灰色的大楼,这里汇聚了大庆油田勘探开发最核心的技术,是油田高层战略决策的"参谋部"和"神经中枢"——大庆油田勘探开发研究院。

王启民的办公室在二楼,这些年,位置有过一些变动,门牌上的字,先是"副总地质师""副总工程师",1992年3月是"副院长",1996年8

月是"院长";2000年,他搬走去油田机关任职。

王启民太忙了。《黑龙江日报》的一位记者要采访他,等了三天还"捉"不到大忙人的影子,无奈之下,只好来了个深夜造访。1997年3月27日晚上10点,果真顺着办公室一束不眠的灯光找到他。

王启民的案头,是一份未做完的《大庆油田1998年开发规划方案》。他的坐姿,是特有的前倾的"强直"姿势。他的脸上有些倦容,眼里有些血丝。这个方案通过之后,还要加以落实并做前期准备大量工作。

一个规划,要投资上百亿元,最重要的是搞好优化,使之更科学,性价比更高。如果笔头稍有偏差,损失的不是小数。眼下的三次采油已经有了三种技术,但只有一种技术得到了应用,做方案的时候,都要考虑好,怎么更合适,这个"度",需要反复权衡。

"搞科研,可不能走一步看一步,要有长远谋划、战略思维,要坐二望三、未雨绸缪。"

又一个周末的晚上,10点40分,规划室技术人员终于把一份分析报告打印完毕。有人说,给王院长送去吧!这会儿他准在办公室。果然,电话一拨就通了。

"休息日是最好的工作日。"人少,心静,没有干扰,正好思考问题。能舒畅地加几个班,王启民像占了大便宜。

1997年4月12日,60岁的王启民成为人民大会堂一场报告的主角。他,目光炯炯,声音响亮,以一份石油专家特有的底气和自信,向全国人民汇报,35分钟的演讲"点燃"了全场。人们记住了这个之前并不熟知的"小个子",惊讶于他身上迸发的巨大能量,被大庆人呕心沥血采石油的故事所感动。

后来的国人更惊讶。大庆油田从1960年起至2000年开采40年,开

在铁人身边的我们

发水平、管理水平都居世界领先地位,直到2002年,油田实现年产原油5000万吨以上高产稳产27年,远远高于世界同类油田稳产期最长12年的纪录,成为世界油田开发史上的奇迹,创造了震惊世界的"大庆纪录"。

2000年以后,年过花甲的王启民,已经是大庆油田有限责任公司总经理助理、副总地质师,他又披挂上阵领衔创新合作方式,研制出能适应油田污水配置的超高分子量聚合物,解决了清水水质和污水外排问题,大幅度提高了聚驱开采程度。

长期的注水开发,油层内部形成了一定的"管道","管道"里已经几乎没有油了,而聚合物却总是先进入这些"管道",造成无效驱替。部分油井产量在持续下降。

久经沙场的老将王启民再次带领技术人员在喇嘛甸油田开展了"交替段塞,调驱结合"的技术试验,拿出办法,使采收率提高了16个百分点,实现经济效益近3亿元。

在大庆,王启民拥有成千上万的粉丝。年轻人喜欢听他讲石油的前世今生,讲大油田开发历经的大事件、大数据、大喜悦。他会"嘲笑"那些只会"开会"的形式主义,也会由衷赞美那些埋头科研,发表论文数却为零的导弹科学家。提起屠呦呦,他伸出大拇指连说"了不起";再说起当年外国人说咱们开发不了大油田,他依然激动得提高嗓门。如果,有人遇到科研难题来求教,他不仅耐心解答,还把多年积累的"干货"拿出来分享。这位大众偶像,精力总是很充沛,思维比年轻人还敏捷,善于"四两拨千斤",听他讲完,保准茅塞顿开。

王启民从年轻时候开始就保持动脑研究和动手记录的习惯,至今不变。他的小本子上,碳素笔、铅笔、彩笔组合混搭,字里行间标着颜色,边边角角都加了批注,满篇满纸都密密麻麻、花花绿绿的。除了随手记下的学习体会，还有他自己整理的知识信息，最近几年，又多了不少"新能源研究"的事儿。翻开那本子，还会发现一些句子，那是老爷子的原创箴言，经过漫长岁月洗练打捞，越发闪光——

"石油开发靠体力，更靠脑力。不仅要采出油，更要找到规律。"

"想别人不敢想的事，做别人不敢做的事，把敢想敢干结合起来，就是科技人员对这个时代最大的贡献。"

这些宝贵的人生感悟，出自"真刀真枪"的鉴证检验。很多"老人儿"对当年王启民给大庆油田总地质师闵豫汇报工作的场景啧啧称叹。他一不拿图表，二不看资料，试验区所有的油井，一口一口地说，滔滔不绝，整整讲了三天。"活地图""数据库"外号不胫而走。

那一年，他代表大庆油田去北京做三次加密先导性试验的汇报。高含水后期的地下剩余油分布，涉及的主要资料和数据密密麻麻。领导一个接一个问，王启民一个接一个对答如流，提问人和听会人连连赞叹。

没有电脑的年代，他把所有的井位、数据、动态变化等海量的知识信息都装在大脑里，就像兜里揣着，张嘴就来。其实，他哪有什么过目不忘的本事，练就这"活电脑""数据库"的"武功"本身不就是一种煽情！他的汇报，打动了油田领导，打动了总公司老总，打动了北京的余秋里和康世恩两位首长主动给他"抬轿子"支持，油田为此开展一轮轮高科技新会战，推动产量箭头一次次冲上新高。

回首往事，老人家哈哈笑说："只做一件事，只想一件事，功到自然成。我笨嘛！真的没有捷径啊。"

时光如梭，奔跑的人一直停不下来。2008 年，71 岁的王启民老当益壮，擎着奥运火炬，从大庆铁人广场出发，奔跑向前，他的脸上是孩子一样灿烂的笑容。

在铁人身边的我们

2017年，80岁的时候，当了一回"逃兵"，把老伴儿陈宝玲一个人丢在海边儿度假，自己跑回来搞新能源研究。他说看大海是"闲人"做的。时间不多了，得抓紧做事儿……

在王启民家书房的玻璃板下，有三张不同年代与国家最高领导人的大幅合影。最难忘的是，2019年9月29日那天上午，在北京，人民大会堂金色大厅，中华人民共和国国家勋章和国家荣誉称号颁授仪式隆重举行，中央电视台现场对全球直播。曾为全国五届人大代表、中共十五届中央候补委员和"新中国百名感动人物""改革先锋"的王启民，虽已多次登上这荣耀殿堂，但这次心情更为激动。

亿万国人瞩目中，雄壮激昂的《向祖国致敬》乐曲声响起，王启民直了直腰，挺了挺胸，精神抖擞地走向授勋台。中共中央总书记、国家主席习近平亲切地与他握手，向他表示祝贺，然后把金光闪闪的金质绶带和奖章挂戴在他的胸前，同他合影。

"奋斗不只是响亮的口号，而是要在做好每一件小事、完成每一项任务、履行每一项职责中见精神。奋斗的道路不会一帆风顺，往往荆棘丛生、充满坎坷。强者，总是从挫折中不断奋起、永不气馁。"习近平总书记讲过的话，久久激荡他的心胸。回顾走过的路，他由衷感到，科技创新的路，必然是那条最远最艰苦的路，没有捷径。

一个甲子过去了，大荒原变成了大油田。从23岁的毛头小伙到如今的耄耋老人，王启民与大庆油田的命运紧紧连在一起。他说，是上辈子有约，这辈子有缘，老天有意。

在这片处处有"铁人"名字、讲"铁人"故事的热土上，他遗憾欠下了亲情债、健康债，但对油田从未离开过一寸脚步，从未动摇过一分初心。他为石油奋斗了一辈子，他感动了全中国！

而今，这个南方人，早已习惯并爱上了北方的冰雪。每当雪花飘起，老人会站在大庆油田有限责任公司机关16层楼的办公室里，手扶窗台，极目远眺。那是怎么也望不尽的，只能在飞机上才能看全的，幅员5000多平方公里的大油田！他曾亲手布下的，不同年代的抽油机井群星般律动，"怦怦怦"他的心跳始终与之同频，向大地叩拜。

"今天，是大庆油田发现60周年纪念日，也是我的83岁生日。"在庆祝大庆油田发现60周年大会上，"新时期铁人""改革先锋""最美奋斗者""人民楷模"王启民发言的第一句话，就引得会场数千人雷鸣般的掌声。大家向这位一辈子为大庆油田"痴心不改"鞠躬尽瘁的老人送上深深祝福和敬意。

新时代钢铁队伍扛旗人

要把红旗一直扛下去,弘扬铁人精神,牢记艰苦奋斗,不断锐意进取,真正把工人阶级的崇高品质、伟大精神,在1205钻井队代代相传!

——习近平

2021年10月31日上午九点,张晶在微信里告诉我:"今天通井,预计明早下油层套管,大概需要35小时,然后固井,这口井就完事儿了!"

秋风萧瑟,落叶飞舞。1205钻井队又一口页岩油井即将完钻。

我在大庆市萨尔图区的家里,点开张晶发来的位置,显示地名为"大庆市肇源县某乡",随手在手机地图上测了一下距离,手机告诉我,要到达这里,开车去有三种路径,最快的要2小时48分钟,132公里;第二条路径需要3小时1分钟,149公里;第三条路径需要3小时8分钟,177公里。

我又试了一下公交的出行方式,手机告诉我,要先上某路公交车再倒某次普快列车,最短用时4小时52分钟,最长用时10小时32分钟,并且均显示最后一段需要步行。或许,别人用这个时间,已经乘坐高铁跑出两个省去旅游,甚至一高兴坐上飞机飞到国外休闲去了。然而,张晶哪里也没去，他一头扎进只有无边荒草和水泡子的松嫩平原深处，一天又一天，一年又一年，一口接一口，打井，搬家，打井，搬家，打井，搬家……

铁心向党，十年磨出铁肩膀

2008年初冬，时任大庆油田钻探工程公司钻井二公司15567钻井队党支部书记陈红军去公司干部科接来一名大学生，小伙子名叫张晶。他个子不高，又黑又瘦，一唠，俩人儿还是安达老乡。陈书记得知，张晶高考时，就想上石油院校，别的大学录上了也没去。

到了队里见到队长李艳平，张晶又把想法说了一遍："我爹妈都是农民，能来大庆很高兴，就是想好好干！"

多年后，李艳平坦言，当时对张晶入职第一天的表态，他在心里多多少少是打了问号的。井队太苦了，这些年的大学生总是去的多，留的少，先放在一班当场地工，干着看吧。

"后来，我发现，这小子挺能干，不藏奸耍滑。"

井队的人，很多都在家干过农活儿，井队的活儿天天跟钢铁打交道，农活儿压根不是一个等级的。

五十斤一袋的重晶石粉堆成小山，张晶一袋一袋抱起来，手脚并用，往漏斗里倒，连续奋战三个小时，头发上，眉毛上，鼻子上，浑身上下都是白的，汗水在脸上和泥，两腿累得直打颤，也不吭声。冬天干的棉袄里直冒热气，夏天下了钻台，一扬脖能灌好几瓶凉水。

刚开始，360斤的大油桶，一个人能轱辘走就不错了，后来，张晶一口气能搬立起来好几个。

看着张晶干完活儿蹲在地上狼吞虎咽吃盒饭，李队长暗中欣赏。他发

在铁人身边的我们

现,这年轻人身上,有很多和别人不一样的地方,说的少,做的多。

几个月之后,上面有了新政策,大学生能转成技术员了。李艳平把这个好消息告诉张晶,小伙子却没表现出什么高兴的意思,反而向他提了一个意外的请求:"我不想干技术员,我还没当过司钻呢……"

李艳平很高兴,决定支持他:"那就一样一样干,把基础打的牢牢的!"之后的一年中,从场地工、钻井液工、内外钳工到井架工、副司钻、司钻,从抡大锤到抬铁管、握刹把,张晶把井队的粗活、细活都干了一遍。

师傅们发现,这位大学生人更黑了,也更壮了,眼神儿更自信了。他的手掌已经长出老茧,走路时脚下生风,休息时在钻机轰鸣声中倒头就能睡着,闹钟一响马上起来工作。他下了夜班也不回家,要么猫在宿舍看书,要么帮队友干活。人们还发现,张晶当司钻,带的"团员班"出勤率最高,进尺最快,关系处得最好,成了"小老虎"班,他也成了人人喜欢的"晶哥"。

2010年年底公司安全知识竞赛是一个钻井人关注度很高的赛事,考的不光是理论知识,还有实践经验。那年,已经是副队长的张晶带领15567钻井队异军突起,从季度冠军一路杀进年度总决赛。

时隔十年,很多当年的观众还记得,比赛进入最后一轮风险题环节时,前两名得分持平,张晶本可以保守一点要30分题,能保住第二名。如果选40分,答上了,就是第一,答不上,就没有名次。当时所有人的心都悬起来,看他怎么选题。

张晶果断地选了40分题。当主持人读出题目"井控的九项原则是什么",全场顿时一片惊呼:"这道题太难了,15567肯定完了!"

此刻,全场目光全部投向主力选手张晶。他表现特别镇定,一口气儿把九条原则内容说下来,一个字儿都不差。话音未落全场已爆出雷鸣般的掌声,连对手都给他鼓掌!陈红军提起往事,毫不掩饰对好兄弟张晶的赞赏。

"张晶当副队长，我很省心。我教一个点，他能发挥成一个面！"

"干活，用脑子，不死干，不蛮干，点子多。"

"我们队井打得快，一到年底就上光荣榜。张晶独当一面，是员猛将。"

多年以后，已经是钻井二公司项目部经理的李艳平，依然多次在不同场合讲起这些，赞叹之情溢于言表。

"咦！你不是在职业学院学习吗，咋跑回来了？"

2012年一个周六的早上，李艳平在队上看见张晶，很意外。张晶被派出去参加油田起重设备指挥培训，脱产一个月。他的工作，队里已经安排别人代理。

"今天学习班休息，我寻思队里人手紧，回来替个班。"

在张晶带动下，队干部凡是外出学习超过一周的，双休日都主动回来替班，这个不成文的规矩一直延续至今。

"不管在哪儿，不管干啥，都要像铁人那样干，都要向05队❶看齐！"1205队是铁人带出来的王牌"冠军队"，对钻台上成长起来的"80后"张晶来说，那里像一个巨大磁场，产生强烈的向心力。

"从当钻工的那天起，我就瞄着05队在干，在追！"张晶从不掩饰自己对这支钻井人心中"梦之队"的崇拜。为此，他曾两次婉言谢绝公司机关向他伸出的橄榄枝，铁了心在井队"扎根"。张晶的很多领导都认为，在2010年9月到2017年6月，他任15567队副队长的七年，正是充分汲取营养，锤炼意志，强筋健体的关键时期。

这段时间，张晶逐步开启人生新阶段，结了婚，入了党，有了娃。岳

---

❶ "05队"是大家对1205队的昵称。

在铁人身边的我们

父母很喜欢这个姑爷,主动帮着小夫妻带孩子,照顾家里。可是,岳父一开始心里是不大痛快的:"张晶这孩子哪都好,咋一回家就睡觉呢,年纪轻轻的!"后来,老爷子开车去了一趟井队,回来后态度大变。他说:"好不容易休息,让他多睡会儿吧。这孩子太累了。"

"越到有事儿他越忙!"几年时间过去,岳母提起那件事依然激动。"那年张晶做鼻窦炎手术,我和老伴心里惦记,这孩子手术好几天了,也不知道啥样,就收拾收拾去医院看看。"

"一进病房可倒好,找不着人!邻床病友还帮着给打马虎眼说,人刚出去,可能上厕所了吧。打电话一问张晶,说回队了!"

与此同时,同事们在井上看见了鼻子上封着纱布的张晶,都被他的样子吓坏了。刚手术不久的他整个脸还没消肿,两只眼睛都睁不开了。当年的一位同事还记得那个"恐怖"的场面。

"手术后,鼻子里塞了很多药棉花进行挤压式止血,换药时,就看他仰着脸,自己从鼻子里往外拽纱布,那血,滴滴答答往下淌。纱布全都被血浸透了。我就说,你不要命了!啥重要工作,离了你地球还不转了!"岳母大人一提这事儿,又心疼,又生气。

时隔多年,张晶挠挠脑袋:"那天好像是队里有个急事儿。大夫不让动,只好偷着跑。"

出院没多久,2017年6月,张晶走马上任15168钻井队队长。年底,这个队有史以来第一次跻身大庆钻探银牌队行列,全队士气大振。

从上一个班,到钻一口井,再到管一个队,张晶慢慢积累经验;完成小活儿,啃下难活儿,组织大活儿,拿下了井队所有的活。年轻的他埋着一颗雄心,就是想将来像铁人那样,不管在哪儿,不管干啥,都能顶得住!

2017年底,钻井二公司党委班子研究1205队的发展,党委书记张世川求贤若渴，走遍了所有井队搞调研。"学石油的大学生，在基层干 10 年没"挪窝"。当了 7 年副队长，是个硬手；干了 7 个月队长，把一个普通队带成银牌队。"好多人向他推荐张晶。班子研究决定派张晶去 1205 队，"要把这块好钢用在刀刃上！"张世川说。

十年磨一剑，时刻准备着，只听党一声召唤！2018 年，组织找张晶谈话，张晶信心满满，斗志昂扬，一句"我干！"回答得斩钉截铁。

在井队，流传着一本名为《铁人钻井队》的书，这也是张晶爱不释手的宝贝书，像砖头一样的"大部头"，是 2003 年 1205 队建队 50 周年的时候集体策划，由在该队工作过的战顺永亲自执笔，创作完成的 56 万字纪实文学。书里讲的是，自 20 世纪 50 年代开始，铁人王进喜带队打井的传奇故事，一代代 05 人接续奋斗的故事，是这支钻井队得到历届党和国家主要领导人精心呵护的故事，里面有波澜壮阔的新中国石油发展史，有大庆油田感天动地的艰苦创业史，是 05 人写 05 队的书。

这本 448 页的大书，张晶仔细精读过两三遍，读完意犹未尽，就提笔在扉页上把前 20 任队长的名字一一默写出来，写得一笔一划，工工整整——王进喜、孙永臣、张学贵、丁尚宝……盛文革、李新民、胡志强，这些名字连同他们的故事，张晶牢牢地铭记于心，05 人个个都是好样的，他默默向他们致敬！

2018 年 5 月 3 日，张晶又在扉页底部补写了这样一段话："我要带领 05 队传承铁人精神，创造更多的成绩，为国家做更大贡献。"正是那天，36 岁的张晶到 1205 队报到，成为该队历史上第 21 任队长。

1205 队名气大、贡献大，前面干得那么好，现在，历史要由他带队续写了！

在铁人身边的我们

夜深人静，开完"零点班"交接会，张晶推开队史室的门，一遍遍地走，一遍遍地看，05队的前辈们仿佛正在从一幅幅黑白照片、彩色照片、视频影像里看着自己。"石油工人一声吼，地球也要抖三抖""宁肯少活二十年，拼命也要拿下大油田"的声音回响着，震撼着，那声音好像是在问："后生，这一棒，你打算怎么跑？"

张晶彻夜思悟，直至天明。多少年来，05队被历代党和国家领导人关怀着。特别是2009年9月，习近平同志来队视察，亲自上过钻台，进过司钻房，跟每个05人握过手。现在，张晶就站在刻着总书记嘱托的主题墙前，那上面的鲜红大字颗颗映入眼帘，钻进心底——"要把红旗一直扛下去，弘扬铁人精神，牢记艰苦奋斗，不断锐意进取，真正把工人阶级的崇高品质、伟大精神，在1205钻井队代代相传。"那些话，分明就是总书记对自己说的，这里面，有嘱托，有希望，有方向，有方法，有力量！他越读越有劲头，越想心里越亮堂！他心潮澎湃，在那里不知站了多久，不觉间天都亮了。

关怀化作动力，期望激发作为。很多来05队参观学习的人，都赞叹张晶讲队史讲得好。一年200多场讲下来，张晶心里更明亮，每当遇到困难、有了迷茫，他就把自己关进队史室，再出来时浑身都是劲儿。有了这个"充电桩"和"补给站"，张晶愈发坚定一个信念，"党指向哪里，我就干到哪里。不管到啥时候，05队都要高举红旗，铁心向党，朝着总书记指引的方向走！"

铁志打井，上"10万米"四连冠

张晶刚来05队的时候，2017年度进尺"10万米"的喜庆鞭炮声犹在耳畔，祝捷喜报崭新如初。05队历史上第二个"10万米"刚刚实现。

张晶到任后，有人问下步该怎么干？他深知，石油对外依存度已经接近70%，也就是说，国家每用10吨油，就有7吨是从国外买来的。石油是"工业的血液"，要全面建成社会主义现代化强国，缺血、亏气，哪能行？他打开手机里的新闻让大家看："总书记让我们加大勘探开发力度，国家时刻需要油，我们干劲儿也要更足，必须再打几个'10万米'！"眼下，2018年已过三分之一，累计进尺仅有28343米，相当于10万米的28%，还要争分夺秒啊！

上个"10万米"是1966年铁人老队长带着队伍在极其艰苦的条件下打出来的，很了不起。现在，油田注水开发了60多年，地质条件越来越复杂，地下井网越来越密集，钻井人安全环保意识越来越强，要上"10万米"依然不容易，打"10万米"就意味着每月至少要打7口井，平均四五天交一口井，意味着工作要更精细，标准要更精尖，工序衔接要更紧凑，意味着人和设备始终在挑战极限。

张晶上任当天，井队在采油四厂，一口新井，杏扶7-41-斜丙625井开钻了……每一位05人都是时代的书写人，追梦的奋斗者。

"10万米"背后，考验的一定是人的素质和能力，是科学的制度和管理。钻井有句行话，叫作"提前预测天气，随时关注天气变化。提前查勘井场，随时关注井场条件。提前制订运行计划，随时完善方案。"张晶的队员一直引以为骄傲的是，他们把这个"三个提前，三个随时"真正落地了。

踏勘找井位，挺苦的。大荒原上，你就走吧！冒烟雪、台风、车子抛锚，都可能赶上。有时候是单行道，大车、小车都要慢慢开，遇上会车要很小心。前面就是水泡子、大深坑、高岗，老百姓的稻田地，啥都有，就是没有路，那就下车用脚走！

每次选井位，张晶都跟着一起走，很少有井队长这样，口口井都跟。

在铁人身边的我们

钻井二公司生产运行协调部张宏伟对张晶这样的"动作"印象很深。

张晶认为，必须跑一遍，到时候搬家，好心里有数。比如，进井场要不要铺道板，铺多少，泡子的水要不要排，搬家时大门朝哪边开，井架位置怎么摆，提前把方案做细敲死，省得到时候耽误时间。副队长王磊是张晶的得力副手，他印象里，这几年，05队打过多少井，队长就带他们跑过多少路。

在常人眼里，冬天很遭罪，但钻井人喜欢冬天，不喜欢夏天。冷，大不了衣服穿厚厚的，起码地是硬的，设备托运方便。到了雨季，那可真是望洋兴叹啊！老钻工张国臣的话，是很多钻井人的心声。

2019年的汛期特别长，狂风暴雨来势汹汹，雨点儿砸在钻台上叮当作响，井场成了沼泽，路变成烂泥塘。一天，队里接到紧急任务，要在2天内完成搬家，转战到70公里外的龙虎泡地区。

可是，一台台大设备深陷在泥水里，拖拉机也上不去，张晶和副队长商量，决定把液压泵坐到自制拖船上，用钢丝绳往外拖，而大擀面杖粗的钢丝绳像在泥里扎了根。张晶和两个人在没膝深的泥水里，拽着绳套，使出浑身力气一步步往前挪，像拔河一样。28岁的研究生陈建国也参与了新时代的"人拉肩扛"，那天，眼见着队长双手虎口勒出血印。

雨一直在下，下了三天三夜。技术员谷宏达是从上班以后才知道原来雨衣不是万能的，在暴雨的情况下，最多能挺十分钟，人穿着雨衣也能全湿透。

他认为最舒服的一件事，就是装完一批货，把十几台车全部送走，中间有一小段空闲可以消停消停，把靴子里面的水倒干净，往哪里一靠，舒服。而张晶的快乐全部深藏在每一场"战尤酣"的奋斗中。

"能吃苦，但是不死干。啥事儿别叫他惦记上，只要惦记上，准搞出点儿名堂来！"很多人这样评价张晶。

井打得很快，三四天交一口井，井队通常不是在搬家，就是准备搬家。队长张晶的脑子里一直琢磨这个费时费力的搬家。按照常规，赶上成组井施工，搬家前都要用两个小时现铺钻机自走轨道。井队的活儿大同小异，一代代人干过来，形成一些老套路，大伙儿也就顺理成章，都照着老规矩这么干，可是张晶总想多问几个"为什么"。

"提前铺，行不行？""把钻具支架改造一下，固完井直接搬家，行不行？"他抛出的问题，相关部门一论证，都认为"有门！可行！"再以后，只要成组井搬家，每次用时减少2小时。

有一次，由于新工人对大钳操作不熟练，耽误了安排好的测井，白白浪费了时间。张晶盯住这事不放，连续跟了几个班，把4个班组的所有液压钳操作时间都记了一遍。快在哪里？慢在哪里？刨根问底。

出现浪费动作，原因各有不同，有的因为操作不熟练，有的因为配合出了问题，有的因为老习惯板不过来。张晶穷追不舍，开展了三个半月的全员写实，围绕钻井全过程，彻底通查了一遍，大大小小的浪费点还有不少。

新时代打井，装备配备已经比较先进了，工艺技术也比较成熟了，但管理上还是有文章可做的。中国石油一直在大力推进精益管理，公司也是这个思路，国外先进企业早就有成功的精益管理经验，打一口井，也是生产一个产品，是不是也可以用精益的理念来指导钻井生产？张晶又开始思考了。

很快，张晶的想法获得领导支持，他挑起了公司"精益钻井"攻关的"大梁"。他作为攻关小组里唯一的钻井队长，带领1205队骨干成员，承担了367个项点的全部数据采集、比对、分析、论证工作。

刚起步时，简直是大海捞针，收集数据工作枯燥又单调，还要大表套小表，小表汇大表，工作量不是一般大。"我们搞来很多资料，买了很多书，

在铁人身边的我们

请教了很多人，熬了很多夜，吃掉很多方便面。"攻关小组成员申浩文、刘德伟提起那段攻关时光，连说了很多"表"，连用了几个"很多"。搞调查，做汇总，梳理思路，拿方案初稿，拿二稿、三稿、四稿，直到第十几稿。

几个年轻人，白天正常工作，晚上加班攻关，经常从下班熬到深夜，从深夜干到天亮，从夏天忙到冬天，从腊月忙到春节。一路攻下来，张晶的精益钻井生产理念更为坚定——在钻井施工过程中"一切无效动作和行为就是浪费"，目标是"消除钻井生产过程中一切浪费"。

一时间，哥几个似乎干了一件耗时耗力"不出活儿"的活儿。而负责精益钻井攻关的公司领导张政却非常支持，他说："搞精益钻井的钻研过程，就是'磨刀'的过程。"

到了 2018 年底，05 队会议室墙上出现了一张 3 米多长的"流程看板"，横向十几列，纵向五六行，上面的几个时间值十分醒目，一个是提前设定的目标值，一个是实际用时，干完一道工序，技术员就把每个班的"成绩"填上数据，边打井边更新，谁快谁慢，一目了然。大伙儿很关注这块板子，看自己的，也看别人的。比接单根、比起下钻、比扣大钳，你超我赶，"目标值"不断提高，井越打越快。

苦练"接单根"，几个班互相比着干。葛依凡带的二班进步非常快，配合越来越默契，从 3 分 20 秒、2 分 40 秒，提速到 2 分 10 秒、1 分 40 秒。一口井下来，节约大约 2 个小时。

"还有标杆追踪、视觉营造、行为改善、准时运行、精益保障，加上这块看板，一共 6 项。"05 队队员，提起精益钻井的"六大工具"，人人如数家珍。

铁人老队长说过，"一个队打得再快，也拿不下一个大油田，要几十部钻机都上去才行。"

由 05 队首创的精益钻井生产模式，钻井效率同比提升 41.75%，井身质量合格率和固井质量优质率始终保持 100% 的行业高水平。获得钻井二公司大力支持，流程看板上了大庆钻探所有钻井队的墙。

精益钻井已升级成 2.0 版本，当初是 EXCEL 表格，现在是数字化管理平台，所有数据在手机 App 上都能查。只要是大庆干钻井的，无人不知这个"精益钻井"。

2018 年、2019 年、2020 年，1205 队一年打出一个"10 万米"，实现了新时代的"四连冠"，大庆钻探大力推行数字化、信息化精益钻井，进一步缩短建井周期，提升施工效率，10 支钻井队年进尺突破 7 万米！

2020 年春节放假，突然暴发的新冠肺炎打乱了井队的节奏，井上迟迟开不了工，张晶在家急得满嘴起泡，天天打电话。大年初七，他建了一个微信群，线上交流安抚外地回不来的，安排本地能上班的，讨论队里的防疫预案，向上级汇报工作。"为争取早开钻，要把所有事情都做细，确保万无一失。"他心里只有这一件事。

群里开了好几次视频会，会上定了好几个事儿。第一，我们要自己做个疫情公告栏；第二，整个房子做防疫登记点；第三，抽出两个人当专职防疫员，就管所有出入人员的测温和消毒；第四，宿舍、食堂、操作间、值班房等场所咋消毒？咋测温？拿出一套具体措施；第五，出台 05 队自己的"九条禁令""十不准"，加强宣讲防疫知识。

几天后，张晶拿着全套复工复产方案来到领导办公室，请求复工。2 月 11 日（正月十八）一切条件准备就绪，在采油四厂，1205 队正式复工。

当天，黑龙江省的最新疫情通报显示：新型冠状病毒感染的肺炎新增确诊病例 23 例。截至 2 月 13 日 24 时，全省报告新型冠状病毒感染的肺炎确诊病例 418 例，其中，大庆市 18 例。

在铁人身边的我们

城市里，人们每天在家里刷手机为疫情唉声叹气的时候，远在荒原深处，1205队高耸的井架之上，鲜红的"铁人队伍永向前"大字已在问候白云！

疫情凶险，牵动着井上每个人的心。时不时还传出哪里有密接了，甚至有全队隔离的消息。

"钻井，离不开固井、录井、搬家，每天挡不住车来车往，要与外界接触。即使测了体温，当时看着是好的，也可能身上就携带病毒，就在潜伏期啊！"张晶感到前所未有的压力。"好几十个兄弟，在我们班子手里，家，回不去。如果有哪个在井队里感染了病毒，我们咋跟人家交代！"张晶吃不好，睡不好，千方百计想办法。

张晶胃病犯了，疫情后期，胃疼得更厉害了。因为担心出去后短期回不来，队员劝过好几次，他只说等疫情缓解了再说。队员刘兵经常看见队长猫着腰，捂着胃部，大半夜的，从钻台上下来回驻地。

从复工第一天起，05队就进入到了"非常规"管理状态。防疫检查站开始工作，食堂开始分餐，住宿保持间距，厕所和浴室错时错峰使用，事无巨细，张晶都要问到、管到、做到。

05队的铁丝网围栏很结实，很多队一走一过就学了去。几天之后，所有井场全都是05标准。张晶笑言，这个灵感来自邻队的一位同事。有一天，这位同事开门进了张晶的办公室，张晶立即警觉，问："你测温了吗？"他说："没有啊！"张晶又问："那你咋进来的？"他一指围绳："钻进来的呀！"

第二天，这位同事又来，发现围绳改成帆布，钻不进来了，他只好乖乖按照要求去门口测温，跟张晶开玩笑说："你这就是挡我呢呗！"

张晶呵呵一笑："对呀，防疫，不能随意进来！"

后来，大风把防尘布吹坏了，张晶又派人用几百米铁丝网围上，挡住了闲杂人等。一切做到全封闭，就可以放心打井了。

全队 48 人最初只返岗 27 人，张晶把四个班压缩成三个班，干部全部编进班组，四班三倒，班班见领导。

2020 年 2 月 19 日，大庆市让胡路区全面实施"严九条"，封城、封路、封村、封屯。让杜路、中三路、龙十路、南三路 4 个检查点封锁，好几名队员被隔离在家里出不来，张晶和队党支部书记刘德伟一个一个了解情况，一边做安抚工作，一边如实报备信息。

张晶最爱听钻机轰鸣，最爱看钻杆一根接一根钻入地层，他心里只有一个想法，要趁大地解冻前，抢出低洼井，把被疫情耽误的工期抢回来。

钻井二公司设备管理科科长邹庆波还记得 2020 年初春的一天，张晶凌晨两点钟给他打电话，说钻井泵万向轴坏了，要找万向轴。他感慨，"我也不知道张晶什么时候睡觉。大半夜的，上哪去找万向轴？"邹庆波说归说，当夜紧急安排资产库协助，张晶按照手机定位，连夜"摸"到资产库的位置，在旧设备上拆下万向轴，用到井上。

钻机轰鸣，红旗飘扬。井架附近板房的生活区偏远又枯燥，队员已在这里封闭驻守了 10 天、20 天、30 天、40 天。党支部书记刘德伟因受风寒导致面瘫，却一刻没离开岗位；井上设备出了问题，带班副队长顶着零下30 多摄氏度的严寒，爬上 14 米高台，一干就是 4 个多小时；有人把老婆孩子送回老家，自己全身心扑在井上。隔离在外地的队员则主动给张晶打电话，请求归队，加入战斗……

井，越打越快。2020 年，1205 队生产报表显示：2 月份，完成 4 口井。3 月份，完成 5 口井；4 月份，完成 11 口井。

2020 年，对所有人来说都是不寻常的一年，1205 队的成绩单更为不

在铁人身边的我们

寻常。12月25日，大庆人翻开报纸，打开电视，点开手机，都能看见这样一条新闻："1205队，在大庆钻井队伍中第一个复工复产，严格执行全封闭管理，连续40余天奋战在井场，在晚开工10天的情况下，全队生产指标实现逆势上扬，比上年多打12口井，拿下年进尺10万米'四连冠'。"

铁肩扛旗，开辟页岩油新战场

2019年9月，听说油田要开发页岩油，张晶兴奋得像一个战士，觉得"有硬仗可打了！"。从此后，他一直关注这方面的消息，听说在打探井了，就盼着什么时候打生产井，又盼着换一台能打深井的大钻机。后来得知古龙页岩油勘探开发取得重大突破，张晶立刻代表1205队请战。

公司领导一直很关心1205队的发展，多次来调研，组织专家帮助分析论证，最激烈的一次讨论会开到了半夜。

关于这个队能不能上"页岩油"，初期讨论有过一番波折。有人支持，但反对的声音也很多。有的说，页岩油情况太复杂，05队没碰过，就怕搞不定；也有的说，7000米新钻机，05队从没摸过，现学来不及；也有的说，打深井的技术，05队没经验，干不好砸牌子；还说，外面的队伍来竞争，我们没比过，别最后丢面子。

张晶深知，这些担忧都是爱护。这几年，05队一年拼下一个"10万米"，不管是2018年的连天暴雨，2019年的三场台风，还是2020年突然的疫情，都是顶着困难上的，加上"一趟钻"技术和精益钻井思路，继续打下去，05队是有这个信心的。

作为铁人王进喜带过的队伍，1205钻井队立下的功勋无数。自1960年以来，已累计钻井2487口，创下4项世界纪录、15项全国纪录，总进尺

316万米，相当于钻透了357座珠穆朗玛峰。

他深知，1205队的标杆是干出来的，不是保出来的，队旗不能躺在荣誉室里。"我们就要干别人干不了的事！习近平总书记嘱托我们'要把红旗扛下去'。上！是我的态度，也是05队的态度。"张晶站起来表态，说得斩钉截铁！

张晶的内心很激动。战争年代，忠诚是流血牺牲；创业年代，忠诚是"革命加拼命"；到了现在，我们的忠诚，就是关键时刻豁得出来，顶得上去，就是"时代有我、用我必胜！"

2020年12月15日，距离2021年春节还有一个多月，人在钻台上站一会儿，寒风就能打透棉工靴。在距市区160多公里的古龙页岩油一号试验平台，1205队和另外几支队伍摆开大钻机，战斗终于打响了。该队第一口页岩油井开钻，目标是35天拿下这口井。

那段时间，1205队同时征战两个战场。一边是第4个"10万米"正在冲刺阶段，大部队在采油三厂撤不下来；另一边是百公里外，崭新的7000米钻机已经就位。张晶两边同时指挥，最多的一天，接的和没接的电话有300多个。

而更大的麻烦至少还有3个：第一个是新钻机刚接手，第二个是26名新钻工刚入队，第三个是地下究竟啥情况还是未知。可以说是，新战场、新装备、新队伍，同时上线考验。

战前动员会上，张晶给大家提前打"预防针"："这次任务很艰巨，我跟家里说了，春节不回家了，一个月，两个月，三个月都可能不回去，就当我们出国打井了！"大伙儿也举了拳头，表示不打出指标就不回家，不胜利绝不收兵！

决心很大，可是当大伙儿第一次见到新钻机，对着全自动化的集成按

在铁人身边的我们

钮,崭新的操作系统,满满一箱子使用说明书,真有些"老虎吃天,无从下口"的感觉。

"连我这个握了十多年刹把的老钻井,脑袋也是嗡嗡的。平时换个手机都要适应好几天,更别说这么复杂的大设备。"一位老钻工回忆说。

"设备关"是要闯的第一个"山头"。张晶说:"换钻机就像换车。咱们就好比原来开惯了手动挡的皮卡车,现在一下子换成了自动挡的大客车,要把这个思维转过来,尽快学会开新车。开好新车,以后就能跑更远的路,接更大的活儿。"

打井,就像打仗,需要有战时思维,斗争状态。张晶安排全队停止倒班,开始强化练兵,向钻井专家学,向兄弟队学,向派驻现场的设备厂家技术支持人员学,上班的在井上实战练,下班的在驻地模拟练,晚上搞理论培训,组织学设备结构和原理。一时间,井队成了训练营,钻台成了练兵场,宿舍成了学习室。几百页的设备说明书变成了工作"宝典",大伙儿看着"宝典"干活,枕着"宝典"睡觉。

老规矩管不了新设备,严实作风和传统却是永远的制胜法宝。张晶和班子成员商量,新设备用上了,要抓紧把新的岗位责任制建起来。

顶着零下20多摄氏度的严寒,张晶带着机械大班对新钻机里里外外走了好几遍。拿着设备手册,把300多个保养点全部核对一遍,一连爬上爬下十多个小时拿到了可靠的第一手资料,把设备保养制度建起来,填补了原来管理制度的盲区。

新钻机上有个机器人,钻工们叫它"铁钻工"。"铁钻工"是全油田第一家用,可参考的东西一点儿没有。各班组分工查压力,查油量,查每一条螺栓的位置,做全身"体检"。

一共找了67项、482个巡回检查点,重新划出17条井场巡检新路线,汇编了 11 项制度。所有项点都有人认领了，每个人都知道自己该干啥了。心里也就踏实了。

任何办法都不能只落在纸面上，得看、得学、得背，更得做实。每天半夜 12 点和中午 12 点，有两个交接班会，张晶都参加，拉过来一把椅子，堵在门口，让别人考他，他也考大家，谁答不上来都不好意思出门。

一个星期下来，新岗位责任制运行起来了，接着，又把擂台赛搞起来，比"接立柱"，比"起下钻"，比"下套管"；一个月之后，岗位操作也熟了，"机械手"动作越来越流畅，大伙儿说："啥时候我们的'机械手指'能开酒瓶盖，那就厉害了！"

26 名新人的到来为全队注入了"新鲜血液"。张晶拿着名册，提前把每个人的情况都吃透，几次提议召开支委会，根据个人履历、特长、爱好和性格，研究分配方案和培训计划。把有海外钻井经历，用过大钻机的，尽可能安排插班，做到新老搭配，优势互补。对有创新想法的年轻人，大胆鼓励，给任务，定目标，新人迅速找到感觉，发挥出作用。

钻机轰鸣着，井深 2000 米之前，打得挺顺，为了提速，张晶继续开动脑筋。原来每 500 米就要短起一次，后来跟驻井专家研究，改成"一趟钻"。在工序技术上用了新办法，节省了时间，一开二开周期都比设计提前了。

操作上熟练了、快了，在工序技术上，张晶也提前想了很多办法。一路挺进打了 2300 米，钻头进入页岩油的主力油层"青山口组"，全队气氛紧张起来。因为，前面有 4 支井队接连在青山口组遇上不同的麻烦，据说还报废了一口井。

青山口组是大庆页岩油的主力油层，易塌、易漏，极不稳定。稍有不慎，就容易卡钻，被大庆钻井人称为"青山口魔咒"。前面没有成熟的经验

在铁人身边的我们

可供借鉴，有的只是兄弟队失败的阴影，张晶聚精会神，准备迎接一场"硬碰硬"的正面遭遇战。

"青山口组"地层情况瞬息万变，特别不稳定。张晶始终与几家兄弟队队长保持密切沟通，了解之前几口井遇到困难的原因，互相提醒、出主意。

夜深了，司钻房不是宿舍，没有床，甚至都没有多余可以坐的地方，但是，这里是最前沿的指挥场所，可以盯着所有钻井参数，可以随时掌握生产施工情况。张晶就"长"在了司钻房，时刻关注"敌情"。

晚上十点多钟，钻进到3460米处的时候，井下果然出现了连续掉块和卡钻。泵压憋得嗷嗷高，如果处理不好，这口井就可能直接报废，大伙儿都很着急。

按照常规思维，车捂了，要加大油门使劲儿轰，但如果只是简单加大钻井泵排量，就会使大块的岩屑堆积形成砂桥，越堵越死。张晶和驻队专家商量，提出梯次开泵，一点一点反复试，几个过程下来，井下情况终于好转，到凌晨4点，井通了！提到嗓子眼儿的心落了回来。

没过多久，井下又接连出现各种异常情况。张晶仔细分析，决定重点在钻井液上"下手"。又经过七八个小时连续鏖战，终于把井壁稳定住了。

在方案上、钻具上、参数上下大功夫，每打一仗，就开出一段路子，就摸出一些地层的脾气，逐渐蹚出一套处理办法、形成一套应对经验。决不能让困难卡脖子，要坚决斗争，斗争到底！

2021年2月11日是农历大年三十儿。晚上六点，钻台上最后一道工序完毕，05队在所有队伍中第一个完钻，全井用时33.1天，比设计提前12.9天。这不是一般的一次完井，是05队征战页岩油的第一口井，是05队勇闯"无人区"的首战胜利！

夜色中的井场，亮如白昼，强烈的灯光，呼应着远方城市的万家灯火，村屯里隐约的鞭炮声,为他们的胜利爆响,全队沸腾了!

这一战的胜利就像一把火炬,点燃了全区参战队伍的斗志,大庆钻探一举创出69项高指标、新纪录,有力支撑了古龙页岩油勘探开发新征程。这一战,打出了铁人队伍的威风和形象,打出了大庆钻井队伍的尊严和信心,打出了大庆石油人的底气和精神!大庆钻探主要领导、油田主要领导不止一次对这一来之不易的战果给予高度评价。

年夜饭张晶和队友是在井上吃的,虽然没和家人在一起,但那顿饭真香啊,能让人记一辈子!

打井,不能光看进尺和速度,还要往思想深处挖一挖。大庆有个好传统,前进依靠两分法。大家越说1205队是标杆,越要自我找差距、查不足,永不自满。

大庆只有一个1205队,全国只有一个1205队,多少只眼睛看着呢!不拿出硬成绩来,能行吗!张晶肩负着"扛旗人"的责任。

要打第五口井了。所有人都憋足了劲儿。张晶时刻盯着施工情况好几宿不敢睡,大庆人就有这个劲儿,需要的时候,一个人能当一支队伍,关键的时候,一支队伍也能像一个人!

完钻前一宿,大伙儿的心都提到嗓子眼儿了。驻队"井长"老牛坐立不安,把安全帽一会儿戴上,一会儿又放下来了,刚坐下又起来。张晶心里特别焦虑,紧张得胃直疼。大班和副队长,一会儿进来一个,伸着脑袋问:"完事儿了吗?"

终于完钻了,所有人都松了一口气,用时18.8天!那天晚上,司钻房里"沸腾"了!1205队朋友圈刷屏了!张晶挨个为兄弟们点赞!48个,一个不落!

5口井,从33天到18.8天,从当初的认识阶段,到攻坚阶段,再到现在的精细阶段，打一口井总结一口井，每次跨出一大步。领导说，05队带起了一股风暴。同行说，05队太厉害了。外地人说，老铁人当年的雄风还在！

1205人一直讲："标杆，就是要干硬活，让人服气的！标杆，就是要创造标准的！"1205人打井，求速度，但不唯速度。不只要争第一，更要出经验。

要把经验固化下来，为后面的大部队扫清道路。张晶就是这个想法。为此，他提出执行"严五条"：第一，每次开泵，必须梯次开泵；第二，钻井液密度不能低于每立方厘米1.71克；第三，起钻悬重不能高于克服摩阻后悬重20吨力；第四，不能长时间定点摆工具面；第五，每次起下钻中途循环，循环点不能重复。

这几年，公司把每支钻井队最好的经验集合在一起，做成一条学习曲线，发给大家共享。在这条曲线上，有一大半是05队的贡献。大家用05队的经验追上05队，05队再去创造更新的经验，重新领跑！在一轮又一轮地自我超越中，05人实现价值。后来，在前面打青山口组时报废的那口井旁边，人们用05的经验，又重新打了一口新井。

张晶打井的故事，三天三夜也讲不完。他总是很谦虚地说："每场胜利，不仅仅是一个人、一个队的胜利，更是技术团队、专家领导整个作战军团共同的胜利，在这个时代打井，是幸福的！"

铁律严明，红色基因强队风

"铁人"说："干啥工作都要有个规矩，有了好的革命作用，队伍就能打硬仗、打胜仗。""关心职工很到位，管得很严，氛围好，队伍没有乱七八糟的事儿。"这是钻井二公司一位领导对 05 队的评价。一个好队,应该是什么样的? 张晶和他的队员们也有自己的看法。

"一条鱼不算什么,一套洗漱用品也不算什么。古人尚且懂得防微杜渐,公私分明,在今天,我们更不能因小失大。"

副队长陈建国不仅记得队长说过的这番话,还能信手拈来队长讲过的"嗜鱼拒鱼"的故事:话说古时候,有个鲁国的国相叫公仪休,这个人最大的爱好就是吃鱼,想求他办事的人,天天排着队把鱼送到家门口,他却全部拒之门外。他说:"这个故事是被我们队长'熏'会的,从他刚来就讲,一直讲到现在。"

恰逢油田各级党组织加强落实"两个责任",05 队班子也经常召开班子会自己"洗洗脸",在思想上"扫灰除尘"。从日常管理下手,把井队物资上、食堂账目上、奖金分配上最容易出现廉洁风险的点,细细过一遍,大伙儿你一嘴我一嘴,先整理出了 3 条要求,再完善成 5 条"规矩",又几经提炼打磨,最终公示上墙:"井队物资一钉一铆不私用;食堂账目一笔一项必公开;奖金分配一分一厘全透明;员工利益一丝一毫都不占;说话做事一言一行正能量。"由此诞生了"五条铁律"。

"五条铁律"好记队、实用,最关键是"铁"。这 5 条,出自 1205 队,也成为整个钻探系统所有队伍的铁律。

张晶带头执行"铁律",兄弟们也各个"铁面"。有人买了新车,想找副队长王磊要一根牵引绳好给新车备条拖车绳。王磊没答应,却把自己车里的大绳送给了他。副队长蔡俊哲的岳父母在农村老家种地干活,很想要几副井队的工服手套,爱人求他,他说:"手套是公家的,我不能带头违反纪律。"

井队要"过紧日子",队长就是"管家"。从钻井材料到生产用油,再

在铁人身边的我们

到食堂物资的领用和发放,每一项,张晶都严格执行干部员工四级联签监管,物资进出库公开透明,所有账目都清清楚楚的。

来采访的记者不禁感叹:"新时期'五条铁律'把钢铁队伍的清廉底色擦得干干净净。"2018年7月26日,中央政治局常委、中纪委书记赵乐际同志到05队视察,在墙上的"五条铁律"前停下脚步,读了一遍,特意叮嘱随行人员把"五条铁律"记下来,并点头说道:"要养成这种公私分明的习惯。"

后来,05队副书记李海洋编了段顺口溜,在公众号上广为传播:"一个老故事,五条硬铁律,盯住'小蚁穴',防止大隐患,筑牢钢铁堤。"

一个好队,就是要纪律严明,令行禁止!

2020年五六月份,全国的疫情形势刚有缓解,张晶接到上级命令,去接新钻机。他率领机械大班修建设、副队长高晨和张兆琦,电工潘佳琦,出征陕西省宝鸡石油机械厂。

张晶心里很清楚,这次出门任务很重,既要保证疫情期间兄弟们的人身安全,又要完成好"接机"任务。

临行前,张晶有言在先:"出门在外,没人认识你是谁,却都知道大庆的1205队。咱们的言谈举止都要拿出05队的标准,无论在厂子里,还是走在大街上,包括出去吃饭,都要时刻牢记自己的身份。谁也不能给铁人队丢脸。"

到了宝鸡之后,张晶又提第二条要求:"以后钻机是我们用,要拿出负责精神,仔细看。""我们大老远来宝鸡,不是来旅游参观的,是来接钻井设备的。就像过日子,家里买个'大件儿',得里里外外看好了,一旦设备接回来,用上了,再发现这事儿那事儿,我们跟家里没法交代。"

"恨不得拿放大镜看了。"队员张兆琦回忆道。

"司钻房有点儿偏左了,不利于司钻操作视线。"

"陕西不像东北,在东北,冬天钻台钻井液冻冰之后,需要用榔头砸。所以,钻台台板必须更加结实,要抗榔头砸。"

新钻机的钻台高 10.5 米,至少三层楼高。从钻台到场地平台上,有一条停放钻具用的斜坡,钻工们俗称"自动猫道"。工作时,人要站在"猫道"上,身体要大幅度探到钻台以外,如果脚下不结实、不稳当,就很危险。经过认真分析,张晶和队员对"自动猫道"支撑托起部分的设计有一些改进意见,决定马上与厂家现场主管工程师联系。

"当时,已经下班了,我们没有吃饭,他们也没有吃饭,就在现场,把问题说清楚,回去怎么改,也敲定了,第二天,他们就把这个事儿解决了。"张兆琦清楚地记得这件事。

出门在外,有很多不适应。陕西的天气干热干热的,让人受不了。当地人的工作节奏也不一样,九点上班,中午还休息。

张晶说,咱们还得像在家一样,该几点起床几点起床,该几点上班几点上班。结果,哥几个比在家工作时间还长,全天 12 小时在井场晃悠。电工潘佳琦说,"我们时刻想着,自己是带着任务去的,都自觉加压。"

到了井场,大家分好工,有人负责查钻台,有人负责查泵房,有人负责查机房,还有人负责查辅助设备,过几天之后,再互相对换看一遍,避免漏点。

钻机组装好之后的调试期间设备生产厂家是不许人员随便上的。听说旁边还有几台大架子在组装,张晶带着大家主动帮忙,边装卸设备,边学机械原理。

把问题一个一个搞清楚了,胸有成竹了,再去跟厂家交涉。

不管什么时候,他们都是身着整齐的红工服,精精神神的。人们一听

在铁人身边的我们

这几个人是大庆 1205 队来的,都说:"不一样!真是不一样!"临回前,张晶拿出一张清单,列了 400 多条问题。厂家很震惊也很感激,马上积极配合,把已经组好的井架重新拆散,再返生产车间整改。后来,钻机接来大庆,他们又派来几名技术人员积极调试。

不到一年时间,改进之后的"智能化一键操作的 7000 米新型钻机"顺利通过出厂验收。大庆人的认真劲儿给厂家人员留下了很深的印象,不久,他们主动提出与 1205 队结成团建对子,要把大庆人的好作风学到手,传回家乡去。

"和军人一样,排着整齐的队伍到现场,下班也是排着整齐的队伍走出公司大门。"一位宝鸡石油机械厂销售经理对这几个大庆人的印象极好。"工作细致入微,对设备很钻研、很爱惜。"

他还发现,他们看得很细,给研发人员提了不少建议,一起完成了设备改进优化的方案,帮大家在设备的现场实用性方面提高了一大块。

争相与 05 队开展共建的,一家又一家,05 队的"亲戚""友好"越来越多——宝鸡石油机械厂销售分公司党支部来了、中国海油奋进号平台党支部来了、大庆油田财务资产部党支部来了、昆仑银行创业城党支部来了、宝石机械国家油气装备研究中心设计研发第一党支部来了……

求是杂志社来了、天津港孔祥瑞操作队来了、马恒昌小组来了、昆仑银行创业城支行和钻技一公司固井六队党支部来了!各个都是慕名而来,共签一份《党支部共建协议》,一次次共同听党课,一次次共同宣誓,一次次深入交流。铁人精神越传越远……

一个好队,就是出门齐步走,干啥一边儿齐!

张晶脾气很好,偶尔也有发急的时候。

"有一次，要换顶驱保护接头，明天换，今天中午他就问，准备好了没有？"余道军说了一件事儿。

"我说，没有，但是已经联系了，今天下午到。他就有点儿急了。"

"他说，假如今天下午送工具的车突然坏了，你怎么办？或者，保护接头送来了，可是突然发现和你要用的东西不符，咋整？"

"假如中间出现点儿'插曲'，那可能就很被动了。"余道军点头，明白队长的意思了。

"明天要用，你昨天下午东西就要到现场。只要开钻，所有东西都要提前备好。只能人等活儿，不能活儿等人。"

打井的快慢，和钻井液的关系很大，如果把钻井液比作钻井循环的"血液"，那测钻井液相对密度，就相当于测血压。打页岩油井，张晶更加重视"测血压"了。钻工们说，队长把钻井液"盯"得紧着呢！

钻井进入油层以前，是一小时记录一次。进入油层水平面之后，是半小时记录一次。后来，张晶要求每15分钟记录一次。

地下好几千米，人又下不去。从这个值能看出很多东西，比如井下的返砂携砂能力，井壁的稳定性。技术工程师余道军解释说："打页岩油，钻井液性能瞬息万变，如果半小时量一次，可能这段时间里，井下产生某项复杂，一复杂，就耽误事儿了。所以队长要咱们加密测，辛苦点，15分钟一次。"

打页岩油井，必须及时测认真测，不能心存侥幸。可能有人觉得15分钟之前刚测一个，又要测，哎呀拉倒吧别测了，想当然填一下数吧。那肯定不行，队长要时刻抽查的。他可是真细、真实、真严！

用30钻机的时候，有个特别特别小的小发明。井队院里铺的黄色方形脚踏板，搬运时，就得四个手指头，插在窟窿里，几个人一起抬，很别扭，

在铁人身边的我们

也费劲。张晶问大伙儿,能不能想个啥招?

有人想出了办法,他焊了一个钩子,在脚踏板侧边,用电焊吹出一个眼儿,一人抓一个钩子,就把脚踏板拎起来了。又提高效率,又安全。就因为这个小钩子,队长奖励他 200 块钱。

奖励就为鼓励大家的积极性。创新不是花架子,是为了实用。要把活儿干好,还要尽可能省力气,少挨累,这是张晶的想法。

工人们对这样的"头儿"很服气,他要办的事儿都是"好事儿",他告诉的话都是"好话"。

钻机上,有个厂家设计自带的钻井液伞,张晶主张给降低了两米。一开始,副队长是反对的。这样的话,井口容易漏钻井液,钻台底下会增加搞卫生的工作量。

张晶坚持降,钻井液伞的位置太高,每次一搬家,就要把封井器吊起来,拆掉才能搬走。挺大的东西,人要爬上去,一样一样拆、取、再装,至少用四个小时。

钻井液伞降了两米后,整托搬家就能跟封井器一起吊起来,省了一次拆装的过程,提高了施工效率。1202 队也学 1205 队这么干,效果不错。

可是,有了这两米的空,就往外飘钻井液,迸钻井液,淌钻井液,下面还得搞卫生。张晶又给副队长出了道题:"想办法,让它不进泥浆。"

张晶提议用铁皮做个圆,放在上面挡住钻井液。副队长和钻工一研究,改成伸缩的升级版,"埋汰"的问题解决了。

"难吗?"张晶故意问。

"不难!"大伙儿乐了。

05 人爱钻研,搞创新蔚然成风。油基钻井液很稠,设备自带的刮泥器汽吹不动,起下钻时,只能靠人工来刮钻杆上的泥。这事儿成了张晶的心头患。他给副队长王磊和蔡俊哲一天时间，必须设计出来！

不到一天，蔡俊哲设计了一个刮泥的，王磊设计了一个井口接钻井液的。两个创意一结合，又能接钻井液，又能刮泥。

"遇到困难的事儿，就要想办法把困难变成简单。"张晶又问："难吗？"

蔡俊哲、王磊同时摇摇头："不难。"

"这个发明，到现在别人家还没有呢！"他俩很自豪。

一个好队，就是人人喜欢动脑筋、想办法！

铁汉柔情，有情有义好兄弟

在05人心里，一个好队的标准还有很多。"一个好队，就是人人看见活儿就想干。就是一天不回队，心里就想。就是在上班的路上，心里就开始琢磨，明天的活儿咋干。"

张晶坚信，人和人，只要同心同德，同甘共苦，同频共振，价值观也会慢慢趋同。他说："跟井队兄弟们在一块儿，一年至少200多天，在一起吃，在一起住，他们就跟自家亲兄弟没啥区别。"

对张晶来说，自己的事都是小事，队员的事都是大事。

2020年2月，新冠疫情暴发初期，全队连续40天实施封闭式管理，全部驻队，不能回家。钻工葛依凡的爱人怀孕才两个月，张晶特意拜托全队唯一在外"打机动"的队员去他家看望，并专门开车接送他媳妇和母亲去医院体检，葛依凡甚为感动。

后来大家才知道，那时候张晶的爱人也是刚怀孕没多久，孕期反应很强烈，可他把媳妇儿交给丈母娘，顾不上了。

在铁人身边的我们

几十天下来,张晶的头发长了,马上想到全队的理发问题。他找领导请示,争取一套理发工具,请干过理发的副队长蔡俊哲帮大家理发。为了让大伙儿放心,让理发师放松,张晶主动要求第一个给他理。"蔡师傅"理得很认真,理完了,大伙儿一看,手艺还不错,就排着队来理发。蔡俊哲给每个人都理了小平头,05队的精气神回来了!

机械大班明建军是05队的"三朝元老",长年在野外工作,身体不好,家庭也有困难,张晶不断奔走,能想到、能做到的,都做到了。他说,井队的兄弟最辛苦、贡献最大,不能让老同志寒心。

张国臣在05队干了20多年。2019年,有一次机会可以调到后线清闲的岗位,可他舍不得走。这位朴实憨厚的老工人,不会说什么漂亮话,但是心里有数。队长不仅是热心肠,而且办事公平,把自己的奖金系数降低,有各种奖项都让给别人,有"出头露脸"上电视、上报纸的机会总是把年轻人往前推。每年建队日,队里都要"过"一下,又是给大家买蛋糕,又是干部工人一起包饺子。在05队干活,是累,是忙,但氛围好,有家的感觉。

"如果每个人都达到司钻的水平,都有这个能力,那咱们队就妥了!"张晶关心兄弟们的生活,更关心每个人的成长。他给队员提出一条要求:"将来有一天,你们都可能离开05队,但有一条,从咱们队走出去的,一定都要有进步!"

张兆琦当副队长任劳任怨,兼任团支部书记干得也不错,被提拔去别队当党支部书记了。司钻小阚代表油田参加全国石油钻井工大赛,张晶安排副司钻葛依凡接司钻,小伙子干得不错,张晶亲切地称他为"葛司"。后来,"葛司"又接了张兆琦的班干上了团支部书记。高晨是一个"油三代",刚来05队时,对干机械大班的工作有畏难情绪,怕干不好,有压力。张晶经常鼓励他，人前给"撑口袋"，私下常敲打提醒严格要求。小高慢慢树立了信心，工作越干越出色，当上了副队长。性格内向的修建设自从当上机械大班，搞了不少小改小革，成了全队有名的机械小能手。

张晶到任没多久，对每个人都吃的很透。哪个内向，是个闷葫芦；哪个脑筋活泛，多才多艺，善于表达；哪个爱钻研，对小革新有想法他都心中有数。

"我们班子达成共识，因材施用，能拉一把拉一把，能送一程送一程。"前任支部书记刘德伟、现任支部书记段永坚都这么说。

"一个接一个'起来'了，个个有股子往上冲的劲儿。"老工人张国臣扳着指头数着年轻人的名字，充满自豪。

一开始因为疫情影响了钻井进度，时间已经过半，才打了4万多米。张晶一边抓生产，一边给大家"卸压"："干不好，责任是我的，你们的任务就是好好干活儿，保证安全！"2020年12月24日，05队实现了"10万米四连冠"。

走进05队的食堂，一面主题为"1205温馨的家"的照片墙，特别吸人眼球。几十张花花绿绿的全家福照片上，绽放着全队每个家庭、每张脸上的笑容。

"虽然工作忙，不能常回家，但是在这里能看见老婆孩子！"电工潘佳琦一指墙上他家的"全家福"，调皮地一笑："这是我们队长出的点子，他心特别细。"凡是05人，都能讲几个张晶队长和他们家人的故事。

钻井液大班于刚的全家福是2019年结婚时拍的，他终于要"脱单"结婚了，钻工找个媳妇儿不容易，张晶特别替兄弟高兴。婚礼前一天，正好一口井完井。张晶就张罗大伙儿去给于刚婚礼撑场面："能去的都跟我去！"于是，几台车塞得满满的，风尘仆仆赶往哈尔滨巴彦县参加婚礼。

于刚的母亲一看，儿子单位一下子来了这么多人，队干部还亲自到场，喜不自禁。张晶向老人家表扬了于刚人朴实，工作认真，又把兄弟们一个一个做了介绍。老人家抿着嘴乐："这些年，就我和我儿子生活，家里也没什么亲属来往，今天你们都来了，我真高兴！"

第二天婚礼，一行人忙前忙后，成了"接亲"主力军。上午，婚礼结束，张晶带队悄悄退场，饭都没吃，就赶回去接新井位了。

05队有一半队员的家在外地。2018年夏天，工程师余道军的老母亲从湖北老家来大庆。得知老人第一回来东北，张晶特意安排把老人接到队里，队长、书记的爱人孩子也都赶来给老人接风儿。

三代人围坐一桌，张晶热情地陪老人聊天，给老人夹菜，两位媳妇儿嘱咐道军说，家里有啥困难吱声，别让老人惦记。大伙儿吃着聊着，室外寒风凛冽，屋里有说有笑，亲得像一家人。席间，张晶把余道军工作干得好，先进事迹上《工人日报》的事儿讲给老人听，感谢她为05队培养了这么优秀的工程师。

"当时队长刚来队任职不久，竟然对余道军了解这么多，准备这么细。"副队长陈建国打心里佩服队长。虽然听不太懂余道军母亲的湖北方言，但老人有一句话连续讲了很多遍，钻工们都记住了："谢谢你们、谢谢你们，我放心了、我放心了。"

铁意忠诚，家国情怀明大义

张晶记得家里每个人的生日，却很少有时间赶上回来给他们过生日。他心里装着爱人程芳、大儿子叮叮和小儿子当当，虽然这个四口之家不能像别人家一样朝夕相处，但他们的兴奋点始终都在同一个频道上，比如，一见到"石油红"就觉得亲；张晶回家的日子，就像过年一样；一听说跟 05 队有关的好消息，都高兴。

叮叮刚学说话，用稚嫩的奶声在电话里问："爸爸，你什么时候回家？"好不容易盼回来了，又不放心地问："爸爸，你啥时候走？"

2020 年 9 月，小儿子当当出生时，张晶已经到 1205 队任职两年多，打"10 万米"，上"页岩油"，又抗击疫情，忙。有时趁着回公司开会，抽空回家住一宿，总是晚晚回，早早走。进门时，小儿子在睡觉，出门时，宝贝还没睡醒。临走，他总是蹑手蹑脚地走到孩子的小床边，再看一眼，再亲一下，恋恋不舍。

伴随着 1205 队的捷报频传，孩子们慢慢长大。

大儿子和妈妈一样，很珍惜和爸爸在一起的日子，每次短暂的相聚，都希望时间能过得慢一点儿。他在很小的时候就去过铁人纪念馆，听过铁人的西北腔，还跟 1205 队的锦旗照过相；他以爸爸在 1205 工作为自豪，为此，他从小崇拜"钢铁侠"，喜欢"石油红"。

那天晚上，手机视频里的爸爸神秘地对叮叮说："儿子，看，这是我们的新钻机！它有 60 多米高，能往地下打 7000 米深！高大帅不？像不像钢铁侠！"儿子被爸爸的情绪感染，使劲儿地点头。

听说媳妇要入党了，张晶挺高兴，回家就给大儿子讲党史故事，讲为啥要交党费。儿子听得似懂非懂。

2019 年 9 月 26 日，在大庆油田开发建设 60 周年庆祝大会上，五岁的儿子在电视上看见了一身红装的爸爸。他代表油田所有职工发言。

2021 年 7 月 1 日，在中国共产党成立 100 周年的庆祝活动上，七岁的儿子从照片上看见了亲爱的爸爸。

2021 年 8 月 28 日，大庆油田古龙陆相页岩油国家级示范区和古页油

在铁人身边的我们

平1井的揭牌仪式在黑龙江大庆举行，七岁半的儿子又在电视上看见了帅帅的爸爸，他正举着拳头宣誓。爸爸的红工服，融进了红色的海洋。爸爸的声音，和台下叔叔伯伯们的声音汇在一起，撼天动地，震耳欲聋。

爸爸最光荣的时刻都穿这身最帅的衣服，他也想像爸爸一样！姥姥到处买也买不着，就用张晶的旧工服给外孙改制了一套，从此，这套小号红工服就成了孩子的节日盛装。

儿子经常从手机新闻里看见爸爸，却越来越少看见真实的爸爸。他想爸爸的时候，就趁妈妈不注意，偷偷亲一下手机或者电视屏幕。或者悄悄给他写信。程芳悄悄拍了一张照片发给张晶。那是一封一年级小学生的、汉字中夹杂着拼音的一封信："我的爸爸是1205队队长，我爸爸很辛苦，我想去我爸爸单位，我的愿望是让我爸爸回家。"百公里之外的井上，张晶看得心里一热，眼泪差点儿掉下来。

张晶也想自己的爸爸，有时候也会悄悄流眼泪。

2019年9月的一天，张晶接到家人电话后，眉头拧成了疙瘩。父亲又脑梗住院了。张晶的脑袋"嗡"的一声。二次脑梗，往往比第一次更危险、更难治愈。可是由于井上出了复杂情况，他一时难以脱身。张晶给媳妇打电话，让她马上去医院，自己躲在值班房后头急哭了。

第二天傍晚，安排好井上的工作，张晶用最快的速度赶到医院，推门看着躺在病床上的父亲，他的眼圈一下子就红了。都说"养儿防老"，谁不想在父母需要的时候及时现身？谁不想常回家看看？但他身后还有一个更大的"家"啊！

到了医院，他把别人都撵回去休息，自己留下照顾父亲，翻身，换药，拔针，打针，整夜未眠。第二天天一亮，他把医生交代的注意事项向媳妇仔细嘱咐了一遍，早饭没吃就回队了。临走的时候，一步三回头。

病床上的父亲正在日渐衰老。这位朴实的农民，种大地、干农活，并不知道太多高深的理论，但他知道儿子工作干得不错，井打得好，总得奖，是"出息"人了。只是，他总忙，没时间。他的时间都去哪儿了呢？

三年时间，张晶带队探索应用"一趟钻"工程等新技术10项，创下12项钻井纪录。钻井效率、钻井效益、钻井质量始终走在大庆钻探乃至全国前列，1205队成为"破纪录专业户""领跑专业户"，也始终保持着"获奖专业户"的美誉。

队荣誉室里，又新添了一组奖牌——全国文明单位、中国石油工程技术金牌队、大庆油田功勋集体和新时代振兴发展标杆……

"必须把老队长传下来的红旗扛好，必须把井打好！"这是张晶给自己的硬任务，至于组织上授予他个人的"全国五一劳动奖章""中国石油劳动模范"这些荣誉，他认为，这更是一种激励和压力。

2021年9月初，黑龙江省旅游发展大会在牡丹江市隆重开幕，时任省委书记、省人大常委会主任张庆伟在开幕式上激动地讲道："我参加了页岩油揭牌仪式，1205队喊出了精神风貌，自己的事儿还得自己干！提升士气！"

那个被省委书记表扬，"喊"得好，干得更好的人，就是张晶！

人们还记得，在此前的8月28日，大庆古龙陆相页岩油国家级示范区建设推进会暨示范区揭牌和古页油平1井揭碑仪式举行，张晶率队为之奋斗的大庆油田古龙页岩油发展进入了新阶段。

那天，1205钻井队队长张晶作为示范区建设单位员工代表上台发言，他喊出"党之大庆，绝对忠诚，时代有我，用我必胜！"铿锵誓言让人热血沸腾，在广袤油田上空久久回荡——

那天，39岁的张晶作为全国劳模代表，受邀来到北京，在天安门广场

在铁人身边的我们

参加了中国共产党成立100周年庆祝活动。他在现场聆听习近平总书记讲话，激动得热血沸腾，强烈地感受到了祖国的强大，党的伟大！作为一名共产党员，作为一名钻井人，在这个时代，他有太多事情要做！

那天，又一口页岩油井完钻了。他依然关心这口井的生产情况。他请教过专家，古龙页岩油含油丰富、油品好。页岩油富集的地方，足球场那么大的面积所含的石油就可以让一艘"辽宁舰"航母不间断航行100余天、让中国制造的C919大型客机飞行50万公里，约绕赤道12.5圈。

生逢其时，何其有幸！张晶有满心的想法，有浑身的力气，只要国家需要，油田需要，他不仅仅要打页岩油，还要打致密油、致密气，要不断突破，闯进"无人区"！

征途漫漫，惟有奋斗！井，在一口接一口地打下去，纪录在一个又一个创出来。张晶带着他的队伍，用石油人自己的方式为党奋斗，为国奉献，诠释忠诚！在他心里，大的会战还在后面，05队的旗帜永远要在前面！！

这几天，东北迅速降温，马上要进入冬季。人们要躲进暖室里"猫冬"了，而那正是张晶和队员们迎风斗雪的"好时候"，他们正在建设世界一流现代化百年油田，在能源报国的道路上接续奋斗，让"爱国、创业、求实、奉献"焕发新时代光彩。

向上向前的力量
——来自1205钻井队的新故事

荒野之上，钻机轰鸣，钻头挺进，奔向油层。又一口数千米深的页岩油井将要诞生。天地之间，一股浩然之气激荡不息……

这是一群平均年龄36岁的年轻人。他们没有经历过艰苦的创业年代，却像老队长当年一样把"我为祖国献石油"视为神圣使命和一生荣耀。他们铁心向党、满腔忠诚，他们意志坚定、不畏艰险，只因这支队伍是党领导的，是铁人带出来的。无论岁月如何更迭，他们的精神永远向上，脚步永远向前！

这支队伍就是大庆钻探工程公司钻井二公司1205钻井队。

这是2023年松嫩平原美丽的仲夏夜。星星在钻塔上眨着眼睛，仿佛是铁人老队长深情的目光。如果他还活着，今年刚好100岁了。星空辽阔，大潮滚滚。前人靠什么赢得胜利走到今天，后人就一定能靠什么赢得未来。

他们是"后浪"——1205钻井队的年轻人来了！

战斗，在清晨打响

天像被捅了一个窟窿，大雨倾盆而下，地上迅速积起一个个小水洼，

在铁人身边的我们

小草和小花被雨水砸低了头，街道上的汽车缓缓"航行"，雨刷器疯狂摆动，司机心中叫苦，这鬼天气！此时，在远离城区、无遮无拦的荒野上，连续多天的暴雨正在为难一支搬家的队伍——1205钻井队。

道路泥泞，车行艰难，几名队员扛起一根根钢管正向百米外的新井场前行。上百斤的重量压在陈建国的肩头，雨水沿着眼镜片往下流，他脚下忽然一滑，右脚的工靴陷入泥里。他怕同伴停下来等他会耽误时间，便毫不犹豫地从泥里拔出脚，光着脚继续前行。他心里只有一个想法：井队就等这批钢管开钻了，就算老天下刀子也要上！

新井场上，小个子副队长蔡俊哲戴着红臂箍，正冒雨指挥一台台拖拉机和吊车艰难而有序地就位。从早上开始，他已经在井场上奔波超过10小时，靴子里灌满泥水，双脚被泡得浮肿，磨破了口子他也全然不知。他心里装着更重要的事情：一班负责的老井场、二班负责的新井场、三班负责的场地、四班负责的平台，四个区域是否井然有序，车辆通行是否顺畅，安全准备是否万无一失，各项工作流程的前后衔接是否紧密……

台风已从沿海刮到了东北地区。队里接到紧急任务，两天内完成搬家，转战到70公里外的龙虎泡地区。连续几场大雨，使井场成了沼泽，道路如泥潭，一台台大型设备深陷泥水中，让拖拉机也无可奈何。队长张晶决定，把设备放到自制拖船上，再用钢丝绳连接自制拖船，靠人力将设备拖往井场。十几米长的钢丝绳套有大擀面杖那么粗，平时一个人都很难拿得动，而此刻，钢丝绳像是在泥水里扎了根。张晶带着几员猛将站在没膝深的泥水里拼命拽绳套，双手的虎口很快被勒出血印，汗水湿透了雨衣里面的工服。连日的劳累使张晶胃病复发，剧痛难忍，但他咬着牙坚持和大家一起在大雨中奋战近10小时，实现了井队当天就位、当天开钻的目标。事后，他被紧急送医，医生说，如果再晚来一会儿，胃就穿孔了！

荒原上，仿佛又响起60多年前战天斗地的号子声——

"石油汉子，呦嘿，一声吼啊，呦嘿！地球也要，呦嘿，抖三抖啊，呦嘿！"那是他们的老队长铁人王进喜带着大伙儿把井架立起来了。

"这困难，那困难，国家缺油是最大困难；这矛盾，那矛盾，国家建设等油用是最主要矛盾。"那是老队长发自肺腑、振聋发聩的话语。

老队长，我想和你说说话

"这是一位富有经验的优秀操作手，他叫葛依凡……"2022年7月12日的晚上，一户人家目不转睛地守在电视机前，观看中央电视台的"焦点访谈"。电视屏幕中，一位帅气的小伙子正在钻台上工作。他头戴红色的安全帽、身着红色的工作服，还有一双目光清澈、自信满满的大眼睛。电视屏幕前，一个蹒跚学步的小娃娃激动地指着屏幕，用奶声奶气的童声喊着"葛依凡、葛依凡、葛依凡，爸爸"，孩子的奶奶笑着笑着，眼里就噙满了泪花。

那年隆冬时节，刚入职不久的葛依凡给母亲发了一张照片，照片上是刚陪主人下夜班的一条"站着"的棉裤，它沾满了被冻住的泥浆。一想到从小宠爱有加、细皮嫩肉的儿子在井队受苦，当母亲的眼泪就止不住了。儿子却安慰她："妈妈，这没什么，大家都这样。人家能受得了，你儿子有啥不行呢？"

不过，他没有告诉母亲，他这个新人每次扛起一袋重50斤的泥浆处理剂时是多么狼狈不堪。一个班运80袋泥浆处理剂，师傅们将袋子轻松扛上肩，个个行走自如，而他的动作又笨又慢，没多久就双腿打晃，气喘如牛。有人看他这副样子，便开玩笑地说："那腰啊，软得像面条。"羞得他恨不得找个地缝钻进去。长得好看有什么用？要干得漂亮才行，要像姥爷那样。妈

在铁人身边的我们

妈说他长得像姥爷。家里珍藏着一本20世纪60年代的油田英雄谱,在一张很旧的照片上,年轻的姥爷微笑着,胸前戴着大红花。后来,他和姥爷一样也干上了钻井,可他的胸前没有大红花。

一年后,当年笑他的师傅对徒弟刮目相看,不嫌脏、不嫌累,眼里有活,走路生风,简直像是换了一个人。快人快语的师傅逢人便说:"这小子大钳使得特别好,属他使钳子我最放心。"殊不知,为了练好基本功,葛依凡下足了功夫。休假回家,母亲见到他满手的大血泡,眼圈一下子就红了:"儿子呀,疼不疼啊?不行咱别干了。"他赶紧把手背到身后,倔强地摇头,说:"等血泡破了,长出新皮就好了。妈,这跟我们的老队长比,不算啥。"

母亲发现儿子变了。饭量大了,肌肉结实了,人也勤快了。家里的水龙头漏水,他要修。母亲说:"算了吧,你也没干过。"儿子说:"人不是天生啥都会的,但可以学。"

母亲不太了解儿子工作上的事情,却记得他连续5个生日都是在井上过的。怀孕的妻子太想他了,有一年,悄悄带着生日礼物跑到井上,给了他一个大大的惊喜。

母亲知道儿子当上司钻了,在很远的地方打井。儿子带的二班干得不赖,接单根的速度在全队最快。他们还摆起了擂台,邀各班组"不服来战"。全队掀起了一股"比武小旋风",你干得快,我比你更快;你干得好,我比你更好。

2021年,在中国共产党成立100周年的前夕,大庆油田铁人广场上,数以千计的年轻人在铁人雕像前集结,刚满5年工龄的葛依凡作为新党员代表发言。不久后,他又去北京参加中国石油天然气集团有限公司的表彰大会。在公司总部机关一楼大厅,他见到一尊高大的铁人雕像,心里不禁有太多的话想和老队长说。

母亲又流泪了，因为高兴。曾经上学时让她发愁的儿子，在石油系统钻井工技术技能大赛中拿了大奖。这孩子集训时连走路、睡觉、吃饭都在看书，好不容易回一次家，竟央求母亲帮忙："您戴上眼镜，考考我呗。"母亲以为自己听错了，谁知还没念完题目，儿子的答案已脱口而出。母亲故意逗他："行了吧，你就是一个石油工人。"他对母亲说："在我们队，凡是参加比赛的人从没有空手回来的，我也不能比别人差。我们张队长说了，从1205钻井队出去的，就不能有不好的钢铁。你儿子我，一定行！"母亲听后，使劲儿点头。

那天，难得休假回家的葛依凡开车带着父母、妻子，还有襁褓中的儿子，再赴大庆铁人王进喜纪念馆。葛依凡把可爱的儿子端在胸前，和老队长拍了一张合影。在他们身后，秋光明媚，铁人手扶刹把深情地看着后辈。晚上，葛依凡在微信朋友圈中深情地写道："小葛同志，虽然你只有10个月大，但是爸爸希望你长大后，为党、为国家、为你所在乎的一切，竭尽所能！"

这位1992年出生、被张晶队长亲切地称作"葛司"的葛依凡，在他的微信朋友圈中，队友们时常给他写的小感悟点赞，因为那也是大家想说的话：世上总会有一束光，穿破乌云照亮前行的路，与坚定的内心遥相呼应。那样，我们就有足够的力气奔赴远方的梦想。

从嘉陵江畔来到北方油城

在嘉陵江边长大的赵潘，小小的个子，白净的皮肤，还长着一张娃娃脸。他说话很幽默，主意也很正。2020年大学毕业前，他便郑重地向女友通报："我决定去大庆油田了。"到了大庆，单位征询毕业生分配意向时，他

在铁人身边的我们

毫不犹豫地选择了 1205 钻井队。

洁白的雪花飘落在广阔的原野上，飘落在钻井平台上，也飘落在刚诞生的崭新井口上。2021 年 2 月 11 日，农历除夕，赵潘的 24 岁是随着一口新井的诞生一并到来的。这位满脸稚气的四川娃，从没想过入职后的第一个春节竟是在荒野中的井场度过的。

大庆油田勘探的主战场转向页岩油项目，队长张晶主动请缨，率队征战新的战场。扛红旗的队伍必须走在前面。

一号平台上 7 支钻井队摆开了阵势，摽上了劲儿。那时候，有人替 1205 钻井队捏了一把汗。有的说，页岩油情况太复杂，他们没碰过，恐怕拿不下。有的说，他们没摸过 70DB 型自动化钻机，现学也来不及。有的说，打深井的技术不好掌握，他们没经验，干不好丢面子。还有的说，外面来的竞争队伍很强，1205 钻井队可是标杆队，比不过会砸牌子的。

张晶一直给大伙儿鼓劲："这几年，咱们一年拼下一个'十万米'，不管是 2018 年的连天暴雨，还是 2019 年的三场台风，甚至 2020 年的突发疫情，咱们都是连续冲锋、迎难而上的。再加上精益的钻井思路，咱们有实力、有信心取胜。但是，每一场胜利都不是轻轻松松、敲锣打鼓得来的，是不是标杆，得干出成绩。习近平总书记嘱托我们'要把红旗扛下去'，如果怕丢面子、怕摘帽子，就会被奖牌压住，就只能干看着别人往前跑了！"

"上！"是 1205 钻井队的态度。战争年代，忠诚是流血牺牲；创业年代，忠诚是革命加拼命；现在，忠诚就是关键时刻豁得出来、顶得上去，就是"时代有我、用我必胜"。

开弓没有回头箭。早在元旦前，大伙儿就有了思想准备，这个年不能休了。队长带头跟家人说："就当我们是出国打井了。"从那天开始，大家一起吃住在井场,很多人在车里装满了日用品,准备打持久战。新人赵潘加入战斗,就像一块生铁投入火热的熔炉中。

一个又一个的"第一次"来了。1205钻井队身经百战,可打页岩油井却是第一次;1205钻井队历史上换过8种钻机,而操作眼前这台70DB型自动化钻机却是第一次。全员闭关,咬紧牙关,过设备关、责任制关、技术关,和想念家人这一关。

春节前的比拼异常激烈。对赵潘来说,除夕这一天似乎跟平日没什么区别,大哥哥们都在自己的岗位上。他跟着师傅从早上一直忙到晚上6点,当最后一道工序"固井"结束时,听到鞭炮声响起,他才意识到过年了。

苦战33天,1205钻井队终于在所有钻井队中率先完钻。这一天,赵潘和队友们在食堂一起吃了饺子,还收到了单位发的大红包。虽远离城市灯火,没有花前月下,父母、姐姐、女友也不在身边,却有全队大团圆。这个年的味道真是不一样。

除夕之夜,井场上亮如白昼,高耸的钻塔下,是热血沸腾的青春。赵潘的亲人从1205钻井队微信公众号的视频里,看见他戴着石油工人的棉帽子,身板更壮实了,他们都很放心,也为赵潘感到骄傲。

还有一件喜事。赵潘毕业的第二年,他的女友便毅然放弃家乡的工作,千里迢迢为他而来。很快,性格爽朗的川妹子也和恋人一样爱上了这座著名的北方油城。这个结果并非偶然,在他们的家乡四川省南充市,几乎无人不知大庆油田和铁人王进喜。去大庆,就是奔赴光荣,更何况还有爱情?她喜欢大庆的冬天,外面冷冷的,屋里暖暖的,感觉真好。她还喜欢牵着赵潘的手,在美丽的三永湖边散步。有爱的地方就是家,走到天涯又何妨。从此,这座油城又多了两位年轻的市民。

在铁人身边的我们

冬天的钻台没有童话

2022年应届毕业生曾锦鹏的到来，使赵潘升格为小哥哥。然而，这位皮肤黝黑的高个子西北小伙儿却没有赵潘那么幸运。他工作后遭遇的第一个冬天，让他感受到了东北严寒的滋味。

钻机隆隆，钻头向地下挺进……晚11点，急促的闹铃声把睡梦中的曾锦鹏喊醒。他揉揉眼睛，从暖暖的被窝里爬出来，穿上厚厚的棉工服，蹬上重重的棉工靴，推开门，一脚迈进风雪里。今晚，曾锦鹏迎来了人生中的第一个零点班。此时的天气状况是四级大风加小雪，气温是零下35摄氏度，他将在零点上岗，直到第二天中午12点才下班。

作为一名井队实习生，他的阵地就是罐区，任务是每隔半小时向钻台汇报最新的泥浆比重和黏度数值。为取值准确，他要脱下手套，用干净的水清洗器具。第一次取值开始了，他没想到天气这么冷，量杯里刚打好的水，转个身的工夫，水面就结了一层薄冰。

30分钟后进行第二次测量，60分钟后进行第三次测量，然后是第四次、第五次……量杯把长夜切割成了一段一段。真冷啊，他一边仔细擦拭各种器具，一边不停地搓手，活动着冻得几近麻木的手指。平时很快能完成的工作，此时慢了不少。早上7点吃饭时，他发现自己的脸是僵的，拿筷子的手指已经没什么感觉了。25岁的曾锦鹏第一次领教了什么是东北黑龙江的冷，什么叫"风吹在脸上像刀刮"。

不过，他很快就意识到，天冷不算什么，更大的考验还在后面。那是他上第二个夜班时，和一台被拆得肚皮敞开的大泵折腾了一个通宵后的切身体会。他知道这个为泥浆循环提供动力的设备很重要，就像人的心脏，如果它出了问题就有可能发生钻井事故。

那晚的曾锦鹏毫无困意，注意力都集中在这台需要保养的大泵上。从头一天下午到第二天天亮，他协助师傅们给大泵换了5个阀体、5个阀座和5个缸套活塞，直到大泵焕然一新，恢复活力。自从有了那一晚与大泵的亲密接触，当他再听大泵的轰鸣声时，便多了几分亲切感，就像听一位老朋友在唱歌。

曾锦鹏永远忘不了第一次独自看管泥浆罐时，心情是多么紧张。怎么调分配器，怎么调振动筛，即便已将操作流程默默重复好几遍，心里还是七上八下的，怕一旦出错，泥浆从罐里流到地上。可生产不等人，硬着头皮也得上。人的进步就是勇敢地翻过很多个"第一次"，就像师傅说的，操作设备没有想象中那么难，慌是因为不熟悉。只要平时勤学苦练，钻台上有任务时知道怎么配合，心就不会慌了。

和井队搬家相比，以往的苦和累，都是毛毛雨，搬家时那种"劳其筋骨"的滋味一言难尽。曾锦鹏连着抡了3天大锤，下班后累得不想吃饭，躺在床上胳膊和手都是麻的。好不容易睡着了，可梦中的自己还在抡大锤，早上起来浑身酸痛。熬过了身体的苦累关，精神便获得了一种飞升。偌大的井架被放平、拆散，变成数百上千个散件后，师傅们用最简便的方法、最省力的操作，把所有管线和法兰全部连接好。当井架被重新立起来的时候，曾锦鹏的心中感到无比震撼。60多米高的井架顶天立地，威武雄壮，他有了满满的成就感。

就像张晶队长说的，现在觉着苦和累，但只要坚持下来，在将来的某一天回想起来这段往事，会发现所有的汗水和付出都是值得的，人生是精彩的。有的人倒在了开始的这段路上，和那些到达终点的人相比，差的只是咬牙坚持的过程。而人生的差距，就在于此。

师傅们

门开了，一道强烈的阳光射进来，一个瘦小的身影走进1205钻井队的工程师房。正埋头工作的技术员赵潘看见来人，马上眉开眼笑地说："哎呀，师傅，你咋来了？"

不一会儿，好几个人都围过来和来人打招呼。赵潘的师傅余道军呵呵一乐，说："这几天下来驻队，和你们离得近，就来看看。"他一边说着，一边摸摸这儿、看看那儿。这间房子他太熟悉了，虽然已调走大半年了，但和大伙儿一同奋战的情景还时常浮现在眼前，就好像发生在昨天。余道军在这个队工作了11年，是从这里成长起来的。

时光倒转。那年夏天，实习生赵潘成了余道军的新徒弟，师傅走到哪里，徒弟就跟到哪里，形影不离。队友们发现，这俩人在一起时产生了某种神奇的变化，平日里言语不多的师傅成了话痨，而说话总是喋喋不休的徒弟却成了爱思考、"想静静"的人。

师傅说，钻井看似是个粗活，却粗中有细。想打好一口井，心里要先有一口井，要将整个钻井流程吃透，烂熟于心。干着这一步，要想到下一步。测量数据一定要准确，测出的数据差个一两毫米，都会造成不一样的结果。师傅还说，别人工作12小时可以下班，可技术人员就别这么想，关键时刻二十来个小时都睡不了觉是很正常的。

晚上10点的钻台上，徒弟的两只眼皮沉得直打架。从早上6点多爬起来，一直干到现在，长这么大还没这么熬过。他的眼睛充血，头痛欲裂，只要一闭眼睛，恐怕站着都能睡着。他鼓足勇气，吞吞吐吐地说："师傅，我，我想，去睡觉……"

师傅盯着他的脸看了看，说："去吧，回去好好休息一下。"

那天，井上异常繁忙，工序环环相扣，不容有失。余道军没想到，半小时后，赵潘裹着一身寒气又回来了，他要和师傅一起奋战。赵潘知道，在井队搞技术工作是挺熬人的，所以要学会插空休息，精力不充沛，脑子就不好使，就有可能做出错误的判断，严重的话会造成事故。师傅告诉他的"科学睡觉论"使他茅塞顿开：人的意志可以被锻造成钢铁，但人的身体不是钢铁，不会休息的人就不会工作。师傅为啥能连续20小时不下司钻房高效工作？靠的是苦干、巧干，而不是蛮干。过去铁人老队长干活也是讲究方法的。

2022年，因工作需要，余道军被调到油田机关勘探事业部，赵潘开始独当一面。赵潘的进步特别快，也越来越有他师傅的风范了，队里的人都看在眼里。其实，在这个队，每个人都曾有一个带自己入门的师傅，王进喜有师傅，李新民有师傅，张晶有师傅，葛依凡有师傅，余道军有师傅……渐渐地，他们成了师傅的样子，之后又成为别人的师傅。就这样，一茬接一茬、一代接一代传承着。

歌声，响彻婚礼殿堂

2021年6月6日，因为工作原因一再推迟婚期的陈建国终于要结婚了。婚礼前一天，队长张晶领着倒班的兄弟们从新娘家到新房，一趟一趟地跑路线，并帮着布置新房。婚礼当天，张晶和党支部书记段永坚一大早来到小区，像指挥井队搬家一样协调车、安排人，确保婚礼车队一路畅通。

"算一算，咱们兄弟一年得有200多天在一起吃、住，在一起干活，跟亲兄弟没啥区别。"张晶的话贴心，做的事更暖心。一年在家待不上几天的队干部，休息时间像金子一样宝贵，可他们为了队员的婚礼，忙了整整两

在铁人身边的我们

天。婚宴最后，张晶带着大家走上舞台，高唱队歌《踏着铁人脚步走》：

> 高举红旗去战斗
>
> 踏着铁人脚步走
>
> 雄纠纠，气昂昂
>
> 泰山压顶不低头
>
> 为革命献石油
>
> 胸怀祖国望全球
>
> 甘为革命挑重担
>
> 我们是无产阶级硬骨头
>
> ……

一群生龙活虎的年轻人，歌声高亢嘹亮，响彻婚礼殿堂。亲友们使劲鼓掌，高声说："不愧是铁人的钻井队，真像样，真像样！"

新娘说："这是我收到的最好、最珍贵的新婚礼物！"

这首队歌不仅队员们会唱，他们的妻子、孩子也都会唱。因为疫情，1205钻井队有一段时间实行封闭式管理，党支部副书记李海洋代表党支部，在"05队大家庭"微信群里跟大家说了一番心里话："向全队家属的支持表示感谢！我们在这都挺好的，请你们放心。请你们在家也做好防护，等疫情过了咱们再相聚。"家属们知道他们在安全的环境里正创造新的成绩，都感到很欣慰。

张晶的大儿子在幼儿园参加活动时，最喜欢头戴小小安全帽，身穿姥姥做的小小红工服，最拿手的歌是《我为祖国献石油》，因为他认为爸爸穿红工服上台领奖的样子最帅，爸爸唱这首歌最好听。张晶两岁的小儿子想爸爸了，就捧着一本《中国工运》杂志，对着封面上身穿红工服的爸爸亲一下，盼望他早点回家。

正常倒班的时候，余道军一般是上井7天，回家休息2天，忙时回家的次数就更少了。为了让哺乳期的妻子吃上饭，他归队的前一天晚上都会把自己关在厨房里，忙到很晚。一次，单位领导去家访，顺手打开冰箱门，看见里面是摞了好几层的保鲜盒，每个保鲜盒上都贴有标签，上面写着食品的做法。那是他临走前，连夜为不会做饭的妻子备下的、足以食用一周的半成品食材。

疫情之初，谷宏达主动承担起井队的防疫工作。6岁的女儿问："爸爸，防疫工作既辛苦又危险，你为什么要去做啊？"他说："爸爸是队里的党员，要守住井队这个家。只有守住小家，才能守住国家。"

尽管技术员杨季冰工作的井场距离他正在装修的婚房不到8公里，但工作在身，他不能分身在未婚妻需要时去帮忙。未婚妻从无一句怨言。一个酷暑天，未婚妻偶然得知杨季冰正在距离自己不远的地方清理道路，就立刻带着冰棍来慰问，到了就帮着他干活。两个人从烈日当空一直忙到夕阳西下，才依依惜别。环卫阿姨竖起大拇指说："铁人的队伍不愧是咱们大庆的标杆和旗帜。我给你们小两口点赞，给铁人的队伍点赞！"

工作间隙，1205钻井队党支部组织了一次拔河比赛。各班组斗志很高，就像每次搞"接立柱"擂台赛一样摩拳擦掌，悄悄开练。工程师组的瘦子多，李海洋就把自己和张晶分过来增加力量，但还是有班组放出话来："要是能碰上工程师组，那我们肯定进前三名了。"工程师组的余道军、赵潘、赵坤鹏、王嘉梁、杨季冰和谷宏达不惧困难，认真研究战术。最终，他们将每个人的力量完美地结合，出人意料地拿下了对手，得了第二名。

年轻人似有所悟：工作就是一场拔河，每口井都是靠合力"拔"成的啊。

在铁人身边的我们

诗句，写在钻塔上

杨季冰个子高，戴着眼镜，文质彬彬，他对很多事物都充满强烈的兴趣。他是1205钻井队的技术员、第四届全国油气开发专业职业技能竞赛暨集团公司首届技术技能大赛钻井司钻井控技能竞赛个人金牌得主、"集团公司技术能手"称号获得者，还是一位在大庆钻探系统小有名气的诗人。

他最崇拜的诗人是老队长王进喜。

60多年前，东北的3月仍天寒地冻，西北风裹着雪花不时发出怪叫声，拼命地往井队住的牛棚里钻。老队长坐在羊草堆上提议："咱们作首诗怎么样？"

大老粗也要作诗？牛棚里响起了哄笑声。

"你们笑啥？我先来第一句。"老队长听着呼啸的风声，想起白天在去指挥部的路上被风吹得冷飕飕的感觉，就说："呼呼的北风好像是——电风扇。"

大家说："不错！"

这时，就着雪吃干粮的队友许万明接了下一句："白雪，白雪就好像是炒面。"

老队长的灵感又来了："四面八方来会战。"

队友周正荣接上说："要夺头号大油田。"

"说一千、道一万，还得干。我看，再加上一个——干！干！干！"老队长王进喜挥起拳头说。

大家你一言、我一语，七嘴八舌，边说边改，最后一首小诗诞生了：

　　　　北风当电扇

　　　　大雪是炒面

第二辑　心血作灯照荒原

天南海北来会战

誓夺头号大油田

干！干！干！

杨季冰一口气能说出很多这样的故事，铁人老队长的诗句有年代感，更有力量感。

那天，铁人踏着没膝的大雪来到一个用红油漆写着"萨—55 井"的木桩前，对大家说："同志们，你们看，这就是松辽！上面有肥肥的黑土，可以种大豆、高粱，下面是大片的油田，能多多地打井，多多地出油啊！"

"这就是大油海！这就是大油田！"他兴奋地喊道，"从今天起，锦旗就收起来，咱们要从头做起，创新纪录，争新红旗……一上班，就把柴油机的油门轰得大大的，让转盘转得快快的，要狠狠地打！"

老队长的话跨越时空，回声响亮。过去，国家缺油，他心里急啊，恨不得一拳砸出一口井来。现在，天上飞的、地上跑的、海中航行的，都需要油。要把能源的饭碗牢牢端在自己手里，咱干石油的，就得多打井！快打井！

2021 年冬天，1205 钻井队向大庆古龙非常规主战场挺进时，大庆下了一场 60 多年罕见的暴雪。积雪深得能埋住小汽车，但是井队搬家不能停。一切准备完毕，被队员们称为"钢铁巨侠"、重二三百吨的大钻机，在两个蓝色液压缸的推动下，神奇地自己"走"了！

老队长当年为搬家缺车而发愁，畅想着要是有大吊车、大卡车那多带劲儿啊。那时候，短距离搬家要把井架、设备拆散，他心疼因此而浪费的时间。现在不一样了，运输设备充足，设备性能先进，工序衔接也更加紧密了。师傅们说："这种'轨道自走搬家'，十几年前咱们队就实现了。老队长发明的'整拖搬家'已很少用了。"

在铁人身边的我们

杨季冰、陈建国、李海洋几个人脑子里冒出一个大胆的想法：将来某一天，要通过人工智能技术，让那些"大个儿"设备自主走向新的井场。这不是异想天开，只要在心里播下种子，终有开花结果的一天。

"硬骨头"总要有人去"啃"。当年铁人老队长从祁连山上立标杆到松辽盆地建功勋，不都是一场一场拼下来的吗？老队长说了，标杆队的红旗不是整天举着自我观赏的，而是挑大梁、干硬活儿的！

1205钻井队的井越打越快，创造了一个又一个新纪录，最快的一口井只用了不到14天。党支部副书记李海洋诗兴大发、文思泉涌，为全队每个人作了一首小诗。

强弓长箭三日晶，

铁人传人担使命。

再苦再难也要上，

大庆底下找大庆。

这是队长张晶。

钢铁堡垒段永坚，

标杆建设记心间。

抓好思想抓落实，

精耕细作责任田。

这是党支部书记段永坚。

钢铁队伍油三代，

无私奉献展大爱。

响应政策要二胎，

第二辑 心血作灯照荒原

培育钢铁下一代。

这是副队长高晨。

能文能武潘大班,

识字搬山攻页岩。

钢铁男儿孝难尽,

为保生产不多言。

这是泥浆大班潘佳琦。

九零后生意志坚,

技能高峰勇登攀。

无畏严冬寒又冷,

钻井男儿不平凡。

这是葛依凡。

李家海鑫是真金,

把队当家是真心。

七零井架促成长,

何惧艰难勇打拼。

这是李海鑫。

四川娃娃来零五,

远离老父和老母。

为油奉献守初心,

在铁人身边的我们

练就一身铁筋骨。

这是赵潘。

这个男孩不简单，

吃苦耐劳站前端。

勤思巧学把活干，

将来能顶一片天。

这是赵坤鹏。

精益钻井大行家，

钢铁队伍把根扎。

三张表格把井打，

技术过硬人人夸。

这是余道军。

……

李海洋一口气写了30多首诗，再配以图片，装订成册。《铁人传》的作者、80多岁的孙宝范先生看着高兴，欣然作序，题为《为新一代喝彩，向老标杆致敬！》

新时代扑面而来，各方面的条件不知比以前好了多少倍，可无论到啥时候，井也不能待在房子里打。打井人在野外风里来雨里去的工作性质是不变的，还要继续与天地斗、与寂寞斗、与新的困难斗，这就是1205钻井队的样子。每当看见小伙子们左胸前绣着的"大庆钢铁1205"字样，都会有人惊呼"标杆队""铁人队"，人们也仿佛看见了每个1205钻井队队员在严寒酷暑中、烈日暴雨下奋战的身影：脸颊上流淌的汗水，工服上沾染的泥浆，井场上回响的口号……这就是铁人的样子！

"我们要把党的话记在心里，坚决端牢能源饭碗，用忠诚担当谱写中国式现代化的石油新篇，坚决做党和国家最可信赖的骨干力量……我们要像铁人老队长那样，讲进步不要忘了党，要把政治荣誉化为奋进动力，坚决扛好红旗，坚定不移干下去！"2022年12月1日，在1205钻井队的早会上，张晶正在宣讲党的二十大精神。这是他回到大庆后的第12次宣讲。他的"档期"满满，每一次宣讲，他都感觉浑身充满力量。这位从北京开会归来的第二十届中央委员会候补委员、1205钻井队第21任队长，第一时间把党的声音传递给大家，迎接他的是大家经久不息的掌声。

时光不居，征途漫漫。张兆琦、蔡俊哲奉调带队伍去了，高晨当副队长了，葛依凡、牛彤当司钻了，赵潘转正了，陈建国、杨季冰当爸爸了，谷宏达的媳妇要生二胎了，策划多年的钻工家属见面会终于成功举办了……铁人的队伍，源源不断地锻造出一批批"好钢"。

一代人有一代人的奋斗路，一代人有一代人的诗心和梦想。敬仰一个人的最高境界，就是努力成为他；记住历史的最好方式，就是创造历史。打好"铁心向党"的忠诚井，打好高扬旗帜的标杆井，打好永远向前的先锋井，打好科学过硬的严实井，打好使命担当的争气井，奋力追赶超越，建设世界一流，1205钻井队的故事生生不息，铁人的队伍永远向前，铁人精神永放光芒！

第三辑　无限春风来井上

曲晗最喜欢看抽油机转了，电机启动，手刹一放，硕大的平衡块"呼呼"发力。驴头、游梁、平衡块、四连杆机构默契配合，才能带动钢铁巨人般的机器转起来，滚滚油流才能从地下千米抽上来。他觉得，一个有战斗力的团队就要像抽油机，同向同行，同心同德。

如今六区才蹒跚起步，正瞄着前面的"优等生"继续追。幸运的是，正好赶上大庆油田上下弘扬"严实作风"，大大助力了六区人从欠产到超产，从慢干到快跑，从被动生产到主动加产，实现成功逆袭。

在曲晗心里,大庆精神铁人精神永远是激励人不畏艰难、勇往直前的宝贵精神财富。

万物复苏的春天完成了使命,火热蓬勃的夏天要来了,曲晗和六区夺油上产的故事还在继续。六区人有个三年计划,将来一定要跟最强的同行"掰掰手腕"。广袤的大庆油田同此心声,一台台不同年代出生的、浩如星海的抽油机正奋力抬头,那气势犹如万马奔腾,电动机嗡嗡作响,发出强劲有力的工作音。

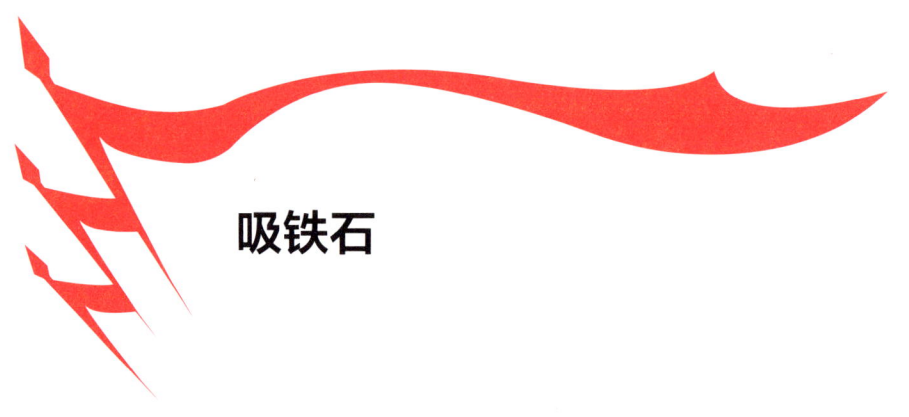

吸铁石

"希望村党支部充分发挥战斗堡垒作用，像吸铁石一样把乡亲们紧紧凝聚在一起，坚定跟党走的决心和信心……"

——习近平

永磁体

清风拂过萨北油田的初夏。

时光荏苒，距离大庆油田最初的诞生，已经过去整整60个年头。这里，每一个季节都相似，每一朵野菊花都相似，每一声心跳都相似，然而，岁月不一样，年轮不一样，意义也不一样。

就像眼前这座小小院落，我们今天的主角，采油206队。

从大庆市萨尔图火车站向北出发十几公里，进采油三厂拥军大街，第一栋楼的北边儿是一条笔直的井排路，草木葱茏，一排排白杨树温情掩映，几座抽油机虔诚拜叩，总像是要引你去更深处访访看看，206队就在那里。

这是一座四合院。每到下午三点半前的几分钟，通往队部会议室的走廊里就会热闹起来，风尘仆仆的人们从井上回来了。右侧墙上一组老照片上，战功赫赫的前辈们，正以深邃的目光注视着这些"后来人"可亲的身影，看他们或行色匆匆、或气定神闲、或若有所思、或凑头低语……每个人都看似平静淡定，身上却鼓胀着一种特别的精气神儿，藏着一股巨大能量，随时准备战斗，全力迸发！

那些照片已经泛黄，面容却依旧生动。他们都是这个队的元老级人物，有"土专家"电工、"活流程"维修工、"红管家"材料员，有一位又一位老队长、老书记，他们有的在这里一直工作到退休，有的中途调走，也有的已经离世。最近的一位，是20年前的队长，叫高飞。他这名字自带气势，果然不假，他带队一连拿下三块金牌，"三金"垫底儿，又问鼎了功勋采油队，向着梦想高飞！

"永远有更高的追求！"这是一代代206队人的心声。班子，一任接着一任；队伍，一茬接着一茬。老故事流过历史长河，讲述着生命曾经在场，青春曾经鲜活，旗帜永远鲜红。

1964年建队初期，职工们住的是"干打垒"、帐篷，体力活又多。为让大家吃饱肚子，第一任队长黄巢义和指导员宋廷宝组织开荒种地，亲自推犁撒种，采榆树叶子、挖野菜掺在苞米面里做成菜团子让大家充饥。

那时采出的油几乎不含水，结厚厚的蜡，要总给井清蜡，不然油管就会被堵死。井排没有供电，将刮蜡片从千米地下取上来，全凭手摇，有时一干就是一天，苦、累、寂寞中，一面隐形的旗帜悄然扬起、猎猎迎风。

旗帜里，有一束最不易被散射的红色光波，穿透风雨，灌入骨髓。

这是一个普通的采油队，在广袤油田上，至少有千百个，它们像一个小小的基础细胞，充满活力。地上屹立的井站间是硬的，地下游动的滚滚油龙是软的、热的，那是特殊的血液，从无数毛细管网汇聚集结，源源不断流向这个国家的远方。

在铁人身边的我们

然而，这支队伍又不寻常！半个多世纪前，56名转业军人、退伍兵、工读学生、下乡青年、大中专生操着南腔北调，来自四面八方。伴随大庆油田第一批开发方案的诞生，55年间立下骄人战绩，锻造成一支油田的老牌劲旅。中国石油集团先进党组织、黑龙江省先进党支部，大庆油田"功勋集体""先进党组织""先进集体""基层建设十大标杆单位""创新管理的采油队""大庆市劳动模范先进集体"、集团公司"千队示范工程"……55年间，从这里先后走出100多名小队、科级、处级、局级干部，获公司级以上荣誉91项、厂级荣誉102项，9次被评为大庆油田公司金牌采油队。

枚枚奖牌熠熠生辉，聚拢成一束强光，点亮幅员千里，燃成燎原旺火。

此刻，我站在2019年的初夏，凭吊半个多世纪前的风雪。

我脚下深处，在地质学上叫作大庆长垣萨尔图构造北部。中生代时期，这里曾是一处湖盆，湖水繁育着大量的介型虫、藻类和鱼类。漫长的1.4亿年积累了丰厚的沉积物，地壳升降，天地开合，风起云涌，沧海桑田，才有了这片松嫩平原。

令所有人为之兴奋的是，这里蕴藏着萨北地区储油最好的油层，可谓真正意义上的宝藏。

我仿佛看见，1960年的某一天，萨尔图的月亮再次升起，云朵飘忽，钻塔被大风抱紧，石油席卷江山。坚硬的钻头旋转、再旋转，牵引出一团团的火！那抹红，穿透风雪，那座塔，刺破云天，惊醒了荒原上亿万年的沉寂！

1963年底，大庆油田第一批生产井正式投产，一丛丛欣逢花期的铁树，以感恩的形式一夜绽放！

1964年9月，206队正式成立，隶属于当时的大庆采油指挥部，原名为八矿三队。

1966年5月，采油三厂的前身采油三部正式成立。八矿三队在原址更名为208队，连同其他13支兄弟采油队被正式归入麾下。这个队同时划归的，还有18口油井，日产油800余吨，这是这支队伍为这个日后的大厂奉献的第一桶"金"，18口井连同主人们，成为这个队的"元老"，也是这个油田、这个国家最初的功臣。

1973年底，油田第一次加密井排扩大生产，采油三厂进入旺盛开采期，井数激增，队伍扩容，产量攀升。原208队一分为二，分成206队和208队，原208队在原址改称为206队。

《大庆油田志》和《采油三厂志》纸页泛黄，清晰地记录着这一段"前世今生"。

在宽大的廊厅另一侧，还有一面照片墙，是这个队在职职工的"秀场"：老班长、女强人、大赛选手、能工巧匠、优秀员工，60后，70后，80后，90后。

党支部像一颗充满活力的心脏，时刻生发光热的能量场，聚拢人马，灼热心意，沸腾血液。红色永远是这里的主色调。女支部书记褚洪芳，一身工服特别合身。她脸庞白净，明眸皓齿，脚步轻盈，名字里有"洪荒之力"的"洪"，身着一身的火红，像一朵绽放的花。她是这个队第27任"领头雁"，1973年206队正式更名的时候，她即将出生。

褚洪芳的助手，90后吴思宁，大庆油田思政班第四期学员，从黑龙江北安市慕名考到东北石油大学，毕业来到采油三厂。她说，她喜欢褚姐，也喜欢这身红。

磁芯能量场

1958年的中国，中国石油才刚刚起步。第一任石油工业部长余秋里的

在铁人身边的我们

一句部署"宁可少打两口井,也要把党支部建设好"经住了历史的检验,像解放军一样"支部建在连上"是中国石油的制胜法宝,大庆油田亦如是。

一块磁铁的吸引力,取决于磁铁本身储存的能量。

一个党支部的凝聚力,关键看书记,书记有多强,能量场就有多强!

在206队18名历任党支部书记中,任职时间最长、年纪最大、最有传奇色彩的,是王成才。

1971年的大庆油田,人潮涌动、如火如荼。一大批工读学生涌入,成为生产建设的新生力量。其中有一个人,22岁的王成才从黑龙江泰来县赶来,当上了大庆石油工人,成为采油三部一名变电工。26岁,他是变电所班长,把变电所打造成"大庆青年红旗变电所";33岁,他是副队长,把变电所红旗"插"到整个黑龙江省和东北地区;38岁,他是队长,"大庆青年红旗站"的队长。

从46岁时赶赴206队,当上党支部书记,直到60岁时光荣退休,王成才这次再没有"挪窝",像个"钉子户"整整"驻扎"15年,奋力把这支队伍再次带向更高处,而自己解甲归田。

王成才先后"陪"了8任队长,都是二三十岁的小伙子,作为老大哥,他推功揽过,对兄弟爱护有加,安顿好"后院",再扶上马送一程。

他,身板厚实,皮肤黝黑,又经常"长"到井上,怎么看怎么不像个"官儿"。换管线,几百斤的钢管要过一条水沟,他让两个年轻人抬一头,他自己抬另一头,深一脚浅一脚地在油水泡子里趟。油管摆好了,他又第一个跳到污水沟里穿钢丝绳;矿里收油会战,他又当指挥员,又是战斗员,206队总是干得最快,收油最多;抢修,他顶烈日上高爬驴头,冒雨背着电缆下芦苇塘。做这些,他不吵不嚷,平平常常。

最不像书记的人,其实是最好的书记。2000年,油田改革,206队先后有20来人办理买断退养手续。突然离岗，很多人心里空落落，有想不通，有不快乐。王成才心里惦记老伙计们，东一家西一家，挨户走访抚慰，队里有好事儿，都要把老同志请回来一起热闹。人走茶不凉。

206队"老人儿"天津知青沙基华在天有灵，也会这么说。

那一年，沙基华得了胃癌，孩子小、单职工、身体差、治病要花大钱，天要塌了！王成才多方奔走求助，亲自护理。看似粗枝大叶的汉子，护理病人却无微不至。三个月，医护人员都认识了这位特别的家属。

老沙便秘了，生不如死。晚上九点多了，他憋胀得汗珠子直淌。反复按摩都无效，王成才犹豫了一下，还是决定帮他用手一点一点往外扣……恶臭熏天，同屋病人都受不了了，王成才怕老沙难堪，忍住干呕，故作镇静。

瘦骨嶙峋的老沙，眼前是这位非亲非故的黑脸大汉，他为自己做的堪比生身父母了。命不好，却摊上了一个好书记。他默默拉着王成才的手，欲言又止，一个男人的热泪哗啦哗啦流出来，直到泣不成声。

老沙临终前，用平生最后一点儿力气再次攥紧那双大手："你是我大恩人，这辈子欠你太多，我只有来世再报答了！"

对老沙来说，恩人是党，而王成才就是一名优秀的党员。对于206队人来说，党帮过的人、做的事儿，数不过来。

2007年"七一"之前，大庆油田党委、大庆油田以文件形式，发起"关于向第三采油厂第一油矿采油206队党支部书记王成才为代表的优秀基层党支部书记、优秀基层队长学习的通知"。7月1日这一天，在大庆油田最庄严、最隆重、最高端的表彰大会上，王成才披红戴花走上台，介绍经验。

他的脸还是那么黑，他的神情还是那么坦然，他浑厚的粗门大嗓传遍会场，那声音暖了很多人的心，湿润了很多人的眼，雷鸣般的掌声发自内心：一个"泥腿子"，一位好书记，不容易、不简单、不一般！

在铁人身边的我们

一块磁铁的吸引力,更要取决于磁铁内部扎扎实实的磁路设计。对于一个星球来说,体积越大、自转越快的行星内磁场就越强。

不停地旋转,自我更新,就会带起更多的电!就会生出更强的气场!

2007年的8月,酷暑时节,烈日灼烤着北方大地。时任厂党委书记石延坤再次来到206队调研。他中等身材,身着一件白色短袖衬衣,清清爽爽。他额头宽阔,目光如炬,讲起话来是一口洪亮的男中音。58岁的王成才胸有成竹,向领导汇报工作侃侃而谈,说到动情处,一句话脱口而出:"我们206队,人人苦练基本功,做到岗位职责一口清!"

石书记听得很认真,不住赞赏地点头,回到办公室,眉头却又慢慢锁紧。他对厂组织部副部长郑万飞、党委组织员刘明春说:"206队职工做到岗位职责一口清,这王成才对业务也是'一口清',那咱们全厂140多个党支部,每个支部书记能不能也做到'一口清'?"

他当即给出一道考题:"你们俩,得给我整出个'几懂几清楚'来!"

很快,郑部长带着明春兄弟,深入全厂十几家单位广泛调研,了解支部书记的工作面和工作量,个人的能力水平、成长需求、苦恼困惑,越走访心里越有了"谱",回来后,苦思冥想,梳理提炼,细细推敲,但搞出来的几套方案,总觉得不精准、不"解渴",快到11月份了,还没交出答卷,受到了石书记的严厉批评。

此时,距离2008年元旦还有三天。一场清雪飘飘洒洒落在厂机关四楼党委组织部办公室窗前,灯火通明,人无困意。当个党支部书记,光"懂"不行,还得"会",要会什么?会到什么程度?如何为所有基层党支部拿出这同一把尺子?

于是,有了"三懂四清"的版本,又被推翻改成"三会五清",几易其稿。元旦小长假,哥俩儿整整又"憋"了三天,两大块,八条线,思路越来越清晰，再对每条线内容逐字打磨，一轮又一轮地自我否定中，艰难突围着……

终于，要上厂党群办公会汇报了，刘明春快马加鞭在元月3号晚上连夜把材料打印好，准备第二天一上班就上会。

4号早上不到8点钟，早早到岗的小刘遇上了迎头赶来的郑万飞，他有点急火火："快，再改一下！"明春向老大哥投去询问的目光，万飞语气坚决："这个'三会五清'顺序得颠倒一下，应该叫'五清三会'！"

刘明春看见眼前这位大哥，熬得通红的双眼里却泛着光芒，他清了清已经有点儿干哑的嗓子，说出大脑被纠缠了一夜之后的新发现："兄弟，'会'是仄音，念着上口有气势啊！"

两句三年得，一吟双泪流！经过艰难的孕育，"五清三会"终于破茧而出，若干年后，现任厂党委组织部副部长的刘明春回忆这段往事，依然激动不已，感慨万千。

历史的大幕，从此开启，一场旷日持久的"五清三会"基本功训练，在萨北油田开始了。"五清"是基础课，"三会"是必修课，一个是基本的要求，一个是更高的要求，党支部书记人人过关，这个"五个清楚，三个会"就是要让老书记拿到"进修证"，新书记拿到"上岗证"。

之后，厂党委每三年办一届，雷打不动。全覆盖扫描式培训、考试、排名，一个都不少。

2008年6月，第一届"五清三会"厂党支部书记基本功大赛举办，59岁的王成才老当益壮，作为第一油矿主力，带队参赛并一路挺进决赛。赛场上，他虽然年纪最老，学历最低，但回答问题最自信，最后的结果，摘金夺冠！

王成才现象引发了全厂140多个党支部的连锁效应，从纸上，到脚上，到心上，做最实的人、干最实的事儿、拿最好的成绩。

在铁人身边的我们

十年光影，马蹄声远，烟云飘散。有些东西，却会因为灌注了心血而变得生动，改变自己，影响他人，经久不息。

奋进的脚步，永不停歇。

2011年6月，第二届。

2014年6月，第三届。刘明春已经负责组织部常务工作。他与全厂党支部书记逐个见面，讨论交流，人人出手总结梳理思想工作经验做法，140多篇案例逐渐成熟，闪烁智慧的光亮。为此，石油工业出版社专门把这些案例精选汇集成册，作为当年重点党建读物出版，书名为《春风化雨》。

2017年6月，第四届了。"五清三会"早已深入人心，赛程赛制逐步完善和改进，知识问答，讲温情故事，分析案例，更注重考验实战能力。"七一"前夕，采油三厂偌大的礼堂，高朋满座，全油田组织系统及各二级单位基层党务工作者200多人聚集一堂。营养丰富的一场"精神盛宴"，让很多人久久难忘。两年后，采油七厂组团来支部书记工作室，一位老同志指着墙上照片说，那年比赛有她，说的快板书，我印象特别深。

2013年1月，石延坤书记退休，王清玉接任三厂党委书记。他说，"五清三会"是好东西，要继续深入推进做下去。十年间，郑万飞转业，刘明春接任，优秀党支部书记王艳接刘明春任厂党委组织委员，基层支部书记队伍继续推陈出新，一次次接力实践中，"五清三会"越来越丰厚。

此间，油田公司党委组织部专门发简报向全油田推广"五清三会"，集团公司党委组织部把"五清三会"列为重点课题立项研究。

2012年开始，采油四矿党委书记陈泽山作为公司级培训师，着手对外宣讲"五清三会"，油田内外，100多场次。

我们把镜头转回到206队。王成才光荣退休了，李苹来了；李苹调走了，褚红芳又接上。无论是谁来当这个书记，"五清三会"大赛上，206队的支部书记从来是"阵阵落不下",并保持领跑姿势。

2012年初,206队被确定为大庆油田反腐倡廉教育基地。

2018年春天,厂党支部书记工作室落地206队的小院儿。由厂党委组织部召集的第一期"书记沙龙"在此开张。同年夏天,这里被列为大庆油田铁人学院现场教学基地。年底,油田公司党委书记王昆来工作室,给予高度评价。

2019年5月,206队被厂党委正式确定为"五清三会"发源地。

磁化淬炼

科学说,一个星球,体积越大内核就越深,带电的液体承受高压和高温的能力就越强,就能融化更多物质,磁场也更强。

王成才说:"一个支部就好比一个炉膛,炉膛温度高,放块次煤也能烧起来。炉膛温度低,可能好煤也烧不透。"

在206队这片方圆3.1公里的土地上,高温、高压的淬炼和锻造在时时发生,成长也在时时发生。

2007年3月到2014年7月在206队工作过的小青年们,都念念不忘他们的"孙队",当然,现在已经改口叫"孙矿"了。他就是孙向辉。

提起这个"头儿",他当年的弟兄们并不喜欢用官方语言。在他们心里,这位队长从来不是"板儿板儿的",而是火爆的、燃烧的。

今年31岁的乔治中,刚毕业就被"扔"到206队"大炉子"里"锻造"了,第一年是"菜鸟",第二年就是不"菜"的小班长了。"跟着老孙打了两年金牌!"提起这段经历,小乔同志的眉梢扬起,挑出的潜台词是:

在铁人身边的我们

"兄弟我不白给!"

"打金牌"三个字,别人听起来牛气冲天,金光闪闪,干起来并没有那么简单。那意味着无数次冲锋陷阵,甚至身体要紧贴地皮,匍匐前进;意味着好几周没有休息日,还要全力以赴,再全力以赴;意味着小白孩儿被"干"成小黑孩儿,谈恋爱要听天由命赶上对方"好这口";意味着紧急情况要顶上,不管天已经黑了,还是天已经亮了,一不小心就问候了早晨三点钟的206队;意味着实在挺不住的时候,内心有过松动,却被孙队一句国骂惊醒;当然,在一次次拿回金牌傲视群雄的时候,也意味着胸膛里充满豪情,一个崭新的铁血男子汉诞生!

经历过困难洗礼的人,再不怕什么困难。这种情节,根植于所有在这里历练过,从这里走出来,又为这个大厂的建设欣然受命,去别处独当一面的"汉子们"的内心,时间越久,情义越真越醇。

杨涛的记忆是"站墙根儿"。一年又一年,百年油田到了中年,又一茬油田子弟长大成人,学成归来,像当年他们的祖辈父辈一样大批涌入,这次,不是创业,而是守业,是回家。

2012年夏天的时候,采油三厂要在一矿北三东地区大面积打加密调整井,厂给一矿补充新鲜血液,集中分了90名应届毕业生。

206队一下子分来14个"油三代",小涛就是其中之一。一个个90后小嫩孩儿,水灵灵白净净,花红叶绿,像瓷娃娃。

孙向辉把14朵小花聚拢到一排,站着开了个会。他开门见山:"你们14个,哪个爹都比我官大,都比我好使,但是既然到这来了,谁也别挑肥拣瘦,都得上井,干不了自己找地方,我这不留!"

"下马威"作为一场特殊的入队教育,震动每个人的内心。小花们被分到班组,该管井管井,该倒班倒班,在这一亩三分地,没有特殊。

很多人领教过孙队长的风格。一次开班子会，两个女生上厕所出来晚了一会儿，被孙队长训哭。"说几点就是几点，磨磨蹭蹭！"206队不相信眼泪，只相信干。

打金牌，意味着标准更高，速度更快，战斗力更强。

早点名，队长豪气宣布："哪个班组有困难，可以上报，最难的，我们班子给你们干！"队长、书记、副队长、技术员组成攻关队，一口一口井跟困难"死磕"。干部都这样，你还能说啥？

十几年后，所有206队的老人儿都记得孙向辉的小灵通号码。还惦记这个曾被主人全天候利用蹂躏，快打爆了的小玩意儿，现在，它还好吗？

于是，每到春节，当年的将和兵、哥和弟、叔和侄，他们私下都会有一场酣醉。人齐了，开场一定是"来吧！先为了206，干一杯！"一种滚烫的东西灼热肠胃，一饮而尽的，还有热汗、热泪、热血和一场电光石火的青春！

酒过三巡，眼神儿飘忽的时候，他们还有一句软软的"情话"："咱，生是206的人儿，死是206的魂儿！"

小花小朵们睁大观察的眼睛。他们发现，这里的人，都有点儿傻，有点儿倔。即使最难的时候，也想"把所有问题都自己扛"。他们不喜欢找理由，但会闷头想办法。他们没时间望活儿兴叹，只想争分夺秒抓紧干。他们看重金牌里"金"的成色，不想指靠上面"保"，喜欢自己拼！

无声的榜样

一年又一年，在"生长痛"中脱壳蜕变，一批批小花长成小树，小树又成林，长成一片新风景。

在铁人身边的我们

乔治中和杨涛先后调出206队。他们每年都要回去看一个人，油井班长陈海坤。他们还会亲热地喊他"老爹"。

那一年冬天真冷啊！管线连头，要停掉许多井。零下20多摄氏度，滴水成冰，井停久了，管线会凉，再久了会冻，如果冻成了冰肠，就会一个冬天都解不开。小班长乔治中一口一口井跑，一口一口井盯护，心里就一个信念，不能让井凉！

凌晨一点半，"老爹"的井组忙完了，发现小乔还没有下来，又转回头去帮那快要绝望的小孩儿，直到一切搞定。他永远记得，爷俩一起迎接的，那一轮红红的、凯旋的朝阳！

人生在最难的时候，有人帮你，那种暖，会刻骨铭心。

夕阳里，抽油机上下叩首，老陈带着帅哥乔治中巡井，不远处是他那只不知从哪里捡来的，小绒球一样的小狗崽儿。若干年后，已经成为三矿综合办公室骨干成员的小乔，依然怀念这段痛又快乐的时光，他给这幅画面取名为"师徒三人去上井"，豁然间，岁月的画屏上，多了几许诗情画意。

这里，变废为宝，远近闻名。人们修旧利废，过紧日子，攥紧钱袋子的习惯养成了几十年，被油田冠名"效益型采油队"。2018年10月11日，大庆油田报整版报道206队这棵常盛不衰的"成本树"，时任油田公司一把手孙龙德亲自批示：做得好。

这里，还练出了各路技术高手。司军和苗占礼年纪没差几岁，当年是一对师徒。司军摘下中国石油集团公司技术大赛冠军，徒弟小苗连续三年刷新油田技术大赛纪录，师徒俩合力创造了一个个神话。全队人都不白给，技术革新成果21项，11人次在厂矿的单井分析大赛中夺得名次，5人被评为工人技师，21人获得第二职业技能证书，15人获得厂矿以上技术能手称号。

磁场效应

同一个熔炉里炼出来的钢，硬度、属性、气质、甚至激活方式都相似，无论走多远，都输入同一种电源，具有同一种"脾气"，如果同时发力炸裂，释放出的能量就会蔓延成一个更大的场，战斗力剧增，这就是磁场效应。

第一油矿党委以206队为基地，不断向外输送不卷刃的"好钢"，一道道强劲磁力线，扩散扩散，铺成漫天星火。

李忠军，高飞队长的副队长，现任采油二队队长；

王齐庆，孙向辉队长的副队长，现任采油305队队长；

司军，孙向辉队长的小班长、副队长，现任采油301队队长；

苗占礼，孙向辉队长的小班长，现任采油308队的党支部书记；

队长高飞，现任头台油田副厂长；

队长孙向辉，现任第一油矿副矿长；

党支部书记温超，现任第一油矿党委书记；

党支部书记李苹，现任作业大队工会主席。

苏晓光、田晓川、李显彬、陈东辉、柴琳、杨涛、刘晓彬、李忠君、吴庆伟、乔治中、马冰、刘晓彬……各自独当一面，有的是一个队，有的是一个矿，有的是全厂一个单路，有的是一个厂。风里雨里，一批批小花、小树茁壮成长，每一朵、每一株都能在206队找到自己最初的脚印和汗水。

2015年底，采油三厂根据形势对第一油矿和第三油矿进行区域化整合，原北三东的十几支队伍整体划归第三油矿，于是，206队人的足印和轨迹继续拓展开来。

308队是从305队身上掰走的一株绿萝。两个队在同一个院儿里，共用同一口锅、同一个食堂。这边儿是王齐庆和刘铁民，那边儿是王伟光和苗

在铁人身边的我们

占礼,各自带着一队人马,天天都摽劲儿干。转到对方的井,要是比自己这边标准高,马上就回来部署,就研究学习。这边稍微强了,人家那边就开会。我的井挨着他的井,我的人挨着他的人。我的井场有两棵草,你的井场一棵草或者没有草,那你的井就比我的好。我的井有一片没启起来,你的井,刷刷刷,全都启起来了,那你就比我强;你井管得好,从来不凉井,从没要过设备,没给矿里添麻烦,那你就比我高,我就服!

党支部书记刘铁民,提起206队,嘴上是有点儿小不服气的。他热爱着自己的北三东,虽然这里基础差,底子薄,人是拼凑的,井是后打的,但,当初从一穷二白干起,一草一木、一砖一瓦都有感情。

他对206队,也在心里暗自点头。他常用"脚踩风火轮,个个都是小能人儿!"来形容这个队的战斗力和执行力。他也承认:"哪有啥能人儿啊,那不就是人家拿脚板拼出来的吗!"人家在冬天零下20多摄氏度,几个小时之内就能迅速集结打一场漂亮仗。井停了,小电动车把油门搂到底,跑井。能多跑一口,就能少凉一口,少凉一口就少处理一口。

铁民看出来了,人家是"团结催生力量",咱305队也能做到。班子好,必须先要队长、书记哥俩好,然后再加两个副队长,就是四个人好,再加上两三个女技术员,年轻向上的,争取过来一两个,七个人,有六个人都心往一块,那一个人也就过来了。一个队伍,七八十人,有这七个人牢牢地坚如磐石,那别人就无缝可钻,你就是最大的能量核心,干啥事儿,能不成啊?

有了正气,资料室里就不能叽叽咯咯。有了正气,紧急情况,把兄弟们派出去,就不能掉链子,就能"脚踩风火轮",变成"小能人儿"。

深思熟虑,归成三句话,铁民把三句话放在本队微信群公告里,然后大会小会讲,大事儿小事儿做——讲实情、讲团结、有正气。

2019年全厂春检中，不服206的305，在几家总"垫底儿"的小队里排了第一名！

谁会甘于总是"沉底儿"呢？刘铁民好像看见了刚冒点蓝光的小火苗，就像捡了点儿好棉花，好不容易把火刚生起来，拿手捂着，拿箱子扣着，小心翼翼呵护着，刚有点儿起色，千万别来只牛哗哗一泡尿给呲灭了。一个队伍风气，要用心带，慢慢养。

刚诞生一年的党支部书记工作室，人如潮。沈阳飞机设计研究所党组织书记培训班的学员来了；大庆油田采油工程院、采油四厂的党支部书记来了。

2019年5月，大庆油田党委副书记、工会主席、大庆油田党校校长、铁人学院院长王昆书记陪同中央组织部组织二局副巡视员、三处处长崔亚飞一行来了；中组部民营企业党组书记培训班来了。

他们在"希望村党支部充分发挥战斗堡垒作用，像吸铁石一样把乡亲们紧紧凝聚在一起……"前驻足，褚红芳主动介绍："这是习近平总书记在新疆达西村考察时提到的……"王昆书记连连点头。

一位来自浙江省的女民营企业家激动不已，主动要求与义务讲解员支部书记韩福和互换党徽。她说，去年总书记夸我说这个身份亮得好。今天，咱们换一换，我把这份特别的纪念留下，也把你们大庆油田党支部的好做法带回去，传出去。

2019年6月11日，这一天，206队的所有人都比平时提前到岗，早早上井。上午十点钟，小院儿里人头攒动，汇成红色的海洋，大伙儿盼来了又一届欢乐烧烤节，一起拔河、做游戏、吃烧烤，乐作一团！

褚红芳跟队长韩冰、两个副队长一组参加比赛，竟跑了个第一名！他们主动把带着奖品的名次让出来，却每个人都疯得像个孩子一样。

在铁人身边的我们

陈海坤来了，作为全队最受人尊敬的"陈哥""陈叔""陈爹"，年轻人们亲热地送给他一顶女士遮阳帽。老陈被打扮得萌萌的，他憨笑着为大家烤串吃，脸更红了。女党员钱大姐也来了，这个是曾在风雪中忙了一夜的女汉子。水井班的尹逊玲来了，她是油田公司首席工人技师。老班长马金堂也来了，他的井有很多是大庆油田第一批高产井，堪称"老字号"，从自喷到机采，从注水井网到三次采油，他是井的主人，还有前任主人，还有前任的前任主人，一个个传接来的。

这些年，队党支部的经验传遍四方，"三个主动沟通"和"六个共同研究"，温情"四个一"，"二十个孝亲好行为"被厂党委推广，"二十个好"感恩教育被列为大庆"三基"工作经验交流典型在全油田推广，职工们自编自演的快板书，好听、好记，不经意间就传了开去。

老职工回来了，家人们来了，他们越来越喜欢这里，惦记这里，好像被什么吸引着，心和心更近了！人和人更亲了！

采油九厂的参观团临时来参观，来就来吧！谁让赶上了呢！目睹这场特别的"合家欢"的人们不住感叹：这，不是纸上写的，也不是墙上贴的，而是生动鲜活的发生！正在进行！

45岁的褚红芳，早上4点多起床，已不再年轻的她，依然满眼的笑意和阳光，她的短发呈现风的形状，白皙的脸上泛起一层兴奋的红晕，她跟小青年们一起把水气球撇得老远，笑得像个少女一样！

随手翻开她的日志，2019年6月19日这一天——

早晨八点半，迎接北京经贸大学老师来工作室学习交流。

8点半，迎接厂党委巡察组来队检查工作。

10点半，深圳记者来206队采访并体验生活，公司宣传部和厂宣传部陪同，采访至12点半结束。

下午 2 点，到油田公司参加座谈会。围绕集团公司经济技术研究院关于国企党建工作内容发言。

下午 5 点，跟班子沟通研究支部"七一"主题党日活动方案。

晚上，准备油田公司党支部书记特训营课题。准备党支部书记能力训练体系课题。

这些，并不包括本支部的日常工作。

2017 年，组织上找到褚红芳，要她回来。此时，距她在队里任技术员，已经过去 8 年时间了。人到中年的她，有些犹豫，有些担心，做不好会有所辜负。矿党委书记温超的一句"你是 206 队的老人，好多老职工还盼着你回家"，这一份沉甸甸的信任触动她的软肋，她一甩头发："我服从组织安排！"

一句承诺后面是全心投入、全力以赴。从回来的这一天起，褚红芳就把自己活成一个拼命再拼命的高三学生，从早上睁开眼睛到晚上睡觉，全都是在工作。一只笨鸟总要先飞，她说，不学习不忙活，我就会心里发慌。

不满足，就会不停地奔跑，不停地踮起脚。一个人，带着一个班子，一个班子，推动一支队伍，只有一个方向，前面！

206 队人，有若干张全家福，每一届班子，来来走走，铁打的营盘，流水的将士，滚烫的铁流，带着磁场的能量，流到哪里，就烫到哪里，就燃到哪里。

北方的初夏，正是最好的时节。

206 队的小院儿里，陈海坤的小菜园长势正好。与小菜园遥相呼应，北二路上，三矿二队门前，队长李忠君和书记杨涛一起，亲手清出一块空场，翻出黑土，撒一把花籽儿，几场春雨过后，一丛丛扫帚梅的嫩芽破土而出，到秋天，那将是一片绚烂。

在铁人身边的我们

206 队门前,"'五清三会'发源地"石上几个大字,铺满和煦阳光,似乎在祝贺厂"不忘初心,牢记使命"知识竞赛决赛,开赛在即!褚红芳、杨涛……一大批党支部书记中的佼佼者将同台竞技,你追我赶,斗志昂扬。

"五清三会"几个大字,正如向日葵一样,朝向习近平总书记"吸铁石"论述展板。络绎不绝的参观者,总是喜欢在此驻足,他们会把这里热气腾腾的所见所闻联系起来,一并思考,向这支古老又充满活力的标杆队投上一份赞许目光。

此刻,萨北油田,散落着的十个大大小小的野泡子,正由北向南依次排开,它们是丰三泡、萨北西泡、萨北东泡、草原泡、风云西泡、风云东泡、冯围泡、星火泡、上游村南岗泡和火炬泡,荡漾着新时代的波光,水汪汪,亮晶晶……

它们把天地风云、日月星辰收入怀中,汇入大庆油田的百湖长卷,亲昵环抱着一块块干净的井场,一座座秩序井然的抽油机、电泵井、水井、计量间、中转站、变电所和注聚站,凝望这些铁家伙一代代的主人们,不断从磁芯出发,聚集浩荡能量,奔向美好明天!

我们的"206"

2021年5月1日,一场春雨悄然而至,滋润着中国北方的油城大庆。姗姗来迟的春风拂过满眼新绿,空气中弥漫着青草的气息。随着中国作家协会大型文学主题实践活动"中国一日·工业兴国中国作家在行动"的启幕,我受中国石油作家协会选派,开始一场寻访之旅。

一大早,我驾车从东风新村市区出发,西行二十公里,便到了大庆油田采油三厂的厂区。紧贴着第一栋家属楼的后面,是一条窄窄的井排路。车子钻进去,速度减下来,我摇下右侧车窗,几台高大的红色抽油机遥相守望,一排排嫩绿的杨柳次第迎来,粉白的桃花开成一片,它们一路热情地延绵几百米,送我至原野深处,第一作业区注采206班的小院便豁然眼前了。

院子很宽敞,纤尘不染,静静悄悄。刚经历一次脱胎换骨的改革"阵痛",名字从采油206队,改为注采206班,又改回采油206队。无论怎么改,人们还是习惯地称之为"206",毕竟已经亲亲热热地喊了57年了。而今,似乎一切都变了,又好像什么都没有变……

在铁人身边的我们

"今天我值班"

我进了院,前面一个"红棉袄"低头走得急切,没注意到身后有人来,待到她进屋坐定,见我已笑嘻嘻地站在门口,轻轻地惊叫了一声:"呀,姐,是你!"

女孩叫吴思宁,90后,206新上任的技术副班长。也是今天的值班干部。她还记得我去年来采访过,一下子认出我。三两点春雨落在窗户上,映得她眼里水汪汪的,女孩声音甜甜的,却有一丝不易察觉的抖。她见我对桌上的本子好奇,就摊开给我看,字迹整齐娟秀,记着这几天的重点工作。我问:"刚才点名会上,都给大伙儿说了啥?"

她说:"今天小雨,提醒大家上井要注意安全防护。有一口井计划洗井,值班工人要配合一下。还要去食堂看看,厨师大姐有什么需要,保证今天值班的人都吃上热乎饭。"

对于"206"来说,所有的日子都是工作日。虽说是小长假,但135口抽油机是不放假的。最老的井,从1963年诞生的那一天起就一直在转了,那是大庆油田最早的一批生产井,先是自喷,后来又装上了抽油机、电泵继续抽油,再后来,井越打越多,一次加密,二次加密,三次采油,从未休息。

人,当然和机器一起"转"了。

早上八点,油井组的李如清、柳柏松、王石宇和韩爽来了;水井组的孙琦、许永楠、刘萍萍和姜鹏来了。油站白班的三人也接班完毕。厨师何伟杰也准时到岗。换上工服,电瓶车"突突、突突"陆续出发,该上井的上井,该洗井的洗井,该洗菜的洗菜,该忙啥忙啥。

吴思宁的新本子上写得密密麻麻。走马上任干了快一个月了,感觉也摸出点门道了。这段时间,确实有点儿小忙。改革了,作业区对技术副班长岗位大调整，很多人都跟她一样，通过竞聘上岗，新人新活儿，压力不小。几个女生就拉了个小群，你不懂的地方，我不懂的地方，三言两语一沟通，干活儿的思路就出来了。

不过，刚开始的时候，也浪费了一点时间。比如做水井的"合格率"，看着十分钟就完成了，可提前准备用了俩小时。不过，做过一遍再做，那就是十分钟的活儿了。陆瑶去年来的时候也是新人，干不好还哭鼻子呢，现在摇身一变，成了最会干的了。

她做的时候，吴思宁就在旁边看，把每个步骤都记在本子上，可自己一上手却没有那么流畅，就又打电话又发语音的。上个周六熬了一整晚，终于做好了。昨天，作业区的何丽姐打电话问她："谁教你做的呀？做得特别好！还想请你和瑶瑶介绍一下经验，给全区所有新上任的技术员做个范本。""那天何姐一问，把我吓一跳，还以为自己犯啥错误了呢！"女孩吴思宁边说边捂起嘴巴咯咯笑起来，笑得天真烂漫。

我是从你身上掰走的那株"绿萝"

思宁说，那些天，书记跟大伙儿说话的时候，都是眼泪汪汪的。整整一个星期，就是那个样子。

就在一个多月前，酝酿多时的"油公司模式"改革开始了。三厂作为老区采油厂的试点单位，是全油田第一家开始"动"的。整合部门，压缩层级，劈分业务，原来的"采油矿、基层队、班组"三级，改成了"作业区、班组"两级。100多个基层队编制全部撤销，取而代之的是200多个生产班组。动员会、竞聘会，搬家、分人、分工，队伍要重组、人员要调整，一环扣着一环、一步赶着一步，紧锣连着密鼓。人们看明白了，这改革，是动

在铁人身边的我们

了真格的。

一夜之间,有20多人接到通知,要调离"206"到其他班组去工作了……

"206"人"抱团"是出了名的。这么多年风里雨里的,一起加班迎春秋检,打金牌队,创功勋队,100多块重量级的奖章、证书,在荣誉室里金光闪闪的,直晃眼睛。平时呢,一个锅里吃饭,一个寝室休息,上下班一起走,跳绳比赛一起上,主题党日一起过,"烧烤节"一起嗨。说说笑笑,打打闹闹,处得像一家人。一下子要分开,真不舍得走啊,流眼泪,闹情绪,想不通。

最难过的是党支部书记褚红芳,每个井组都有人走,抽去了"四梁八柱",就像一盆精心养的绿萝,一天一天繁茂了,却要掰下移栽别处了,她伤感得夜不能寐。爱人看着心疼:"你这样可不行啊,总不睡觉身体不完了吗。"可她忍不住。

那天,她送他们到了新单位,帮放好行李,转身告别的一瞬间,她想起了当年送女儿上大学,孩子依依不舍站在门口向她挥手,而她只能狠下心来转身离开。眼泪一下子涌出来,流也流不完,止也止不住。

大"五一"节的,我眼前的吴思宁却捂着厚厚的工服棉袄,她说话的时候,鼻音很重,好像感冒了。我犹豫着问道:"你的情绪,好像不大对头,是怎么了?"

"嗯。最近状态是不好,刚打完疫苗,发烧两天了。还有,我父亲,刚去世……"空气凝固,28岁的女孩眼泪瞬间蓄满眼眶,哽咽得说不下去了。

原来,吴思宁没能赶上跟调走的同事告别,却刚刚经历了与父亲的生离死别。4月6日,病危的父亲不幸去世,她打电话跟班长苏超和支部书记褚红芳请假报丧的时候,时间已经很晚了。可她万万没想到,他俩竟然在当天夜里十二点，奇迹般地出现在她眼前。从大庆到北安，几百公里，连夜兼程，在她最悲痛无助的时候，亲爱的书记褚姐拥抱了她。那一刻，她感到了来自"206"所有人的体温。这是她亲爱的"206"，是令她一想起来就温暖，就感动流泪的"家人"。

送完父亲，告别母亲，擦干眼泪，女孩就赶紧回来上班了。改革过渡期，工作千头万绪，正是"206"最缺人的紧要关头，必须把活儿干好。

我的师傅叫钱姐

吴思宁跟我聊起师傅们的时候，一连说了好几遍"他们都特别好"。"有问题，不管问谁，都知无不言。你问两个事儿，他能告诉你五个事儿。"早就听说在"206"能人多，流传着"男有陈海坤，女有钱振华"的美谈。这两位都是能告诉你"五件事"的好师傅。

"206"历届班子都默默守着一个老传统，凡是新来的年轻人，都要交给他们俩带一带。男孩跟老陈，女孩跟钱姐，再从他们手里交回来，那就是"好钢"一块。陈海坤休假不在。幸运的是，我见到了闻名已久的钱振华。

1972年出生的钱振华，明年8月就要退休了，她管两个计量间和四口油井，长年在野外奔波，脸上晒出了暗斑。她大手大脚，大嗓门，能拧动计量间最大的阀门。

想起"五一"前，我跟钱振华聊天的场景，一阵爽朗的笑声犹在耳畔。那天中午，"206"的小会议室里空荡荡的。我和褚红芳、钱振华随便找了几把椅子坐下。室内一角，两个刚打完新冠肺炎疫苗，回来晚了的年轻女工，正捧着保温饭盒吃得很香。钱振华一指正啃鸡腿的"大眼睛"说："她妈妈都告诉她少吃点儿。"女孩顽皮地朝我们一眨大眼睛："我都胖了十斤

在铁人身边的我们

啦!"女孩 1994 年出生,属狗的,全队最小的一个。"我姑娘 1997 年的,就跟咱自己家孩子一样吧!"钱振华的眼里充满母性的慈爱。

"从 206 调走的人,都想念我们的饭,一点儿不撒谎。吃好了吃饱了,下午干活也有劲儿。你要是带一肚子气干活,那又是啥样?"

"'206'想吃啥就做啥,就跟饭店点菜似的。"钱振华说起"吃得好"兴致勃勃的。"你看这些孩子,都没有跑出去吃的,都愿意在这儿吃。口味、咸淡,都可口。"我恍然大悟,这里能拴住人的胃。

韩爽从井上回来了。她是钱振华的徒弟,1995 年出生的女硕士研究生,已经独当一面了。她很喜欢这位跟自己妈妈年龄差不多的大姐师傅,有拿不准的,就给姐发语音说,有时候说工作,有时候也撒撒娇。她常听钱姐提到自己的其他"爱徒"们,乔凤月、张浩、姜微,都走上管理岗位进步了。钱姐还有两句"老话",快把耳朵磨出茧子了。第一句是:"安全第一。没有安全,就啥都没有了。"第二句是:"不管是啥,哪怕你认为最低级的问题,只要你不懂你就问我,我都不带笑话你的。"

韩爽不认识乔治中,但是她知道他的故事。五年前,"206"有好几个班组,乔治中是新班长,钱姐是老班长,一个是东片儿,一个是西片儿,都把自己的井看得牢牢的。他俩之间常常这样"喊话"——

"姐,我没这个东西了,没那个东西了。"

"我给你准备!"

"姐,我不会这个了,不会那个了。"

"我教你!"

韩爽管的井,有几口是 2013 年冬天投产的。那时候,她还在中学教室里苦读,而乔治中正在刺骨的寒夜里奔波,冷得牙齿打颤呢。

一般情况,是很少在冬天投产的,那次"206"人就赶上了。那是个零下20多摄氏度的隆冬，怕管线冻，全队人凌晨四点就起来了，准备关井配合投产。钱振华这边53口井，乔治中那边40口井。

头一天晚上，好像老天爷特意为难"206"人似的，又下了一场大雪。城市暖房里长大的年轻人，哪里经历过在这样的酷寒天气下野外作业啊，小乔只穿了工服棉袄的"瓢子"，没有扣钮扣，人在外面站一会儿就冻透了。大姐找了根绳儿帮他系上，又把身上的抓绒马甲脱下给他。看着这小孩儿真好，一口一口地跑井，咬牙坚持。终于，所有新井投产完毕，再全部开井，又跑一圈。再处理些小情况，从晚上九点一直干到天色渐白。凌晨四点多，把"大掺水"流程全部处理完。

一宿没睡，索性也不睡了。钱振华、乔治中、陈海坤，抄起大扫把，把院子里的雪全部清扫干净。汗水湿透内衣，额头热气蒸腾，雪花落满温暖的抓绒马甲。如今，已经成为第七作业区注采309班党支部书记的乔治中，时常想起这人生第一次"遭罪"，更难忘那年那月那天，"206"东方天空的一抹晨曦，那是他和"206"人共同的回忆。钱振华感慨道："真是一场硬仗啊！"她的神情，好像一下子又回到了那个彻夜酣战、雪后初晴的早晨。

不管多忙，每年春节小乔都要回来看师傅们。跟师傅亲，跟徒弟亲，是"206"的传统。90后女孩王慧丽也是一样。那天临走，她像只小猫一样，赖在大姐的肩膀上撒娇："姐，我走了，你可别忘了我呀！"说得钱振华鼻子发酸，眼里泛起泪花。

钱振华就是在这种强大气场下入党的。她牢记2013年6月25日这一天，是她的政治生日。她坦承，41岁还能入党，自己原来想都不敢想。一直觉得，跟身边的党员比，自己还不够格。不过，第一次听党课，内容真挺吸引人的。特别是前年参加厂里的党员轮训，当学到总书记说"我将无我"的话，她的眼泪就出来了。人家总书记的境界，太让人感动了。

在铁人身边的我们

"马上工作 30 年了,再干,也干不了多长时间了。说心里话,现在能不休息都尽量不休,不是说咱风格多高啊,上班就当锻炼了。在单位,跟大伙儿在一起乐呵,在家,除了刷手机,就是看电视,还能干啥吧!你说是不是?"钱振华说。

讲不完的"206"

褚红芳的办公室在思宁的隔壁。那天我们在队里见面的时候,她正好带队参加厂跳绳比赛刚回来,气喘吁吁的她甩了一下短发,笑着说:"我们队啥活动都参加,有奖必争,有红旗必扛,有阵地必上,啥也不怕。"我心里想,这哪里像是四十七岁的人呢,分明是斗志昂扬,总不知疲倦的高三女生。这股子劲儿,确实有点儿"206"风,或许,只有这样的气质,才与黑龙江省、集团公司先进基层党组织,全国五四红旗团支部,大庆油田效益性金牌金牌队、功勋队等 106 项公司级以上荣誉"搭"呢!

时光荏苒,班子换了一届又一届,员工换了一茬又一茬,师傅带出了徒弟,徒弟又变成了师傅,很多人走出去,担当重任,很多人来了,接受洗礼。人人都喜欢讲讲"206"的人和事儿。"百宝箱"张景华、"活流程"王传宝、老书记王成才,还有后来的技术能手司军、"资料大夫"张桂玲、"计量大拿"钱振华……不知不觉,抽油机已经"抽"出了 1600 多万吨原油。

他们还会骄傲地告诉你,就在这个看似不起眼儿的小院里,大庆油田党支部书记"五清三会"基本功训练模式从此地发源,全油田首家"党支部书记工作室"、首个"新时代党员讲习所"在此地创建。三年前,这里就是大庆油田铁人学院的现场教学基地了。常有一辆辆大客车送来慕名而来的参观者,有从油田内部来的,也有从外油田来的,还有从中组部、国资委来的呢，总共有200多期培训班的16000余人次来访过这里。

中午时分，一台台"电瓶车"陆续回来，工人们该吃午饭了，我也该告别了。回去的路上，与一辆白色"轻卡"会车，那是队长苏超的"坐骑"。节前，我们见过。这些天，他在井上站上转得更勤了，纵使开着车，手机显示一天也要上万步。改革过渡期，必须确保生产安全平稳运行，一点儿不能马虎。

苏队长刚接到作业区领导通知，又有"好苗子"调走了。一个中国石油大学的研究生，去别的班组代理技术班长了。对于"206"来说，又是"割肉"一般。这些年，一株株绿萝枝从"206"掰走，一个又一个"小乔"被"移"出去"栽"到别处，重新生根发芽，开枝散叶，慢慢长成蓬勃新绿，继续点亮更多的雪夜，催动更多的抽油机井群了。或许，这就是"绿萝"的宿命，更是一份光荣。

自从去年在大庆油田思想政治工作交流大会上做首例发言，介绍"206"的修旧利废"七字经"后，褚红芳还有很多想法。建党百年了，"206"也57岁了，支部下一个主题党日就讲故事吧，16名党员每人都讲一个红色故事。

我在北一快速路上飞奔，仿佛看见，在大油田，遍地都是这样的队伍，"206"的故事正在到处流传……

老司机的别样春节

特车大队的早上

这个院子空空荡荡,办公楼大门紧闭,我和博峰站在门禁前犯嘀咕:"难道这不是特车大队?莫非他们搬家了不成?"

放眼望去,这里前后两院。前院有100多间车库一字排开。边上是一、二、三中队队部和大队车辆调度室。后院,有一栋三层高的机关楼,四中队队部和保养站小平房守在旁边。

车库门紧闭着,那里是吊车、锅炉车、水罐车、洗井泵车、推土机、挖沟机卡车和翻斗车的"窝"。那些无所不能"大家伙"是保障油田生产的特种部队,此刻,它们有的正在井上干活,有的刚收工入库,有的时刻待发。

调度室派工单上记着今天的工作任务:2020年2月4日,大客车7台次,水罐车、洗井泵车、锅炉车、挖沟机和拖板车,一共16台次……

7台大客车的库里面全部空着,此刻,它们都在路上……

听见动静,二楼一扇窗户迅速探出个人影。接着,另一扇窗户,又有一人露出个头来。博峰扯着脖子喊道:"我们是厂纪委办公室和巡察办的,来看看疫情防控的情况!"

门开了，一个中等个儿快步走出来，口罩上面一双眼睛挺有神。

还没开口，我俩就被人拦住测了体温。

门厅宽敞，正好说话。

三位副大队长先后而至，主管生产运行的胡宝华、主管安全的郑岩和主管后勤的高中来。他们把"兵"们都安排在家候命，自己却来了。大队长、大队党委书记也在楼上，整个班子，一个都不少！

胡宝华刚从班车调度室忙乎回来，查查消毒，这是他每天雷打不动的"功课"，疫情一来，跑得更勤了。他说，这消毒可是重头戏，马虎不得。

郑岩，从大年初二开始就没休。大口罩遮住小小的脸儿，好像要把整个人都装进去似的。

最近，郑大队迎战的都是急活，一中午都在电脑上汇总表格、传达要求、报送情况。每天报六个表，是最基本的。

刚点个头，手机就响了，他背过身去接。不一会儿，楼上座机一串急促的铃声，追命似的，又把他追回办公室去。

看着他歉意地往楼上跑，我俩赶紧说："你忙你的！"作为纪律监督部门，非常时期，要查干部履职尽职情况，无须多言，这场景已经是最好的答案了。

胡大队兴奋地把手机递过来给我们看，那是厂宣传部昨天刚发布的一条信息："你看，这几张照片是咱们厂通勤车候车大厅，我拍的。"照片上，窗明几净，一尘不染，工作人员正在消毒，测体温，检查戴没戴口罩。

这是胡大队天天去的老地方——特车大队，在疫情中特别坚守的"阵地"。

"非常时期，得想方设法让职工少聚堆儿。"

"有啥事儿，电话说、微信说。需要，再来，不需要，在家候命，这样安全。"

说着，他扒拉扒拉手机，只一小半天儿功夫就有 20 多条通话记录。

"沈飞"大客的主人

多年前，厂里职工通勤就统一由外单位几十台大客车保着，厂里仅有的几台大客车继续"服役"，主要是跑厂内几条短线。

大客司机是清一色的 60 后，其中"沈飞"大客黑 E50657 的司机叫张洪军。

55 岁的老张，早上 7 点准时从厂居民楼二区出发，再到一区、试验大队、作业大队、五矿机关，最后到达五矿十队，一路"捡"人儿，又一路"卸货"，到了下午 3 点多的时候，再原路往回跑一趟，天天往返，年年如此，雷打不动。

路太熟了，哪儿有弯道，哪儿有坑包，哪儿有冰雪，都在他心里。

人，谁在哪里上，又在哪里下，谁来得早，谁爱磨蹭，谁爱说笑话，谁总爱溜边儿坐，谁总爱坐头排，谁和谁总爱挤在一起，他也心里有数。

一年又一年，有的人不来坐车了，因为退休了。又有几个新面孔，是刚参加工作的。

天长日久，一条路，一台车，一群人，他都能叫出名字来，大伙儿的号码都存在他的"小灵通"手机里，谁要有事儿招呼一声，他就踩脚刹车等等，或是轰脚油门赶赶，乘客都成自己家人了。

可大年初二一大早，为戴口罩的事儿，好脾气的他还跟人"杠"上了！

那丫头，像往常一样，穿着雪白的羽绒服，马尾辫儿一甩一甩地，蹦哒哒地就上来了。

他没好意思伸手拦，但话说出口来了："没戴口罩，不能上哦！"这是底线。

"我身体好,没病!用不着戴!"小丫头话接得挺快,但人把着车门扶手,停在那里。满不在乎的语气里,透着点儿不大乐意。太阳照着她,浑身上下亮闪闪的,像路边晶莹的白雪。

"你看,别人都戴了,我也戴了,为全车人安全,你不能上。"他好言相劝。

她脸一红,有些尴尬,声小了下来,但还在分辩:"戴口罩,有啥用。"

老张一指后面的队党支部书记李登友,"你看,我们领导跟车检查,我要让你上,肯定通不过。再说,全车人也不答应啊。"

车上几位乘客,眼巴巴看着,有人说:"没戴口罩就是不能上。"

"那咋整,要不我给你掏打车钱?要不你打电话,让队里来接你?算我求你了!"他连哄带劝,说好话,说软话。

车开走了。留下没戴口罩的小丫头。

"大冷天,也不知队里来车接她没?她后来咋上的班呢。"晚上回家,老司机还惦记着,心里不是个滋味。

第二天,活泼的小丫第一个就上来了。特意凑到老张跟前:"你看,我戴口罩了。"

老张乐了,心里一暖。人心都是肉长的,知道好赖。

消毒,消毒,消毒

"这几天新消息挺多。昨晚刚听说市里马上要限单双号啥的,我们正犯愁,这大客车司机可咋个接送呢!"

"还犯愁,这私家车要是都开不了了,人都来扎堆坐班车,感染风险得

在铁人身边的我们

剧增啊,可咋办呢。"

"没办法,也得想办法。"

"实在想不出办法,还有厂里呢!"

胡大队一是没打算上交困难,二是觉得厂里是主心骨,一定有办法。

别人坐通勤车,可开车的司机的通勤咋解决呢?我问出这个问题,忽然有些脸红,在此之前,竟从没有想过这个简单的问题。

是的,每一天,每一周,每一月,每一年,我们都习惯了被人服务着,大客司机们都成了我们熟视无睹的隐身人,觉得那车啊,到时候就来了,到时候就发走了,自然地就像太阳每天都出来,是多么理所应当啊。

疫情来了,很多人躲进屋里自我隔离去了。可是,大客车依然到时候就来了,到时候就发走了。

张洪军还有另一位"老伙计",是台小小的7座全顺面包车。每天早上5点30分,天还黑黢黢的时候,他就起床了,大庆市让胡路区登峰家园楼区,他家的灯,最早亮起来。春夏秋冬,总是如此。

半个小时后,老张下楼热车。

仪表显示零下22摄氏度,方向盘都冰手。老司机习惯性地把棉袄裹紧点儿。十分钟后,温度指针抬起来,"小面包"准时出发。先去创业城拉老赵,15公里,再去让胡路拉老王,16公里,仨人到车库,17公里。

空空荡荡的马路,昏黄的路灯,嗖嗖的小冷风,一路陪着小面包车在宽阔的油田公路上东拐西拐,拉出弯弯曲曲的轨迹。

无论寒暑,兢兢业业的"小面包"准能在7点之前把3位老司机拉到车库。

下车后,直奔"爱驹"。

第一件事儿,消毒。

这"伙计"是 2006 年 10 月份接的，跟老张风里雨里跑 10 多年了。那时候，他俩都还年轻。一个崭新崭新，锃明瓦亮，一个血气方刚，身强体壮。

老张 45 岁时入的党，正好刚接这台车不久，对他来说，简直是双喜临门。

出于某种敏感和职业习惯，春节前，外面风声还没这么紧的时候，他们就开始"上措施"了。

1 月 20 日，电视上刚有新冠肺炎消息，队长王大玮就给老张打电话："咱们非典那年发的消毒药还有没有了？"

老张如实回答："有，可是都过期了。不能用。"

没想到，第二天，老张就领到了一份消毒液和喷壶，其他客车司机都有。王队长自掏腰包买的。

老早就规定了，不戴口罩的、没测体温的、不是我们队的，都不许上。

很快，消毒液充足了。厂里特批，领导说了，哪里紧，大客车不能紧，哪里缺，大客车上不能缺。

别管是"上面"，还是"下面"，脑袋里都是一根"弦"，就好办。

通勤车不像别处。别说这么大疫情，就是平时冬春之际，流行感冒多的时候，都要升级防护的。胡宝华一不小心就把心里话说成了顺口溜："有困难，自己想招，不能上交。"

全厂上上下下 8000 多职工，住在大庆市区东南西北十几个小区。每天几十台大客车，从二十多条线路把人运来运去，再挨站"卸货"。

厂生产运行部操心的就不只是这 7 台车了。

对外协车辆，特殊时期，不许合车，不许不出车，不许拒载，有几个坐车就拉几个，尽量"稀释"。每天下午 3 点，领导干部再忙也去车场"盯"。厂里的、大队的、小队的，也属于三级防护了。

平时，有爱扎堆唠嗑的，都"驱散"，一人儿坐一排。

在铁人身边的我们

　　胡宝华一上午集中处理了一批业务。职工通勤车乘车证丢的、破的、要重新补办的，随报随批随办。"太紧急，不能照常规那种定期办。万一明天真要限号，坐通勤车，得有这个证。"

　　"厂里也支持我们这么干！"

　　"把车开出来，把人送到。安安全全，这就是保障。"

睡不着的时候，也倒过来想想

　　下午四点半，我给郑岩副大队长打了个电话。他情绪不怎么高。这位30刚出头的大队领导，主管安全两个年头，这次疫情防控的"事儿"也是头回遇上。现在，他心里有些五味杂陈。

　　从大年初三开始，厂质量安全环保部安排了一连串急活儿，有的是按小时计的，有的是按半天计的，神经都绷紧紧的。他和媳妇儿把4岁的孩子"寄存"在父母家，忙得翻蹄亮掌。好几天没看着孩子了，只在微信里稀罕稀罕。

　　可还是出了小失误，挨了批评。

　　有一天，厂里上午发通知，要把所有外出没回来的职工家属的信息填全上报，下午两点钟前要交。

　　"接到通知，就马上组织开会，不能现场开，就想用微信语音聊天功能开个会。"

　　"结果发现最多只能9个人同时语音，我们的队长、各办主任超过9人，一试不行。又赶紧自己录音。我把要求逐项解释清楚，怎么怎么填，苦口婆心。结果呢，连录音再操作，一个小时出去了。本来，要是现场开会，半个小时就能讲清楚，但现在只能做成这样。"

"录音传上去了，由于个人理解力参差不齐，有的人就没太听明白你说啥。糊弄糊弄可能你都检查不出来，可又赶上他特别较真，必须把这个表填准确再给我。这么一来二去，时间就给耽搁了。"

"一个人耽误，导致了整个大队工作延误。厂里赵主任给我打电话，开始还是比较友好的，到后来，我交不上来，又急又愧，他也直冒火，我也直冒火，只能厚着脸皮说，马上，马上，可是一直也马不上啊。唉，都想找个地缝钻进去。"

"工作没完成好，心里也有憋屈。但谁让咱身上有责任，必须承担。"

每天都有新要求，要上接下传，不断完善，补充，更新，我们就迎战。

跟郑大队长的苦恼一样，这次"突发事件"，都没经历过。本来忙了一年了，好不容易盼着要过年，能好好歇歇了，这冷不丁地事儿就来了，而且比预想的要难干得多，真是一场大考。

本来，最初每天要填一两张表，到现在一天要上传 6 张表。除了表，还要报典型做法、上班人数。前两天，还报了弹性工作报告。越来越多，越来越多。

郑岩说："晚上睡不着，也倒过来想想。上面不知道得忙成啥样了。我们是一个大队，上面就是一个全厂，再往上是整个油田。一级对一级负责，都是新课题、大考验，就好比我自己，两年前，我管一个小队，现在我负责一个大队，肩膀上的分量不一样。"

"我平时跟大家相处融洽，很少有言语过激，但这几天也有点儿压不住火气了。今天我接电话还克制了一些，要不然，我这嗓门，可能又要高不少了。真是着急上火。"

"再想想，跟武汉比，咱们这点儿困难，算啥呀，已经很幸运了。"

在铁人身边的我们

都平平安安就好

上午 9 时许，司机张洪军正好收完车。

"天天拉那么多人，都是流动的。现在满世界都知道待在家里最安全，人少最安全，可总得有人开车，不然，这么大个油田，大伙儿咋上班啊？"

"我老伴不说我啥，天天做好饭等我回家。我进屋前，就把衣服在门口拍拍拍拍，再消消毒。"

"我儿子已经上班了，他天天嘱咐我，爸呀，咱千万可得戴口罩。注意少出门，尽量在队里待着。现在疫情这么严重，这个喝酒的事儿一定要取消了啊！"

"要不是现在特殊，也愿意出去喝点儿。"老张在电话里憨憨地笑了。

"这段时间回家更晚。我儿子等得着急。我说，儿子，爸还要给车辆消毒啊，放心，你爹我自己多注意，没事儿。"

"过年这几天，我基本全出车了，年三十、初一、初八和初九，都上班了。"

"我上初中就写入党申请书了，45 岁终于入上党了，我爸妈都是'老会战'。"老张说起这些光荣的事情，语气里有着一份掩饰不住的骄傲。

"嗯，我也没啥本事，就是会开个车。眼下遇上困难了，大伙儿能干点儿啥就干点儿啥，都挺过去，都平平安安，没啥事儿，就好了！"

六区上产记

这是"五一"节后的大庆油田。

在萨尔图北部开发区,刚刚沐浴了一场春雨,天蓝如海,万物如洗。

假如你正好开车行驶在笔直宽阔的大广高速路上,就会从第三采油厂第六作业区简称"六区"的辖区穿过。放眼向车窗外望去,一座座灰色的油罐、绿色的水罐和白色的计量间闪过,特别是一台台崭新的红色抽油机,宛如一匹匹雄姿英发的高头大马,从铺满新绿的原野深处次第迎来。这些几个月前刚投产的新井,和周围一千多台不同时期出生的伙伴一样,尽管有的"长"在水泡子里,有的周围遍布沼泽泥塘,但是都具有强大的心脏、谦虚的头颅和十足的干劲儿,它们一刻不停地采着油,充满生命活力,是这幅美丽的油田春色图中最耀眼的主角。那频频点头的姿势,仿佛是向大地虔诚叩首,又似乎在向世人讲述着几个月前刚刚亲历的,关于一个人和一个团队的故事。

秋雨中,临危受命

2021年9月中旬,阴雨连绵,六区也遭遇了最大的困局。一百多口

在铁人身边的我们

老井的管线不通畅,一大批新井因为油质含蜡量高抽抽停停,全区已连续三个月欠产,而雪上加霜的是,距离东北冰冻季不足两个月。如果短时间内达不到冬季生产要求,井会大面积瘫痪,将面临灭顶之灾。

危急关头,厂里把45岁的曲晗调到六区任临时负责人兼副经理。新官儿上任,没有敲锣打鼓,没有鲜花掌声,等着他的是"一股脑儿"冒出来的问题。重重的困难变成重重的担子,落在这位空降"新官儿"的肩膀上。

有人说,六区的麻烦可不是一般的麻烦,看这新领导有啥回天之术?有人摇头,先天不足的新单位,换了孙悟空来管也不好办。可是厂党委班子对曲晗有信心,任前谈话时,厂长交代,"你去把六区欠产的原因找到,就算立功了。"曲晗点头答应了,"请领导放心,一定尽我所能!"

响亮的承诺是脱口而出的,也是经过深思熟虑的。曲晗对六区的困难早有耳闻。在之前的厂月度生产运行会上,因为产量上不去,六区月月被点名,日子着实不好过。谁不知道,作业区的日子过的就是产量,从有大庆油田的那一天起,产量就是采油人"天"字第一号的责任,是"命根子"。上上下下,祖祖辈辈,哪个不是天天算,月月排,季季看,年年比。全厂八个作业区像"八大金刚",谁家产量被动,谁家着急,谁家产量"不及格",谁家抬不起头。厂里开展夺油上产会战,各作业区你追我赶,只有六区像座失去信号的孤岛,上面的指令传下来,像拳头砸在棉花上,软塌塌的。

一提六区,厂长眉头紧锁,厂机关部室叹气,六区人没有面子,曲晗这个旁观者也暗自跟着着急。他的朋友都知道,以他的性格,就算赴汤蹈火也不会往后退的。只是,六区确实是一场硬仗,不免为他捏了把汗。

曲晗不这么想。他相信新结集成队的六区员工,相信六区的生产骨干,一定是能行的。他更深知,如今三厂方圆118平方公里上的兴旺,是一代代人咬牙拼过来的。从1960年第一口生产井出油到第一批"干打垒"落成启用,从1972年第一批自喷井转成抽油机,到1986年产量飙升至史上最高的800万吨,成为大庆油田第一个十年稳产的实力担当,到如今依然保持300万吨高产,三厂人什么样的困难没见过,什么样的苦没吃过?当年石油工业部赞誉三厂"老老实实、埋头苦干",这光荣可不是白顶的。

怎一个"难"字了得

9月15日,星期三,曲晗第一次在六区机关点名会与大家见面的时候,他已经下去跑了一圈了。

泥泞的原野上,曲晗的灰色越野吉普车挂上四轮驱动,下大路,钻小路,绕过低洼积水,碾过烂泥巴,一路向前。从601班到609班,从集输班到放水站,11个班组一个不落。六区的班组驻地及其所辐射的井站,星罗棋布在方圆20平方公里的原野上,这个面积可以换算成大概20个大庆的黎明湖,或者8个北京的颐和园。但把六区全走一遍,远没有逛公园那么轻松。此刻曲晗所到之处,不是尚未完工的土建改造,嗷嗷待修的设备,就是满眼泡在水里的井站,让人心里发紧。

六区太新了。2021年3月在一场改革中诞生。这一年,大庆油田改革进入深水区,第三采油厂作为老区"试点"单位先行一步,原来的"厂—矿—队"三级管理,调整为"厂—作业区"两级管理,厂机关部门压缩27.3%,管理人员压减23.1%。沿用了60年的采油矿、大队取消了,采油队没有了,取而代之的是优化整合后的八个作业区。一时间,"小机关""大班组"的新鲜概念浮出水面,企业的新肌体新细胞开始在扁平化

在铁人身边的我们

管理、专业化剥离、规模化整合中展开新一轮加速跑,逐渐释放出新活力,激荡出新动能。

六区与其他几个作业区比有些"先天不足",它"脱胎"于原来的厂试验大队,改革后现场科研试验功能全部上移,部分技术人员抽离,一大半员工和井站都是其他单位拨过来的,成分复杂得像个"大拼盘"。更"刺激"的是,原来只有200多口井以试验为主的小单位,现在摇身一变成了坐拥近1000口井的生产大户。一夜之间,60%以上的人换了新搭档、调了新岗位。大家对"注、采、输"还不在行,对岗位职责还不熟悉,对新环境还不适应,对干好工作还不自信。看起来偌大的六区,倒像一个新生儿,身体的"免疫系统"都还没有完全建立起来。

从另一个角度看,六区又太老了。经过几十年的开发建设,这里地下管线密布成网,地面井簇簇成林,特高含水后期,"最难采"的薄差油层,日益复杂的地层情况,日益老旧的地面、地下设施,造成各种弱不禁风的"体质"。

曲晗第一个去了最困难的601班和602班两个班组。进了两家合用的小院,院里一大片积水。上了小楼,走进走廊尽头的一间荣誉室,里面散发着一股霉味,疫情原因已经好久没有进人了,只有墙上的照片和奖状证明着这里曾经的光荣。他又下楼步行到房后正在改造施工的转油站,一条条掘开的沟,雨水把沟边的土变成了泥,让人没法下脚。他走进泵房,设备上有灰,墙上有油渍。这些景象和荣誉室里的老故事、老照片和奖状形成了鲜明对比,令曲晗百感交集。一个曾经的"高产稳产采油队""石油战线模范集体""新长征突击队",好传统不能丢,好作风一定要找回来。

回来后,他马上与班子成员交流思想,推心置腹说了很多。"跟过去比,我们各方面的条件好了,办法也多了,但是采油人风里来雨里去的野外工作性质没有变。你一天不去理抽油机,抽油机就一天不出活儿。问题来了,不去斗争永远不会消失。"

一场风暴来袭

在最初的一段时间,六区很多人都为接不住曲经理的提问而尴尬过。

一次开会,生产指挥中心主任汇报问题井停了一大批。

曲晗问:"为啥停?"

答曰:"因为泵站炉子坏了。"

"为啥不修?"

答曰:"修了没修好。"

"为啥不想办法?"

回答是沉默。

他又转头问主管副经理:"你知道吗?"

答曰:"不大清楚。"

接下来,在每周二的作业区生产运行会上,曲晗又问召集会议的生产指挥中心和技术室负责人:"你们的会,基层的人一个不来,关起门来搞运行,怎么了解下情?"

前线有事,现场等着救援,马上要出发了,个别人员还穿着一身休闲装,他劈头就问:"你这身衣服怎么去?"

很显然,六区的问题,症状在基层,"根子"在机关,关键在干部。岗位责任制诞生60年了,现在上上下下都在讲履行岗位责任、弘扬严实作风,而岗位责任的灵魂正是岗位责任心。六区的底子薄、基础差、队伍新不可怕,可怕的是被困难压住了头!欠产不可怕,可怕的是欠产了还不

在铁人身边的我们

着急、不上火！班子很快达成共识，抓产量先从转作风开始。

人们发现，六区机关的"风声"越来越紧。

不久后的一天，为外输油质量流量计跟踪不及时的事，机关早点名会开成了作风"不严不实"典型案例剖析会。会上，机关支部通报了责任问题和对三名干部的处罚决定。三名当事人检讨了自己的问题，宣读了书面分析材料。曲经理批得挺狠："我们一直强调工作要有安排、有落实、有跟踪、有调整、有总结，但是你作为计量仪表管理人员只满足于知晓，后续的与厂家沟通协作、安装过程质量把关，进度跟踪等环节都没有去做，导致延后五天才启用。质量流量计事关整个六区产量的准确计量，我反复说过多次，你还是没盯住，工作责任心不强、工作履职不到位。"

"还有你，负有领导责任。"曲晗连生产指挥中心主任也没放过，越说"炮火"越猛烈："严实作风不能只挂在嘴上，关键要干在工作中，不能走形式看热闹，不能格局太小，只想着'各扫门前雪'，更不能'当一天和尚撞一天钟'混日子！"

最后发言的是党委书记郑万飞，这位平时和颜悦色的老政工，一改往常，又帮曲晗添了"一把火"："好好想想吧，批评你，说得有没有道理？你服不服？不要肤浅地看批评，认为领导收拾我是看我眼眶子发青，要这样理解批评那就狭隘了，就是理解偏了。再想想，领导教你的工作经验，你学到手了，工作节奏你跟上了，将来是不是你自己的立身之本？"大家听得心服口服，在心里暗暗称赞。

其实，会前准备时，主持会议的女支部书记是有些想不通的。工作这么多年，和大家低头不见抬头见，从没有跟谁"红过脸"，为工作的事儿如此大动干戈，犯得上吗？这几位"挨收拾"的兄弟平时都很能干，整天早出晚归忙里忙外的，要从他们身上"动真格的"，真有些于心不忍。

会开完了，她恍然大悟，这个会对事儿不对人，不是小题大做，为的是释放一种"严"的信号。这种信号让每个人都坐不住凳子，都要对着镜子照一照，看一看自己做得怎么样。曲经理说了，"机关是为基层服务的，要多下去走走看看，尤其是生产干部必须深入一线。"曲经理还说，"不能坐办公室管安全、用资料控风险！""机关人员承上启下，决不能做只挂帅不出征、只吹号不冲锋、只说问题没有办法的二传手！""不要再说基层人员紧张了，基层不够机关上，机关不够领导上！"大家私下议论，看出来了，新领导班子决心不小，六区有希望了。

六区机关楼的门卫大姐工作很认真，每天给外来人测温、扫码、登记，自己人出出进进，都看得很清楚。门口的签到本上，工作日、双休日、节假日都有密密麻麻的签字。

一大早，一层生产指挥中心的，二层技术室的都来了，又很快都走了。过一会儿，三层的领导也都出去了。这些人如果不是去厂里开会，就是下基层。什么时候回来可没准，有的中午才回来，有的下午才回。大厅里见着人影的时候，不是边走边接打电话，就是三三两两地说工作。他们走路都一溜儿小跑，总有忙不完的事情，有时候回来晚，连吃饭时间都错过了。总之，白天在机关办公室里很难找到他们，晚上才出现在办公室，对着电脑写写算算的。

不久之后，在任何一台连接大庆油田局域网的电脑上，只要登录第三采油厂第六作业区门户网站，就能看见各种简报。涉及内容很广，更新频次很高。从《掺水管理检查简报》《热洗管理检查通报》到《安全环保月度检查通报》《注入站简报》，从《重点工作计划推进情况汇报》到《专业路工作基层讲评汇报》，有的每周发一期，有的每两周发一期，有的每月发一期，有的半年发一期。主要是通报检查情况，指出问题。上面责任单

在铁人身边的我们

位、责任人有名有姓，问题依据有条有款，有图有文，还有扣分情况和班组排名。期期像滚雷爆炸，让人坐也不安稳，睡也不安稳。

巡检的采油工也收到了越来越密集的"压条"❶。机关值班人员必须提前一天跑遍所有基层岗位，随机在巡回检查点上放上一定数量的小纸条。岗位工人发现纸条要第一时间报告，否则视为没有到岗，要接受严重处罚。小纸条没有规律可循，每天都有可能出现，每个岗位都可能出现。对认真履行职责的"老实人"，它是友好的"老朋友"，对失职偷懒的人，不亚于一颗"小炸弹"，被"炸"到是让人很羞愧的一件事。

紧接着，六区一项项经过深思熟虑、反复修订的规矩和制度出台了。这是六区人为自己量身定制的，有针对干部管理强作风的《二十条》，有针对冬季生产运行的《管理规定》，有针对全员最新的考核条例。没有繁文赘述，适合"区情"，划出红线，明确底线，谁触碰谁"挨板子"，一场惊天动地的"风暴"刮了起来。

首先，每个人的履职能力如何，要拿出来掂量掂量、拷问拷问。六区里开始流行"快问快答"，无论是谁，稍不注意就会被"考"出一头汗。还有一轮接一轮的岗位知识现场笔试和履职能力民意测评，从机关干部到基层班组长，人人过关。

其实，所有问题都直指一个核心，就是怎么干？会者不难，难者不会。很多人都被考过，很多人也考过别人，大家都在"应考"中，体会到一种架火上"烤"的感觉。考试不过关的，轻则"曝光"，重则"换地方"。三个月里，全区对不严不实问题实施考核126次，追责问责干部7人次，岗位调整18人次。高压之下，有人被调离关键岗位，有人被"回

---

❶ "压条"是油田一种常规的检查劳动纪律和岗位执行的方式。

炉"锻炼，有人主动提出下基层。

1992年出生的602班长罗寒秋是个"油三代"，典型的阳光青年。去年一上任就赶上班组转油站阀组间改造，忙了整整一个冬天，工作没少干，辛苦没少吃，终于在区里各种"狠抓"之下，入冬之前把几台加热炉投用起来了，心里不免长长舒了口气。曲经理常来，对他的工作有表扬，也有毫不客气的批评。

那天在泵房，曲经理指着一面内墙说："那是什么？"小罗一看，那是前两天阀门试压时喷溅出来的油水混合物，有的落在地上，有的因为压力大溅到了白墙上。他实在觉得没啥："曲经理，这是管线试压的时候迸的，小事儿，改造完都重新刷呢！"

"什么时候改造完呢？"

"听施工单位讲，今年可能干不完，估计要明年了。"

"那你就看着这面墙一直这么挂着油点子呗？"被当头一问，小伙子的脸"唰"地一下红了，这不光是不好看，标准的确不高啊！

"既然阀组间已经改造完了即将投产，为什么不按照站、所投产后的岗位标准来执行？你说说，站管理的哪条标准允许墙上有污油？"

见小伙子的脸红一阵、白一阵，曲晗语重心长地继续说道："你对待工作的标准，就是员工对待工作的标准。你工作拖延，你的员工就会更拖延。一点儿污渍不是低标准吗？小罗，你还年轻，高标准、严要求才能带好队伍。"

当天下午，罗寒秋就带人把墙上的污油点子和污渍铲得干干净净！从那以后，602班洗井温度一度不差，问题井处理一分钟不拖，全班日产油从原来的只有15吨猛增到80多吨。那面墙洁白洁白的，成了有特别意义的反思墙。

在铁人身边的我们

为这片深爱的热土

制度有了，管理严了，思想上的"弦儿"绷紧了，工作上轨运行了，但曲晗认为这些还不够。上任伊始，他就想好了，为了六区要把自己这一百多斤豁出来。

曲晗的家离单位并不远，开车最多半个小时。有聪明可爱的女儿，有贤惠能干的妻子，小日子幸福美满。时间真快，上任一个多月，他已经好久没回家了。记得那天早上出门前，他带上爱人给准备的一包换洗衣服，郑重其事对她说："这一年，我肯定会很忙，不能经常回家了，以后你多辛苦吧。你就当我出国了！""想我了就领孩子来看看我，反正都在三厂，也不远。"曲晗又补了一句，让爱人宽心。夫妻俩从认识到现在十多年了，曲晗当采油队长、当标杆单位站长、后来当副矿长、副经理，每次接受新任务都像个即将出征的战士，不到胜利那天不回家。

六区人也发现，这位曲经理天天不回家。无论什么时候都能见到他，不分双休日还是节假日，白天他在基层，晚上他在办公室。他事情记得牢，追得紧，问得勤。大家汇报工作之前都要过几遍，曲经理会问什么？怎么回答？不知不觉，对工作多花了不少心思。他好像从来都不睡觉，即时通24小时在线，发过去的材料很快就显示"已读"，电话、微信也是如此。大家不得不全神贯注，一溜儿小跑，才能跟上他的节奏。

曲晗总觉得时间不够用，白天一眨眼就过去了，夜深人静是整理工作思路的最好时段。躺在床上睡不着，想明天怎么办，下一步怎么办，出现新情况又怎么办。他已经好久没看电影了，《长津湖》《金刚川》曾是他的最爱。抗美援朝，中国人靠惊人的意志力打赢了硬仗。石油大会战，前辈们也是靠意志力在荒原上创造奇迹，三年零八个月，建成一个世界特大号油田，不是人类奇迹吗？现在条件好了，人的意志力反而下滑了，要把事情干成，依然需要关键时刻全部豁出去，跟困难斗争到底的那股劲儿。他想到了一句流行语："努力到无能为力，拼搏到感动自己！"

最考验采油人的冬天来了。室外零下20多摄氏度，呵气成雾，滴水成冰，人在外面站一会儿就冻得直抖，更不要说野外作业。

2022年1月15日是个星期六，清晨5点钟，六区生产指挥中心接到注采604班值班人员报告，发现一处地下管线穿孔，地面有翻涌出的污水，冒着白茫茫的雾气。曲晗顾不上吃早饭，立即亲自组织人员和设备同时赶往现场。

六区地下有将近700公里的管线，其中四分之一服役超过20年，处理穿孔问题是采油工的"家常便饭"。一般会根据经验找到漏点，关闭相关流程，再上挖沟机，然后人跳进去补焊，再回填土，重启相关流程，全套工作才算完成。到现场与属地公司一沟通，才发现情况比预想的要糟糕。原来，事发区域的地下埋着1万伏的高压电缆，上设备一旦挖断电缆，附近大面积居民区将会停止供暖，造成的损失和影响不可估量。

穿孔位置特殊，牵一发动全身。遇上这种罕见的情况，即便是身经百战的老师傅也犯难。时间一分一秒过去，污水还在往外冒，怎么办？必须马上做出决定。危急时刻，所有人都看着曲晗。他当即决定：人工挖！电话通知附近三个班的班长各带两名没有生产任务的男员工，快速加入战斗。同时向厂里求援，紧急调一台抽水泵，尽量把水位降下去，再上吸污车抽走污水。还有，他想到这是零下25摄氏度的室外作业，又是掺水管线穿孔，要把计量间掺水出口流程关死，一旦时间长了就会冻井。曲晗果断指挥改用热洗管线的流程伴热，这样才能保住单井管线的温度不降。

越来越多的人赶到现场，谁体力下降了，下一批马上顶上。天气风

在铁人身边的我们

雪交加,肚里饥肠辘辘,很多人身上冻成了冰铠甲,头上却冒着热气。到了下午1点,以穿孔部位为中心,终于挖出一个深约2米,长宽各1.5米的大坑。接着,焊穿孔、回填土、收净污油,装袋送至指定回收点。太阳落山之前,一口日产10吨的高产抽油机井终于重新启抽,恢复生命活力。城市灯火通明,人们度过平常的一天,但曲晗他们已忙了整整12个小时。现场所有人看起来并无区别,全都是一身泥水、一身油渍,各个疲惫不堪,可自始至终没有一个人离开抢修现场。

2022年元旦过后,东北地区下了一场罕见的大暴雪。从收到天气预报的那一刻起,生产指挥中心就做好了预警,人员全部前移到"临时指挥部"。三厂地界素有"中间厚,周围薄,东边北边一条条"的说法,六区就在最边缘的"一条条"上。从作业区机关到最远的607班,行车距离将近15公里。如果要把一线班组全跑一遍,单程合计近百公里。遇上生产有情况,一来一回路上就要耗费一两个小时。为了抢时间,生产指挥中心在位于中间地带的北四联找了一间空房子,做临时歇脚的地方,以备万一。

天黑成夜,雪深过膝,地面上很快辨不清哪儿是路。曲晗亲自指挥,9台车分头出发,跑计量间、走单井。不仅一个不能落,还要加密查,查掺水热不热,听回油管线有没有声,看仪表参数是否正常。

风呛得人睁不开眼睛,管井工的电瓶车实在跑不动了。当一台台越野车停在面前,一声声"快上车!咱们一起去巡井!"响起,管井工激动不已,仿佛天降神兵。雪越下越大,视线越来越差,车辆顶着风雪卷出的一个个"大烟炮"在井排路上颠簸前行。

暴风雪持续了三天三夜,六区人奋战了72小时。饿了在北四联食堂对付一口饭,晚上就在凳子上躺一会儿。其间,他们把1140口油水井、

42座计量间跑了6遍，发现并处理了37起险情，没有一口井发生冻堵。六区人这辈子都忘不了这场风雪阻击战，他们说，"这一仗经住了考验，打出了脾气，打出了团结，打出了豪情！"

"火车跑得快，全靠车头带""基层缺员机关上，机关缺员领导上"，前一句是大庆人的"老话"，后一句是曲晗的金句，意思如出一辙。六区人对这两句话体会很深，他们被感动、被激励，有了之后更为豪迈勇猛的"拼杀"。

深深耕，细细作

在中国，可能有两个地方导航起不到任何作用，一个是山城重庆，一个就是油田的井排路。重庆难在高低落差、空间变化，而井排路难在星罗棋布、错综复杂，外行人误入很容易晕头转向。

刚到六区，曲晗第一个想法就是要看看全区的井站分布图，这是他多年的职业习惯，然而得到的回答是："没有。"改革后厂里重新划分各家区域，六区的前身老试验大队的一部分井站被划出去，又有多家井站归进来，几乎涉及全厂所有的作业区。原本的分布图完全不能用，其他作业区的图只能参考一些边边角角。加之有很多断头路没有落实，短时间内，很难有一张自己的新图……

听着这些看似合理的解释，曲晗心里更急了。方圆将近20平方公里的地界，没有一张完整的油水井站分布图，只是将就着七拼八凑的旧图，怎么能行？没有图，怎么指挥生产，怎么处理突发情况？有了图，维修电工还能为找不到井号而耽误时间吗？有了图，热洗班就可以合理优化热洗路线，少走冤枉路。没有图，就是摸瞎干，就是瞎指挥。

在铁人身边的我们

曲晗看着办公室对面一排和现代化建筑不大相称的平房，陷入深深的思考。60年前，那里曾经是一排帐篷，大庆油田著名的"小井距试验"就是从这里起步。当年的科研人员为录取到一个数据，不惜顶风冒雪，忍饥挨冻，以科学求实的精神拿出一份份试验报告，精耕细作出大庆油田第一块效果最好的"试验田"，大大推进了油田后期开发进度。当年的老会战为找到一个最正确的传热系数，曾花了整整10个月，跑了上万里路。从1600个测定点上，测得500多个数据，为整个油田输油管道的建设提供了科学根据。那是遥远的没有计算机、没有任何先进手段的年代，人们用最落后、最原始的手段测出了最先进、最科学的数值，直到今天依然极具价值，这是真正的"为子孙后代负责"。而现在，六区需要这种负责精神。

接下来的日子，曲晗安排主管副经理领着油水井站管理人员，找所有与六区接壤的单位，沿着所有能找到的线索信息，找厂相关部室问，找各区同行问。有个别实在搞不清楚的，又找采油队在职的甚至退休的师傅打听，请他们回忆当年施工情况，一口井一口井落实管线走向。他们过草地、绕水泡、上坡过坎，用脚走、用嘴问、用意志力扛，点灯熬油，勾勾画画。历时一个月，核实管线及切断600余井次，终于绘制出一张六区水井管网图。年轻采油工还借助地图软件，制作了覆盖全区的电子地图，只要输入出发地和目的地，上井路线一目了然，极大地提高了工作效率。六区人视为宝贝，不管是生产指挥中心的机关干部，还是一线班组长、采油工，都用上了这款"神图"，亲切地称之为采油版的"滴滴打车"。

在曲晗看来，真正的求实，就是干工作不掺水分、不玩虚的，用看得见摸得着的东西说话。这段时间雨下个不停，天像漏了一样，上井的路成了烂泥塘。大车、小车进不去，工人巡检要蹚水。偏在这时候，抽油机一口接一口"转"不动了，又有大批新井投产，井底易结蜡，需要上高温高压洗井车清洗。雨天泥泞，大车一上去就误车。按照以往有人可能会说："实在没招，你看这大雨下的！车进不去，我也不能扛着车进去。"可现在机关干部横下一条心，"整！"办法总比困难多，就看想不想干成，就是人拉肩扛也要把管线接上去，把井洗了，让井转起来。

车进不去，就想招儿让它进去。要不垫路，要不铺管排，实在不行用水泵把井场的水抽空，挖排水渠，引流完毕，再往井场接管子。百十来米的路，三五人一组，把一根根10米长、100多公斤重的钢管扛进井场。大庆油田遍布沼泽和湖泊，很多井场都在低洼地带，六区很多人都扛过管子。工服打湿了，工鞋上全是泥巴，脸上分不清是雨水还是汗水，他们就这样用自己的肩膀救活了一口口井。

过去，不管谁来601班、602班，都是蹚水进院儿。院子不大，一二百平方米的面积，常年积水占了三分之一。水总也淘不净，员工习惯了穿靴子进出，常自嘲"面朝大海"。

曲经理从第一天来，就给综合管理室下了"死命令"，必须解决！他绷着脸问主任周诚："你天天蹚水去机关上班吗？"周诚很头疼。他了解到，这个问题不是一天两天的，有的老工人直到退休也是蹚水进院。关于水是哪儿来的，大家都认为是地上返的，要么是冬天下雪化的，要么是夏天下雨积的。天长日久，成了疑难杂症。

班长孙野总找周诚念叨："给个抽水马桶呗，楼上水压实在上不来。"周诚手里没有一分钱，领导又天天追，久思成疾，连吃饭睡觉时都在想"治水"的事儿。没病不死人，总得有个原因。

一有空，他就拉着孙野在周边转。这小院地势挺高的，又没到雪化的季节，为啥总有水？孙野也觉得水压低不对劲儿，肯定有问题。一个中午，俩人一拍即合，决定开挖，看究竟水从哪里来的。一个上了挖沟机，一个在旁边指挥。老工人围上来，说原来也怀疑是穿孔，挖过但不是。半天挖出个大坑，里面确实没有穿孔，一般管线也就埋到这个深度。他们想了想，又继续往下挖了一米，还是没有什么。再挖一米，忽见有清水冒出来，终于找到了漏点。漏的水堵上了，水压上来了，工人上班再也不用蹚水了。

春暖日，花开时

冬天熬过去了，春天来了，六区还是六区，又好像不是原来那个六区了。

六区党委以"改进作风、服务基层"为主题，坚持"干部跟班到岗、融入一线"，为基层办了不少实事、解了不少难题。现在白天去机关找人依然不好找，因为人都在现场。他们摸清了情况，找出了影响产量的四大"结症"，一是新井运行时率低，二是井站间掺水压力失调，三是单井输油回压偏高，四是管线老化失效频发。于是，生产运行会改在前线班组轮流召开，组织发起对重点问题一轮又一轮的强攻。

"热洗专班"强攻3个月，救活了一大批井，总结出了好经验，还帮班组培训了一批会洗井的工人，建立起常规机制，工作走上正轨。"粘损治理专班"苦战三十天，拿出了"五大节点七项措施"治理经验，相关合格率从投产初期的10%上升到目前的100%，新井日产油160吨。副经理带队在3个注入站、140多口注入井现场往复调查一个多月，摸索规律，上措施近千井次。

经过反复摸索、艰苦孕育，一套名为"642"的管理法浮出水面：每日跟踪全区六类关键生产数据，每月编制四类检查通报，每半年组织两项重要工作汇报。一轮"642"下来，生产管理进入良性循环。

日复一日，六区人捧出一组组沁着热腾腾汗水和心血的数据——更换腐蚀老化管线 4.5 公里，高温车清洗 165 井次，回油管线压力高的问题解决了，冬季"冻堵"井的危险减少了。相比上年，老井开井率从 71.7% 上升至 93.91%、运行时率从 84.8% 上升至 98.72%，日产油增加 240 吨。

601 班副班长张忠洋永远也忘不了，那天他一个人处理套管放空，用大腿支起管线一端，两只手安装连接卡头，试了几次怎么也对不上，正忙得满头大汗时，一只手伸过来，帮忙把沉重的管线抬起来，管线卡头稳稳对准了。他抬头一看，这不是曲经理嘛！他和自己一样，身穿工服，身上有土，手上有油，脚下有泥。上上下下在状态，机关干部成了受基层欢迎的人。当人们意识到"我不是一个人在战斗"时，一种本能即被唤醒。归属感强了，内生动力足了，沟通顺畅了，信号指令落地了，整体良性运行紧密衔接，像抽油机的两个平衡块"呼呼"发力。外人惊讶，井还是这些井，人还是那些人，六区变了呢？

2021 年 12 月 23 日下午，六区全体干部在群里同时收到曲晗的一段肺腑之言："截至今天早上 8 点，咱们六区顺利完成全年 19.4 万吨产量任务，剩下的 8 天，每一吨都是超产。一段时间以来，生产系统和技术系统的同志们，风雨兼程，爬冰卧雪，夜以继日，无私奉献，让人敬佩！谢谢同志们为六区夺油上产挥洒的汗水，做出的贡献，取得的成果，向你们致敬！"

六区人激动啊，过去这一年极不平凡。大家并肩战斗，推进油公司改革，开启以注、采、输为主业的作业区管理模式；经受了暴风雪极端天气、拉闸限电等非常规考验，展现了团结的力量；迎接了新冠肺炎疫情反复、安全环保升级的严峻挑战，打了一个漂亮的翻身仗。

在铁人身边的我们

几天后，在年底工作讲评会上，三厂厂长万贵春眉头舒展，对每一家作业区都做了极其精准的点评。说到六区时，他代表厂党委班子讲了一番话——

"六区今年一年产量任务非常艰难。大家也都知道，困难非常多，投产井井数多、难度大、抽油杆下不去、抽不动油，咱们会战时单独开了多次会议来解决这些问题，现在通过各种努力问题解决了。

六区敏感地带多，风险比较大，作业区改革之后，由三家并为一家，构成复杂，困难职工相对多一些。我原来认为完不成任务，结果人家不但完成19.4万吨原油生产任务，还超了5000吨。原来的日产油四百五六十吨，现在最高八百多吨。

这支队伍能干到今天这种状态，实属不易。原来都说这个难管、那个难管，我看现在就是士气高了，问题减少了，办法变得越来越多。你看，六区想了很多办法，困难不是等着就会自然而然消灭，那得需要人用办法来攻克，他们做到了！"

领导说得很激动，提议："为咱们曲晗同志到六区发生的变化，为六区班子的变化、队伍的变化鼓掌！"

2022年春节后不久，由于海外原油受疫情影响限运，油田稳产遇上了难题，三厂领回了加产2万吨的"硬任务"，厂内压力骤增。曲晗结合现在六区生产运行平稳、聚驱即将见效的生产形势，与领导班子讨论后，主动向厂里请缨，加产1.5万吨。提到这件事，六区人说的意思都差不多，有多大劲儿使多大劲儿，不能打埋伏。人们在六区人身上，发现了一种久违的东西，人人、事事、时时、处处体现严和实，不怕困难，敢"啃硬骨头"。用三厂党委书记王显平的话说："状态好、作风实、敢担当、有作为。"

曲晗最喜欢看抽油机转了，电机启动，手刹一放，硕大的平衡块"呼呼"发力。驴头、游梁、平衡块、四连杆机构默契配合，才能带动钢铁巨人般的机器转起来，滚滚油流才能从地下千米抽上来。他觉得，一个有战斗力的团队就要像抽油机，同向同行，同心同德。

如今六区才蹒跚起步，正瞄着前面的"优等生"继续追。幸运的是，正好赶上大庆油田上下弘扬"严实作风"，大大助力了六区人从欠产到超产，从慢干到快跑，从被动生产到主动加产，实现成功逆袭。在曲晗心里，大庆精神铁人精神永远是激励人不畏艰难、勇往直前的宝贵精神财富。

万物复苏的春天完成了使命，火热蓬勃的夏天要来了，曲晗和六区夺油上产的故事还在继续。六区人有个三年计划，将来一定要跟最强的同行"掰掰手腕"。广袤的大庆油田同此心声，一台台不同年代出生的、浩如星海的抽油机正奋力抬头，那气势犹如万马奔腾，电动机嗡嗡作响，发出强劲有力的工作音。

抽油机里飞出欢乐的歌

大庆油田是始终高歌"我为祖国献石油"的热土,也是英雄辈出的沃土。时代在变,环境在变,大庆石油人求严求实的精神作风却始终坚定如初。

今年45岁的曲晗,工龄21年,党龄24年,一路走来,从采油工到采油队队长,现如今成长为第三采油厂第六作业区经理。

2021年9月,曲晗临危受命,赴任第三采油厂第六作业区副经理。面对困境,他迎难而上,率队以严实作风开局破题,用20天实现产量上扬,用60天实现指标登高,用100天完成欠产逆袭……打赢产量翻身仗,交出一份新时代高质量稳产的优秀答卷。

2022年火热的7月来了,昂扬喷发了63年的大庆油田迎来又一个燃情的奋斗季。第三采油厂数以万计的抽油机井,像美丽的群星散落在广袤草原上。它们诞生在不同的年代,有着不一样的机型,所在的位置也各有不同,相同的是随着时代变迁,都攒了"一肚子"上产故事,讲不尽说不完……

"问答"咏叹调

2021年3月，第三采油厂启动"油公司模式"改革，原试验大队重组为第六作业区，其中北二西试验队连同所管的44口机采井和35口注聚井，被整体拨给一道之隔的第二作业区，时任副队长刘晓旭至今犹记得变动前夜的复杂心情。没想到官宣当天下午，二区机关各路就来调研。主管生产运行的副经理曲晗带着生产系统的人最先到达，在那间小小会议室里，详详细细地听他汇报情况，足足坐了两个小时。

他没想到，第一次见面这位领导就事无巨细地问了很多，从油井、水井，问到站和计量间，又问地下管线的使用年限、穿孔多不多、走向哪里、哪条穿水渠、哪条穿涵洞、哪条过公路，他都一一记下。他还问到了眼下有什么困难，听说有7口待作业井的措施还没有上，便当场落实。晚上回家，刘晓旭不由得一阵后怕，幸亏自己说的都是实情，不然可就尴尬了。

然而，这才只是个开始，此后让他没想到的事情一件接一件地发生。

第二天早上6时多，刘晓旭还没出家门就接到一个陌生来电，竟是曲晗。原来他早早开车下去到他们队转，发现一口井停了，问是什么原因。这一问，让自认为"还可以"的刘晓旭脸上阵阵发烧。再之后，类似的"问"接踵而来，老试验队沉睡多年的产量意识被猛然"问"醒。

那些日子，他天天都能见到曲晗，在井上，在队里，一连见了37天，把脉问诊、综合会诊，帮他们做了个全面体检。他至今还保留着自己与曲晗在即时通上交流的记录，多达上百条的信息均是问答形式，有因抽油机冲刺不对做的情况说明、有因高产井问题急需处理做的施工申请、有因落地污油日常巡检不到位做的自我检讨、有因应急抢险至凌晨后立即做的影响产量分析……问着答着，越问越细，越答越好，各项工作迎头赶上，再不是"打

在铁人身边的我们

狼"水平。

4月,改革继续推进,采油队编制取消,变成更为精干灵活的大生产班组。刘晓旭报名参加第二作业区公开竞聘,对现场提问应答如流,之后从容地走上注采212班长岗位。

2021年9月的一天,刘晓旭突然听说曲晗调走了,到第六作业区任副经理,主抓行政全面工作,心里怅然若失。紧接着,六区老同事的来电多了起来,原来不常联系的人主动找他问这问那:"咋样啊?听说我们这位新领导雷厉风行、六亲不认,听说他值一个夜班要查三次岗,听说他啥都懂,凡事不说出个'一二三'不好过关……这些都是真的吗?"

这个问题,22年来很多与曲晗共事过的人都有发言权,即便有人已退休,有人已调离,但无人不知"曲晗是个什么样的人"。无论是当年那个小曲技术员,还是曲队长、曲站长,抑或再后来的曲矿长、曲经理,工作没干好的人都怵他,任劳任怨的人都感念他,跟着他能把普通队"拼"成油田公司管理先进队,能把厂先进、局先进带成集团公司先进,能把作业区管成连年的厂安全环保金牌单位,无人不敬他、服他。

注采213班的人还记得,就在曲晗去六区报到的前3天,他还穿上收油服,拿着铁锹蹚进污油池,和他们并肩战斗,打了一场污油歼灭战。风里雨里,泥里冰里,他的加入总是给团队注入一针强心剂,引燃斗志,加速进攻,迎来胜利。

所以,"过来人"刘晓旭毫不犹豫地告诉老同事:"把心放在肚子里吧,保证没事!领导一次两次问你训你是训,如果一连37天持续问你训你,那可就是培训、特训,是福利了!"

冲锋进行曲

曲晗接手的是改革后诞生的新六区，也是连续欠产3个月、改革活力释放不出来的新六区。试验大队的前身已是今非昔比，油水井数量从原来的240口飙升到1000多口，功能由原来的现场试验变成现在的厂主力生产单位之一。然而，队伍重组后人员"大换血"，"注采输"机制还没建立起来，一大批刚投产的新井只有小部分正常运转，如不及时解决，不但影响产量，到冬季还可能造成大面积冻堵。心急如焚的曲晗深呼一口气，带着新团队再次掀起一轮强劲"风暴"。

第一次参加六区机关点名会，曲晗就撂下一句"产量上不来，我没资格休息"，之后便开启了常驻办公室模式。3天之内，他下去把13个班组走了一圈，最困难的601班、602班去了3遍。

区机关门卫值班大姐发现这个楼的人都变了。一大早，一层生产指挥中心的、二层技术室的都来了又都走了。不一会儿，三层的领导们也出去了，不是去厂里开会就是下基层了，有时候回来得晚，连吃饭时间都错过了。

六区生产指挥中心前移了，领导班子成员入驻班组了。二线变成了一线，一线变成了前线，食堂饭桌变成了会桌，生产现场变成了工作现场。

有一段时间，机关干部最怕被曲晗盯上问住，可偏偏他的即时通24小时在线，他的电话随时可以打进来。他逮着抽油机时率问题不放，"谁来干，怎么干，什么时候干完"三连问常令人无法招架。连续两次的案例剖析大会，开得当事人抬不起头来。旁听的心里发颤，被批得无地自容，就连没被批到的也在暗自反省。

六区门户网站上的检查通报贴了一溜，都是曲晗一页一页审过的，《掺

在铁人身边的我们

水管理检查简报》《热洗管理检查通报》《注入站简报》……责任人有名有姓，依据有条有款、有图有文，期期像滚雷爆炸，让人坐也不安稳、睡也不安稳。

曲晗安排的规矩、制度出台了。干部强作风的《二十条》、冬季生产运行《管理规定》、问题井《跟踪制度》和《经营考核条例》，谁碰上谁"挨板子"，谁犯到谁"下去"。3个月里，考核126次，追责问责干部7人次，岗位调整18人次。雷霆万钧之下，有人被调离关键岗位、有人"回炉"锻炼、有人主动提出下基层。

曲晗倡导的"跟我上""马上办"声势越来越浩大，小问题不过班，大问题不过夜，重大问题连轴转。技术室主任任旭牵头成立"热洗专班"，昼夜不停强攻3个月，一大批井"起死回生"，工作走上正轨。201中转站改造期间，历经5次全站大规模停产，半夜11时完工，一刻不耽误，立即恢复生产。

副经理带着"黏损治理专班"在3个注入站、140多口注入井现场往复调查，苦战30天，抓住五大节点，上措施近千井次，相关合格率从投产初期的10%上升到100%，新井日产油160吨。

一套名为"642"的管理法经过反复摸索后浮出水面，挂图列表、分块查摆、逐一销项，形成6个日报、4个月报、2个专班模式运行，全区生产管理进入良性循环。

一轮轮冲锋打上去，一个个阶段成果巩固下来，一个个"死结"被解开，积压问题动态"清零"，老井开井率、运行时率一路飙升，产量曲线日渐抬头，实现踏线运行。

"逐梦"大合唱

曲晗风暴式卷走了低标准、坏习惯，队伍干劲越鼓越足，六区要起飞了。

雨天泥泞，高温洗井车进不去井场。六区人横下一条心，要么垫路，要么铺管排，实在不行挖排水渠，把100多公斤的10米钢管一根根扛到井场去。雨水、汗水打湿了工服，鞋子吸进泥泞里，肩膀磨肿了，问题井救活了。

冬天来了。一处油井管线穿孔，事发地下埋着1万伏高压电缆，处理稍有不慎，将影响大庆市东城居民区供暖。危急时刻，曲晗决定人工挖！他带着副经理李航、李鑫、王伟光，机关干部、班长、副班长们全员参战，鏖战10个小时，热汗与极寒空气短兵相接，工服冻成了冰"铠甲"，始终没有人离开，直至夜幕下收兵，一切恢复如常，一口高产抽油机重新扬起驴头引吭高歌。

2021年11月8日，大庆地区骤降特大暴风雪。六区机关派出9台车开赴一线班组，党政工团分工配合，各系统人员72小时全覆盖加密巡检，把1140口油水井和42座计量间扎扎实实地跑了6遍，总计里程900多公里，及时处理37起险情，全区没有一口井冻堵，新建井站全部经受住了严寒考验。

2021年12月23日下午，曲晗在群里向大家通报了一条激动人心的消息："截至今天早上8时，咱们六区顺利完成全年19.4万吨产量任务，剩下的8天，每一吨都是超产！"他还说到了感谢和敬佩，话不多，很真挚，动了情。那晚，整个六区都心绪难平。

追随曲晗的粉丝越来越多，他们不再担心被提问，不再因困难多而"摊手"。601班下班前，发现有3口井掺水阀门坏了。51岁的班长孙野一

在铁人身边的我们

咬牙连夜修到晚上8时多才回家，那晚睡得真踏实。602班长罗寒秋想办法主动拆卸清理掺水阀门，工作效率提高了，很有成就感。半年来，这位90后小伙子像一匹不知疲倦的小快马，就连宝贝女儿出生也没怎么休息，令班组里里外外大为改观。他觉得这不只是一份工作，而是在跟着曲经理干事业！

六区的产量上来了，到2021年底已超产6457吨！

不知不觉间，六区人也染了一身"曲晗式"的豪气。2022年春节后不久，因受疫情影响，油田稳产遇上了难题。第三采油厂领回加产2万吨的"硬任务"，各作业区压力骤增。曲晗与班子商量，新井马上到见效期，咱们要有多大劲儿使多大劲儿，不能"打埋伏"。于是，六区班子向厂里主动请缨加产1.5万吨。

从欠产到追产，从追产到超产，从慢干到快跑，从被动生产到主动加产，六区一路狂奔。一批机关干部、小班长、老班长、好工人在"特训"中摔打出来，有的被提拔了，有的成了生产骨干。厂长万贵春在干部大会上代表厂党委班子为六区的变化鼓掌。

夏天来了，刘晓旭的老同事们再没兴趣打探消息，他们都很忙，刚忙完春季设备检维修，又忙着打响新一轮夺油上产大会战。但在他们的朋友圈里，能看见干净的井场、蓝天下的美丽抽油机和挥汗如雨之后的笑容。

曲晗的女儿已经上小学五年级了。从小到大，爸爸欠了她一大堆账，出生的时候，感冒的时候，开家长会的时候，想看电影的时候，就是"堆雪人儿"这么小的事儿到现在还是个"马歇尔"，因为天一下大雪，爸爸就往单位跑，不在家。但这并不影响父女的感情，女儿也立志要成为像爸爸那样有正事儿、干大事儿的人。

那天，阳光正好，曲晗和班子成员去了铁人纪念馆，再次聆听"当了领导，我还是一个钻工！""这困难，那困难，国家缺油是最大的困难！"豪迈的西北腔穿越时空、振聋发聩，蕴藏着最忠诚的石油力量。回来的路上，汽车穿过浩如星海正奋力工作的抽油机井群，一台台电机发出强劲的工作音，天地之间正汇成一曲气壮山河的雄浑齐唱："红旗飘飘迎彩霞，英雄扬鞭催战马，我当个石油工人多荣耀，头戴铝盔走天涯……"

第四辑　小站深处有佳音

　　父亲退休前几年聘上了高级技师,这在钻井队里不多有。巧的是,那年女儿也得了个厂级奖励。再后来,她的成绩和荣誉不断增多,究竟多少,连父亲也说不清了。但宋师傅由衷感到女儿赶上了好时候,国家《新时期产业工人队伍建设改革方案》实施,产业工人成长环境和上升路径不断优化,幸运的宋佳和生产一线的同事们一起迎来职业发展的春天。

潮涌催人进,风正好扬帆。在这个新时代,在这个大油田,只要努力,就有广阔舞台托举青春梦想,就有机会实现人生价值。鲜衣怒马,不负韶华。在这条成长成才的"快车道"上,一路领跑的宋佳,正以最燃的热血,最拼的青春,为她热爱的大油田献上最响亮的"佳音"!

站里有个女孩叫宋佳

青年向上,油田向前,春光无限。

2023年3月26日,中石油大庆油田正式对外宣布,已累计生产原油突破25亿吨,占全国陆上原油总产量的36%。这座为共和国建设做出巨大贡献的64岁老油田创下了历史新纪录。

"请党放心、强国有我。有我!有我!有我!"荡气回肠、振奋人心的宣誓声响彻"高擎标杆当旗帜、一稳三增两提升"主题劳动竞赛誓师大会现场上空。踏着铁人脚步成长起来的"油三代"在青春赛道上奋力奔跑,努力将个人奋斗目标与能源事业发展紧密相连。刚刚被评为"全国五一巾帼标兵"的90后女生宋佳就是其中一位。

作为全油田最年轻的集输工首席技师、全油田职工创新大讲堂最年轻的讲师、第四届大庆油田工匠和第三届大庆油田新时代青年先锋的她,32岁,已是10项专利、26项革新成果的研制者,5本石油技能专业书籍的编写者和12篇技术论文的作者。她是56位青年参赛者的带头人。

向阳而生

1990年5月,大庆油田迎来又一个万物生发的春天,各路石油大军正向着连续15年保持年产5000万吨的目标进发。

23岁的钻井队机械师宋印平带着初为人父的喜悦和不舍,告别产后虚弱的妻子和襁褓中的女儿,赶赴位于萨尔图区拥军村采油三厂的钻井生产前线。不久后,在三厂老商店平房后面的草原上,井队打出了三口新井。宋师傅清楚地记得,第一口井开钻那天,宝贝女儿宋佳刚刚满月。

而父亲和他的队友们依然在外征战,从内蒙古海拉尔到新疆塔里木,从苏丹到伊拉克,从冀东油田到川渝战场,打了一批又一批井。

在女儿心里,父亲很了不起,从没有什么事情能难住他。

她12岁那年,爸爸从国外的钻井前线休假回家。有一天,她放学回来,看见爸爸蹲在地上,眉头紧皱,对着脚下摊开的一张零号大图纸发呆。宋佳好奇地也跟着看,上面是复杂的电路图,还有密密麻麻的专业英语单词。父亲的井队正在苏丹打井,一台美国瓦特柴油机坏了,如果不抓紧修好,将可能影响交井工期。可是,在国外,人生地不熟,要找厂家维修,费用很贵,周期很长。大伙儿对着全英文的说明书、图纸,面面相觑,就像在看天书。

高中学历的父亲偏不信邪,背回了"天书",整个假期,把自己关在屋里攻坚克难。

很多年后,宋佳依然记得父亲趴在硕大的图纸上,捧着她那本初中英文词典和一只放大镜,沿着纸上的油路、电路,一点一点向前探索的样子,俨然一位大将军。那张钻井设备电路图,成了父亲的作战图,他步步为营,日日精进,又是查又是画,又是标,遇到一个生词,就搞定一个生词,就像战士攻山头,就像愚公搬大山。

在铁人身边的我们

终于有一天，父亲成功了，骄傲的胜利者兴奋地满屋乱走，大喊大叫："我可把它整明白了！我就不信这个劲儿了！"

回队后，问题很快解决了。"土专家"修好了"洋机器"的消息不胫而走，同行同事都很高看这位爱研究的机械师。周边兄弟队设备有事也来找宋专家研究。被人称赞，他呵呵一笑，说了句大实话，"无论如何，不能让设备停下来。我这个机械师就是干这个的。"

还有一次，家里的洗衣机坏了，售后人员来看了摇头说很麻烦，需要换整件，要价很贵。妈妈说，等你爸回来再说。学期马上要结束的时候，父亲回来了，三下五除二动手拆机检查。第一次看见机器的"骨骼""大脑""内脏"，初中生宋佳兴奋极了，像发现了新大陆，跑前跑后跟着忙活，一会儿递扳手，一会儿找零件，围着父亲问这问那。

常为钻井大设备"诊病"的父亲，摆弄一台洗衣机很是轻松，故障很快找到了，只花一点小钱换了件，洗衣机又恢复活力愉快地转起来了。小宋佳牢牢记住了那天售后人员向父亲投来的惭愧又崇拜的眼神，还听见他连声说："真是遇上高手了！遇上高手了！"

有这样一位高手父亲，宋佳胆子越来越大，看见什么都想打开研究研究，家里的小件家具都被她偷偷拆开过。照相机拆完装不回去，废掉了；电视机被她动过手脚之后，也不好使了。她还曾打过冰箱的主意，终究因为这家伙个头太大，没能得手。而她遇到的问题，爸爸都能解决。靠技术赢得尊严，拿真实力说话，像老爸一样，做个有本事的好工人，太牛了。

爱我所爱

转眼到了2012年夏天，22岁的宋佳大学毕业返回家乡大庆，成了第三采油厂第五油矿采油五队一名集输工，在"2801转油站"倒班，任务是看泵、观测地面集输数据、倒阀门、拔草、扫雪和搞卫生。她工作的地方，距离那三口井不到一公里。

2018年5月20日，油田技能骨干培训班班长宋佳抽空结了婚。新郎是一位胖墩墩的小伙子，他在兄弟们簇拥下叫门接亲的时候，顽皮的新娘传话过来，必须剪出标准的法兰垫片才能进来。于是，在培训班同学的指导与帮助下，西装革履的新郎竟然一丝不苟地剪了个法兰垫。

法兰垫片用于管道法兰连接中，为两片法兰之间的密封件，是油田生产上常用的一种小配件，剪法兰垫片，是宋佳培训班实操项目的"拿手戏"，她只需一分四五十秒就能完成得很漂亮，此刻成了她考验爱情的加试题。

第二天上课，新娘子穿着美丽红套装准时出现在教室，白天照常训练，晚上照常刷题。同学们听说了，这位小姐姐不一般，是征战过2017年"中国石油油气开发专业竞赛集输大工种"赛场，与400多名顶尖高手同台竞技，从海选、预赛、复赛，一直战到最后决赛的人。

培训班是油田专为培养高技能骨干人才而设，每年一期，只有几十人，前十名可获得破格晋级的机会。能被单位推荐参加这个班学习，相当于入选了操作工人自己的"国家集训队"，开眼界，长本领，又能结交同行高手。机会是难得，但赛制残酷。在三天一小考，五天一大考的高压之下，有人知难而退，有人被淘汰出局，宋佳咬牙坚持。

拆拆装装的实际操作训练，她不怕，但理论成绩总不理想。她便挤出所有课余时间上机刷题。夜深人静，整座培训楼只有一间教室亮着灯，灯光下，娇小又倔强的宋佳不断给自己加码，每天刷题数从500道增到600道、800道，不完成不睡觉，好几次到凌晨两点才收兵。值夜班的老师们循着灯光进来，发现这位开夜车的小姑娘，为她的刻苦所打动。一个月后，一万道

在铁人身边的我们

专业题在她心里融会贯通，滚瓜烂熟。

老师们都喜欢这位性格豪爽、办事靠谱、又肯吃苦的女生。别看她个子不高，气场却很大，啥事交给她，让人特放心。上实训操作课前，她提前把全班同学的工具挨个摆到指定工位，下课后主动收拾好工具、锁好门。课余时间，扫厕所、浇花，总是最晚一个到食堂。大气、随和、爱帮助人，男生女生都喊她"佳爷"。三个月后，28岁的宋佳，以全班第二名的成绩，被破格晋升为技师。

回到岗位上，娇娇弱弱的小姑娘变成女超人。师傅上罐，她比师傅爬得还高。轰鸣的泵房、繁杂的阀组间，常有她的身影。男同事看着都打怵的大阀门"铁家伙"，她说扛起来，就扛起来。维修加热炉时，她第一个爬到烟囱上调整烟道挡板，动作轻快又麻利。

工作中遇到疑难杂症，她会一一记下整理好，晚上回家一页一页摆上"地摊"，反复琢磨。为了让大家工作不累，她常自己动手搞革新，乐此不疲。见同事用铁剪刀剪法兰垫，又慢又不标准，宋佳鼓捣了几天，搞了个"快速制作法兰垫片工具"，每次同班大姐用新工具干完活，都会夸上一句："有咱们小宋，这活干得就是快！"

乐我所乐

2020年的一段时间，宋佳的爱人发现家里的桌子、凳子、台灯、门上都被媳妇贴上了小纸条，像刚刚学识字的幼儿园小朋友一样，笑问："看来，你这是要开始牙牙学语啦？"

其实，他知道，媳妇又迷上了自学"创新方法"。创新方法是大学里的一门课程，其中有四十个发明原理，是一套很大的科学体系，生产、生活中的很多难题都是运用这套原理来解决。

于是,她看见什么都手痒,忍不住要研究一下,每种东西都运用了哪些创新方法。家里有一把"弓"字椅,她左瞅右瞅,应该用的是"曲面原理",又对着一把雨伞出神,应该是"嵌套法"。家里家外,生产现场,走过路过,都要想一想,找一找,满脑子"组合法""提取法""局部质量原理"这些硬词。不研究不要紧,原来,创新方法无处不在。

"为什么搞生产革新,还要研究这个革新的过去和未来?"宋佳被一个个创新思维方法引发的新问题,吸引着,兴奋着,别人觉得习以为常的事情,她却要多打几个问号:"巡检路线如何规划更合理?生产数据哪个算法总结最快?工具怎样革新工人更省力?冬季室外管线阀门经常冻堵怎么解决?"

双休日,别人去逛街,她去找创新团队搞"头脑风暴",又开会研究解决方案,又跑现场。问题出在哪里,攻关方向就定在哪里,创新点就指向哪里。

2020年十月,当火红的藤叶爬满小站围墙,她和团队成员带着精心研制的《内循环式防冻防喷装置》成果出发了。从东北大庆,飞到新疆阜康西部钻探,奔赴中国石油集团公司首届一线生产创新大赛工程技术专业比赛赛场。

在团队中,她个子最小、年纪最轻,与之同台竞技的是来自中国石油的优秀团队,台下是集团公司技能专家和国内著名的创新方法专家。初生牛犊不怕虎,站在答辩席上的宋佳毫不怯场,稳稳作答,气场全开。

按照惯例,评委最多问三个问题。可他们发现,竟然问不住这位大庆小姑娘。以致在宋佳一口气回答了四个问题后,意犹未尽的评委又提出了第五个问题。

"水井测试防喷管存水冬天容易冻,解决这个问题,即便不用创新方法,也能知道要加热,那你是如何体现创新方法的呢?"

在铁人身边的我们

"评委老师好！是的，加温是问题的根源。但我的创新方法要解决的是水加热的过程。我的方法有风能、有电能、有井内自己的伴热循环能等等很多方法，恰恰体现了创新的思维啊！"

评委专家纷纷满意地点头，并给出高分。最终，宋佳以遥遥领先的答辩成绩助力大庆油田团队一举拿下工程技术类银牌，小姑娘一战成名。领奖台上，一身火红的她手持花束，笑靥如花。

冬天来了，一场大雪过后，天地洁白，小站银装素裹。30 岁的宋佳因成绩突出，破格晋升为油田高级技师。

敢想才能敢干，学会了方法，就找到了密码，可能把别人认为异想天开的事情变为现实。

有一段时间，宋佳做梦都是她的泵。小站里有十多台离心泵，每天 24 小时开足马力运行，是她日夜守护的伙伴，油田生产的重要设备。泵因磨损常要拆机检修，换轴承。检修完要保证同轴度，同轴度不高，会损伤泵的轴承，一个机械密封 3000 多元钱，两三个月就要换一次。泵的同轴度如果调好了，能坚持四个月、半年以上，或者更长时间。

宋佳问班长："让它少磨点儿，不行吗？"班长说不好办。平时人工调同轴度，就是拿个大钢板尺一比对，再用大锤"哐哐"敲两下，感觉差不多，震得不太厉害能用就行，大不了轴承转碎了再换。当然，也可以用更精密的百分表调，但是操作太复杂，会用的人不多。

怎么才能操作简单，又能让泵轴少磨损？宋佳日思夜想，忽然从一支激光笔上获得灵感，一下子想到用激光测，激光打到哪都是直线，用激光找正，可比钢板尺子精准太多啊！

整个晚上，她都为自己的新想法兴奋着——先把一个磁吸的底座吸到联轴器上，再在上面分别安装激光笔和两个靶心，激光穿过小孔，三点一线，直射对面靶心……

想法通往现实的路，是一条不断求证、求解的路。

酷暑时节，泵房里闷热嘈杂，宋佳一待就是一小天，又看，又画，又发呆。她冥思苦想，怎么才能让激光在技术指标范围内？钻眼需要多大直径，激光需要多大斜角？如果加个水平仪，按计量工具算的话，用不用年检？

问题一个接一个冒出来，她便一次一次迎上去，从风急雨骤奋战到朝霞满天。山穷水尽时，憋得脑仁疼，柳暗花明时，能高兴得跳起来。

路虽难，行则将至。一个月后，一套由宋佳自主研发的"离心泵机组同轴度激光找正装置"革新试验成功，获得厂技术发展部审核通过，实施后，离心泵维修时间大大延长。

很快，作业区的其他几座转油站都用上了宋佳的发明，年节约经济效益六十余万元。年底，还评上了油田公司技术革新三等奖。同班大姐说："还得是咱小宋！"班长笑了："小宋，要不，你再帮我研究研究别的？"

逐光而行

阳春布德泽，万物生光辉。抽油机不停工作，离心泵日夜轰鸣，油田改革发展的步伐从未停止。2022年，随着"油公司模式"改革推进，采油矿、采油队编制取消，变成了作业区、班组的管理模式，宋佳的工作单位也发生了一些变化。同年，宋佳被聘为油田公司集输工种首席技师，"油田工匠""油田新时代青年先锋"荣誉称号接踵而至。

参加工作短短十年间，两次破格晋级，十多次斩获各种技术大赛奖项，宋佳的"火爆"，吸引了诸多粉丝，班里的资料员、邻队的小伙伴，其他单

在铁人身边的我们

位的90后、95后年轻人，纷纷找宋佳讨教，都想跟她学两招。宋佳从来知无不言言无不尽，倾囊而出。

粉丝越来越多，宋佳的想法也多了，觉得应该再干点什么。

有一天，她鼓起勇气，敲开了顶头上司办公室的门。"吴经理，我有个想法。"宋佳随即郑重呈上一份调研报告，报告中，她结合自身成长经历和成功经验，围绕青年操作岗位员工成长成才总结的一套"323"职业晋升带徒法，洋洋洒洒近万言，梳理问题，提出建议。

那是她经过深思熟虑的一件心事，她想把全厂的弟弟妹妹们联合起来，带着大家一起进步。

行，还是不行，是不是年轻人的三分钟热血，一时冲动？

宋佳软磨硬泡，一再请求，领导终于同意让她试试。获知喜讯的第一时间，宋佳欣喜若狂。更高兴的是，她的"大动作"获得了厂群团工作部的支持。

2022年11月，凛冽的寒风和汹涌的疫情没有挡住燃烧的青春之火，在所在单位大力支持下，由宋佳发起的"萨北青年创新联盟"悄然启动。招兵买马，整章建制，定时间表，下任务书。把原有的12个人小分队，壮大为58人大部队。"联盟"成员都是来自全厂各单位有想法，想上进的基层岗位工人，他们平均年龄不到30岁，最小的一位1999年出生，彼此之间，有的是老朋友，有的刚刚认识，盟主宋佳是他们共同的"佳姐"。

青工马飞自从那年在油田技术骨干培训班上认识了佳姐，受到很多帮助，获得学习资料，增加学习机会，后来佳姐又把他拉进青年创新联盟群，他发现，这个联盟里是一群有正事的人，研究工作，交流学习，满满的正能量。在联盟里，马飞结识了一群同行业技能高手，特别是后来有幸拜比他大两岁的柏云龙为师。他俩双双参加油田公司首届站库应急处置大赛，师傅放下自己的训练，腾出时间帮他。他根据徒弟的身材、力量，一对一制定训练计划，手把手地教，两个人成绩一起突飞猛进。结果，比赛中，哥俩联手创造了一个奇迹，柏云龙得了金牌，马飞得了银牌。

油田转型发展，数字化、智能化建设的新任务繁重，观念要更新，行动要跟上，三厂的创新创效基地应运而生，宋佳带着青年创新联盟加入大部队，与全厂7个劳模工作室和数字化运维中心数控室并肩作战，输送青年人才和新鲜想法，做好他们的孵化器。

年轻人说干就干。经过充分论证，一组问题列入联盟攻关计划。"部分抽油机工频运行时，远程启停功能无法实现问题""有线载荷传感器，因线在井口处，受环境影响易发生损坏，引起安全问题""无线接入的压力变送器，冬季电池电量损耗快、电量不足问题"……

冬去春来，残雪消融。创新联盟的"成果研发""技能实操""创新设计""难题会诊""信息技术应用"的五大功能区逐一落地，初见雏形。创新联盟成员参加各类技能竞赛获奖6项，研制革新成果10项，发表论文7篇，解决生产难题5项。

宋佳有一个心爱的笔记本电脑，那是三年前专为自学CAD制图入手的宝贝，花掉了整整两个月工资的"大件"，她常亲昵地称它为"兄弟"或者"老伙计"。

她觉得，老伙计就像她自己，从当初的一张"白纸"，到现在桌面上遍布文件夹，C盘、D盘两度爆满不得不导出数据另存。

老伙计与主人日夜随行，一路征战，什么都知道。80余次生产隐患和12次次生事故是如何被主人亲手消灭的；20余项生产难题是如何解决的；"油气集输用管道封堵器"等8项专利是如何通过申请的；"抽油机变速箱防盗看窗"等10项革新成果是怎么孕育诞生的；5本集团公司、油田公司技

在铁人身边的我们

能教材，12 篇技术革新论文是怎样一遍遍反复修改、论证，直到最后定稿的；几十次集团公司、油田公司培训授课课件是怎么从最初的不成样子到最后的完美呈现的。

她也很心疼老伙计，从一开始的每天开机学两个小时制图，抽空还能下个电影看看，到现在 24 小时夜以继日，埋头苦干，无数次陪她问候午夜月光，致敬清晨曙光。有时，女主人会顽皮地安慰说："兄弟，这几年跟着我遭罪了。"

被宋佳视为珍宝，不知翻过多少遍的第一套大学教材《创新方法》是师傅所赠。师傅叫程延庆，第三采油厂程延庆工作室领衔人，黑龙江省劳模。几年前，师傅把厚厚的书交到她手上时，认真地说："学学吧，这个特别有用，碰上啥难题，就用它解决。"师傅还说，"当工人就得先干好自己的活儿。不能好高骛远，手头上有啥，能看见啥，你就先干啥。"现在，宋佳又把这句师傅的话传给青年联盟的更多年轻人。一个人也许会走得很快，但一群人一定能走得更远。

宋佳太忙了，退休在家的爸妈不常看见女儿，但常听到好消息。随着采油厂生产规模扩大，2801 站早已完成二次改造，开发建设 64 年的大油田进入高质量发展阶段，三次采油占比越来越重、非常规油气开发、数字化油田建设如火如荼。

去年，因工作需要，宋佳调到另一座站当集输工，那里流程更复杂，功能更强大。在油田，还有很多大大小小的站。井上采出的液，汇集到计量间，再从计量间汇集到这里，气、液在此完成分离，然后，气走气道，油走油道，水走水道，年年月月，各自循环。

父亲退休前几年聘上了高级技师，这在钻井队里不多有。巧的是，那年女儿也得了个厂级奖励。再后来,她的成绩和荣誉不断增多,究竟多少,连父亲也说不清了。但宋师傅由衷感到女儿赶上了好时候,国家《新时期产业工人队伍建设改革方案》实施,产业工人成长环境和上升路径不断优化,幸运的宋佳和生产一线的同事们一起迎来职业发展的春天。

潮涌催人进,风正好扬帆。在这个新时代,在这个大油田,只要努力,就有广阔舞台托举青春梦想,就有机会实现人生价值。鲜衣怒马,不负韶华。在这条成长成才的"快车道"上,一路领跑的宋佳,正以最燃的热血,最拼的青春,为她热爱的大油田献上最响亮的"佳音"!

程专家的内心独白

我叫程延庆,今年 47 岁,是大庆油田第三采油厂第八作业区注采 805 班组副班长。这几天,我恨不得住在工作室里,变频废旧皮带改盘根装置,已经进入第五次试验了,如果该项目成功,我有信心为单位节约盘根费用上百万。

井场受命

2015 年,我已经在矿机关管了两年抽油机了。在此之前,我有十多年的采油队工作经验。视野开阔了,经验丰富了,我开始琢磨一些小革新。

记得那是四月份的一个早晨,我值完班,像往常一样开车在井上转一圈,看有没有不在转的抽油机。我转到矿机关附近的一口油井旁,发现井上放了一大堆黑乎乎、油光光、鼓囊囊的袋子。

我马上给矿里打电话,原来前一天晚上有不法分子盗油,被执勤的经警保卫队给冲散了。人是跑了,油没偷成,但是井场上一片狼藉。管井的采油工大姐为了迎接春检,辛辛苦苦地干了好几天,把井场收拾得整整齐齐,把井口管线、阀门刷得灰的灰、绿的绿、红的红,擦拭得一尘不染,万没想到，一夜之间，几天的劳动成果全都泡汤了，大姐气得眼泪都流下来了。

听到消息赶来的副矿长马上安排清理现场，抓紧恢复生产，看着昨晚还是好好的井场，现在被搞得乱七八糟的，工人又要挨累了，他很痛心也很生气，全矿上下都在一门心思抢产量，可是这坏分子还在这节骨眼儿上来"霍霍"人，既影响正常生产运行，又给井上工作带来很多麻烦，还有，公然偷国家财产，真是可恨。

领导在现场就发出动员令："谁能解决这个问题，谁就是我们心中的能人，谁就是真正的专家。"接着他又看着我说："小程，你不是爱搞革新吗？琢磨琢磨，看能不能把这个事儿给整了。你要是把这个解决了，全矿采油工都受益，比得个奖状还强！"

挑战"不可能"

我把这话默默记在心里，觉得自己真的应该做点什么。说实话，虽然我平时喜欢搞些小革新，但都是采油生产方面的，而现在要解决的是"防盗"问题。

我，一个技校毕业生，没学过多少机械知识，真是有点儿"老虎吃天"的感觉。那些日子，我天天都在苦思冥想，没事儿就上井、上站、上队转悠。我走遍全矿的采油队维修班库房，看各种生产阀门，那段时间我把所有的精力都集中在阀门防盗上，在家洗碗时不自觉地来回开关水龙头，琢磨如何能控制阀门，家里人看我直发蒙，不知道我在干什么。在井上我在抽油机旁一站就是十几分钟不动弹，对着井口的250型号阀门出神，采油工以为我得病了都躲着我走。碰到有经验的老师傅我一开口就是阀门防盗的话题，刚开始大家讨论这个话题还蛮有兴趣，时间长了没"呛呛"出个办

在铁人身边的我们

法，大家就不愿意和我唠嗑了。

我怎么也想不明白，明明抽油机正常运转着，生产时还需要开关阀门，怎么才能不让"贼人"打开，我们还能正常开关，我焊死它？我拿什么螺丝给铆上？琢磨啊，琢磨啊，天天想得脑袋生疼，有时真不想整了，但一想起盗油现场一片狼藉的场面、采油工大姐伤心的情景、领导说的那番话，这一切又重新燃起了我的斗志，我一定要解决这个难题，做一个让一线员工认可的专家。

有一次，在路边我看一位师傅修自行车，车上的防盗锁让我眼前一亮，有专用工具就能打开，没有专用工具就打不开，这不就是我要的"防盗"效果吗？防盗器的实质就是一种锁啊。于是，我开始对各种锁头感兴趣，单位的密码锁、办公室的门锁、卷柜上的锁、家里门锁，不管看什么锁，都想上手摆弄摆弄。我一开门，就晃悠门，一开柜子，就拿钥匙掰锁头。同事说，小程最近有点儿魔怔。他们还开玩笑说，这小子，老琢磨开门撬锁的，是不是要改行啊？

他们哪里知道，那时候我脑子里只想一件事，就是怎么才能给正在生产的抽油机装上一把"锁头"。

我在手机上查、电脑上找，看了大量的资料。我开始试着动手设计，画图，观摩，试制，一次次反复试验。失败了，不满意，再试，再改。

有一天，我在厨房刷碗，媳妇儿敲我脑袋："你是有病了吧。"因为我刷着刷着就站在那一杵，眼睛发直，碗也不刷了。半夜睡到十点，"咚"一下坐起来，下地找笔，往纸上记。其实我不是"有病"了，我是怕好不容易来的灵感，睡一宿觉给睡忘了。

那一刻，我突然想到了强磁，可以用强磁做一个挡板！强磁有了，我又想到了异形扳手……就这么想下去，这个东西，在我脑袋里一开始是模糊的，现在我已经知道它是个啥样了。有意思的是，好多时候，都是刚要入睡的时候，想法出来了。必须马上记下来，不然的话很容易忘了，第二天早上直拍大腿，哎呀，白瞎了。

同事给我抓拍的照片，好多都是眉头紧锁的表情，一想事儿，不自觉地就那样了。好像天生就有一种压力，总有很多问题等着我去解决似的，心事都写脸上了。可能搞革新的人，除非是天才，都应该进入这个"痴傻"状态吧。

最初的时候，也有人觉得我"病"得不轻，背后会说，你看他成天瞎鼓捣，那是他能鼓捣的吗？他以为他是大学生呢，老像自己会点啥似的。确实，我不是搞专业技术的，知识储备也不够。对于一些高手来说，这个小革新不算什么事儿，但是对于我来说，却是个很高的门槛儿。那时候，我还没有接触到"创新方法"的概念，科学的创新方法是我后来才学到手的。2015年，我还不是"油田工匠"，也没当上"油田公司"劳动竞赛创新标兵"，更不是"集团公司先进工作者"，这些身份和头衔都是后来的事儿。当时我只是个热情有余、储备不足的"小白"，我还记得绞尽脑汁研发的第一个革新材料报到矿里就被退回来了，又改了好几遍再报上去。我能做的就是天天想、天天泡、苦苦憋，使劲儿看书。一本书你要是看到第一百遍，就会其义自现了。所以，我脑子不够用的时候，书里的知识会把我熏陶成我想要的样子。

有一种快乐你不懂

很多东西成功了，不是一个人做的，也不是一蹴而就的。我很幸运，遇到了很多帮我的人。我研究出来东西，同事们支持我，装了不好使再拆，

在铁人身边的我们

好使再给推广,从来不怕麻烦。

一有空,我就去维修班找他们唠嗑。人家问我:"你行吗?""我先试试。"我就告诉他们我研发到啥程度了,在哪一步卡住了。大伙儿看我自己"抠"得挺累,就帮我分析,这一条行,那一条行,给"支两招",不知不觉,我们的话题就变成了研发。

刚开始,我是走了一段"弯路"的,我订的是"明锁"的方案,想的是怎么加固锁,方向走错了。之后,我调整了思路,想到了在井口焊一个像铁盒子似的大流量防盗器,后来发现这个东西太过笨重,也不行。

实在想不出头绪,我就去找师傅。我的师傅叫任相才,那时候他还没退休,在我们大庆油田大名鼎鼎,是集团公司采油技能专家,我对他慕名已久,千方百计去拜他为师。师傅教我逆向思维:"你要是盗油分子可能怎么做,你就沿着'敌人'的思路去破解它。"

我就在脑子里一遍一遍地"过电影",开阀门,丝杠就出来了,关阀门,丝杠就回去了。哦!我的任务不就是防止丝杠进出,阻碍闸板开启吗?把这个点找准了,就在这上面下功夫。千里万里,苦苦寻觅,终于云开月现,我兴奋不已。

经过修修改改,我将强磁、挡片、弹簧锁片、专用扳手这些零件一个个地装配到我的防盗装置上,在井上我把做出的样品安装好,和采油工一次又一次地试验防盗效果,研发的成果不但满足防盗,还要考虑到不影响正常生产操作,在不断的试验改造下,三个月后,我把一套名叫作"250阀门防盗装置"的东西拿了出来,把这个小装置装在抽油机生产阀门上,真的实现了防盗又不影响正常生产。我们领导说:"别看东西小,你解决了生产问题,这就是你的价值。"

很快,全矿所有的路边井全都装上了我研制的这个小装置。东西好使了，工人没多大反应，因为防患于未然永远都是悄无声息的。小时候，我看过一个电影叫《凯旋在子夜》，讲的是对越自卫反击战胜利之后，部队从老山前线回到城市驻地，为了避免扰民，选择在子夜时分进城。真正的胜利者就应该是这样的。这世上的很多成功，都应该是静悄悄的。人们都记住了晚年成名的屠呦呦、钟南山，还有"新时期铁人"王启民，却很少人注意到过，年轻时就已经在埋头做事，并且已经做了很久了的他们。

我不是一个人在"战斗"

我发现，在研发的过程，有好多东西是连锁的，我掌握了原理，搜集了很多资料，在做完阀门防盗器，紧接着我顺藤摸瓜又做了防盗看窗，有了前面打的"底儿"，再做这个的时候就容易多了。

从始至终，我谨记师傅教导，搞革新最关键是要解决问题，搞的东西要简单实用，千万不要为了获奖就故意把一些东西搞得高深莫测、华而不实，花钱多不说，用起来麻烦，推不下去。

这一年，由"一把锁"而起，我的"小宇宙"爆发，到了年底，好消息一个接着一个，我研制的防盗器先是得了厂技术革新一等奖，后来又得了大庆油田公司重大技术革新三等奖。再加上厂优秀方案、厂管理现代化成果，大大小小一共得了七个奖。

就在当年，单位领导大力支持我，专门安排腾出一间废旧房子，成立了以我名字命名的"程延庆创新创效工作室"。我带着更多人一起干，井场就是我们的试验现场，怎么才能优化操作流程，增加工具功能，减轻工人劳动强度，就是我们的主攻方向。

七八年过去了，我最开心的是，再开车转到路边井，早就没有放油的

在铁人身边的我们

了。更开心的是,我领衔的工作室越来越红火。我们获了中国能源化学地质工会优秀职工技术创新成果一等奖 1 项、三等奖 2 项,黑龙江省创新方法三等奖 1 项,获油田公司重大技术革新特等奖 1 项、一等奖 5 项。我们在国家重点刊物发表论文 3 篇,获得国家实用新型专利 9 项。我们研发革新仅变频废旧皮带改盘根装置一项,就可每年节约成本 170 万元。

如今,我越来越喜欢搞革新,搞创新,搞上瘾了。我脑子里的想法越来越多,也越来越意识到,自己这点儿小聪明和花拳绣腿很不够用。我自学了全套的"创新工作法",加入了大庆油田"哎呦维"创新团队,当上了油田的培训师,成了油田功勋员工、集团公司先进工作者、黑龙江省劳模,走上了中国石油劳模智慧讲堂,给全国各油田数以千计的同行讲我从一把"锁头"开启的"专家"之路。我还告诉他们一句话,"走在这条充满挑战和希望的路上,我依然痴痴傻傻,乐此不疲。我一点儿也不怕如果失败可能就会遭人笑话,因为失败后面一定是成功的。"

刘可夫的传奇

2023年8月,明媚的阳光照在宁夏回族自治区银川市的广袤大地上,"国家能源杯"智能建设技能大赛——智慧化工产业职业技能大赛即将开始,总裁判长是一位来自大庆油田的技能专家,名叫刘可夫。刚满44岁的他,很从容地忙着一切,浑身上下散发着自信与淡然。早在20多年前,他就来过这里。他清楚地记得,当时是坐了三天三夜的火车,每天晚上就钻到硬座底下对付一宿……

那一年,回到家乡

2002年9月,秋高气爽,天空湛蓝。大庆油田第三采油厂电力大队电工一队队长给五名新入职的市场化用工培训,队长听说其中有个叫刘可夫的小子有点本事,开完会便把他留下,指着落满灰尘、"病入膏肓"的电机让他修。刘可夫三下五除二就把机器拆了。第二天,电机便恢复了运转。

那一年,刘可夫以全油田第三名的成绩考回了自己的出生地。得知准确消息的那天,他兴奋地跑去告诉正在埋头种地的父亲:"爸,我考上了!"待到正式上班,穿上石油工人的工作服,蹬上外线队发的劳动保护电工靴,

在铁人身边的我们

头戴安全帽盔，肩挎工具袋，出发去爬杆作业，刘可夫神采奕奕，走路生风。都说外线队很艰苦，可是他觉得分到哪里都好。他曾在社会上整整漂泊了五年，跑过中介，学过通信设备维修，在索尼公司当过维修员，被小偷偷过，被地赖子讹过，鼻子出血累倒过，母亲因为和他失去联系急哭过。那是一段没有尊严，没有根基的漂泊生活。

当大庆油田终于张开怀抱、发出召唤，刘可夫毫不犹豫地考了回来。居无定所的打工仔，摇身一变成了油田电网的检修员。春天爬杆检修就像春游一样自在，冬天在白雪茫茫的旷野上架钻井线路，还能锻炼身体和意志力。

刘可夫带着自信准备大显身手。一开始，他看着别人上杆操作那么顺溜，谁知自己一上杆便脚发软，抱着电杆就是撒不开手。他发现了自己的差距，开始和电杆较起了劲，当手指磨出了厚茧的时候，终于能够像师傅一样在杆上自如地工作了。

气温零下20摄氏度的野外爬杆很遭罪。整个冬天，采油三厂地区正在打一批加密井，外线队顶风冒雪奔赴野外密集地进行钻井、改线、架线作业，人一次次爬上电杆，悬在12米高空，戴着薄线手套拧螺丝，手指一会儿就冻木了。刘可夫装完横担装刀闸，装完刀闸装绝缘子……干完一杆下到地面，从"脚扣子"里拔出双脚，使劲搓手跺脚，又和同事拽着重重的铝线，踩着没腰深的积雪，继续前进，任由旷野中西北风肆虐号叫，头也不回。顶着早上的北风出发，披着月下的寒光归来。这是外线电工的日常，有井、有泵、有机器，就要有供电保障，一线人手少，苦活累活总要有人干。他一天天咬牙坚持，慢慢地，别人上一个杆，他能上好几个，已经操作得很熟练了。

上班的时候，刘可夫把复习题做成小纸条揣在兜里，休息时间就拿出来在心里默背。一考试，他就得了个全厂配电线路工青工组第一名，被聘为厂内部技师。领导发现了好苗子，决定调他去技术含量高又在室内工作的电工二队，要好好培养。多少人梦寐以求想脱离苦海，他呢，工作干出水平了，同事之间也处出感情了，却不舍得走。平时他总是主动打扫队里的卫生，晚上也不回家，义务值了一个又一个班。他干活回来晚了，也有人嘘寒问暖，给他留饭，一想起这些，他都会心里发暖。

到二队不久，刘可夫又拿回了一个冠军。这次比赛难度系数更高，而奇迹从来不是偶然。刘可夫天天回家看图纸，请教当过电工的父亲。老电工退休十多年了，依然能清楚地画出自己所供职变电所的全部电路图。单位的老师傅都喜欢这个爱学好问的年轻人，也愿意给他讲授经验。2006 年，刘可夫被调入技术要求非常高的变检岗，很快又成了技术骨干。人们发现，这个不爱吱声的小伙子每天坚持学习，白天在检修中遇到问题，回来就一个人在宿舍里琢磨。一天晚上，为搞清一个继电保护动作原理，他骑自行车十几公里，到厂区追到师傅家里请教。

自从刘可夫来了，队里就多了一个"全天候"的活雷锋。啥时候打电话他都在队里，只要有事马上出发。有这么一个人在，大伙儿放心，队长省心。他自己呢，也不计较，觉得干工作就该这样。无论是获得很高荣誉，还是得了多少奖金，说到底都是一种认可，特别是排查出很麻烦的故障，是很有成就感的。这种感觉让劳动变得很美好，让工作变得很享受，会让人发自内心地愿意把每一件事情做好，没啥苦不苦、亏不亏的，而是一种双赢。

那一天，小鸟搬家了

元旦过后的大庆油田，千里沃野上白雪皑皑，大大小小的野泡子被厚厚的冰层覆盖，呼啸的北风长驱直入穿越一排排井站，风中走过一个背着工具包的瘦削身影，他抬眼望着几只小鸟扇动着翅膀从高高的供电杆上飞过，

在铁人身边的我们

好像是在和他这个老朋友打招呼。

那年，25岁的刘可夫每天走一万多步，巡检辖区6000伏高压线路是他的日常。一天刚吃完午饭，他就接到报修电话，所辖油区突然停电，几十口正在运行的油井、抽油泵和注水泵戛然而止，疑是由于电线短路引起了变电所跳闸。刘可夫和同事们背起工具包火速出动，排查两个多小时，终于在一个电线杆转角杆处，发现了引起短接的"罪魁祸首"——一截铁丝！收拾现场的时候，他陷入思考，铁丝是怎么"飞上天"的呢？这一带井场周边辽阔空旷，常有飞鸟活动。为躲避天敌，鸟儿们很喜欢在高高的供电杆、铁塔上安家。它们哪里知道自以为"安全"的筑巢，却给电网安全运行埋下了隐患。它们辛苦衔回来的细长树枝、铁丝或废弃绑扎线，遇到大风就不知道被吹到哪里，很容易导致电线间发生短接，甚至是瞬间起火。厂里每年因鸟患引发的故障就有几十起之多。

供电线路上的"鸟祸"，有的是鸟类活动造成的线路跳闸、设备损坏、影响油田电网的安全运行等直接危害，还有掏鸟窝、打鸟等人为活动造成线路跳闸、触电等间接危害。刘可夫曾多次制止过试图攀爬杆塔去掏雏鸟或是鸟蛋的淘气孩子，也曾多次看着掉在地上触电而亡的小鸟感到一阵阵心疼。

"怎么才能防止鸟害引起的电力故障呢？"日思夜想中，老师傅的一句话启发了他："最好的办法就是让鸟搬个家呗。"

聪明的小鸟喜欢把树枝、树杈摞叠在转角杆处的斜铁或是穿心螺丝的基础上，借助它们稳定的角搭建自己的"安乐窝"。如果想办法不让小鸟在此筑窝，问题不就解决了？

一连好几天，同事们发现，刘可夫要么盯着野外高压线转角杆基上的鸟巢发呆，要么就是拿着笔在本子上勾勾画画。他翻了一本又一本资料，画了一张又一张图纸，晚上躺在被窝里想思路，凌晨从床上跳起来在灯下设计。一周后，他拿出了"转角杆安装防护板驱鸟器"的革新方案，在转角杆上安装一个防护板，让小鸟无处"下手"，只能乖乖搬家了。

防护板驱鸟器简单易装，在全厂迅速推广，刘可夫的办法解决了电力鸟害，当年的电力故障比前一年减少了数十起。此后，他一发不可收，凭着请"小鸟搬家"的钻研劲头，又"啃"下了一块接一块技术"硬骨头"。

例如在变电所检修中，刘可夫发现高压注水电机长时间震动后，易造成导线连接点高温，严重时甚至会烧毁高压电机。为解决这一难题，他翻阅了大量的资料，就连晚上躺在床上想的也是设计思路。经过一个多月，推翻了数个方案后，他终于设计出"高压设备过温保护预警装置"。这一革新成果，填补了油田高压注水机组预警保护的空白。大庆油田设计院为此特意邀请他为专业技术人员讲解电子电路设计，攻克国产井下测量难题又有了新思路。

光阴荏苒二十载，刘可夫共获得技术革新成果25项，提出合理化建议40余条，累计创效千万余元。现在中国这么强大，即便有些领域落后也只是暂时的，只要有奋斗之心，一定可以突破，因为事在人为，中国人的头脑是最好使的。这就是刘可夫的朴素想法。

那一刻，享受着比赛

2011年，在河北省任丘市华北油田的所在地，一场竞争激烈的大赛开始了。那是一次中国石油电力系统综合性维修电工的高端比拼，主要比的是接线和配盘操作。刘可夫没干过这种工种，集中培训时，他就观察别人接线。他发现，大家训练非常刻苦，有的高手只需看一眼，就能光手把线窝得尺寸非常精密。一根根金属线把手磨破了，磨出血泡了也不停。他也试了试，发现这种操作法有欠缺，光手接多疼啊，为啥不用工具呢？有人告诉

在铁人身边的我们

他，工具会把线窝出印，不标准。再说也不习惯用工具，觉得别扭，不如直接上手简单。他就想，那我把工具磨一下，没有弧角了，不就没有印了么，而且也不伤线，指甲如果锋利了也会伤线的，还是要尝试用工具。

苦思冥想之后，神奇的工具问世了。刘可夫为自己特制了一把钳子，一开始窝线比较慢，但形状很好看，后来动作越来越行云流水。钳子刷新了人们的固有认知，成为行业首创。很多人找到刘可夫，想拜他为师。刘可夫大大方方地练，还积极主动地教。比赛结束，刘可夫得了采油厂电工的第一名。评委向他竖起大拇指，电工刘可夫从此名声大噪。

此后，在进行焊接电路训练比赛时，同伴举着手机对着正在练习的刘可夫全程录像，然后再把视频一帧一帧放慢看，仔细研究他的动作。刘可夫的操作速度太快了，实在看不清楚。其实，他们没看见的是每天早晨跑步五公里的刘可夫，他用很重的钢球训练手指的灵活度，手腕上绑着三公斤沙袋锻炼臂力与旋转速度。练了一天，腰都快折了，还自我加码，自讨苦吃。刘可夫认为，吃苦的过程，就是滋养强大自信的过程。每次起跑、坚持和达到的过程，又何尝不是一种享受？赛前的最后一次淘汰赛，十几个人中将有一半离开。比赛规定，计时五分钟结束，提前完成可以加分。培训部主任发现，第一排的刘可夫最早完成，但并没有喊停，而是有条不紊地把六根线一根一根缕齐摆正。事后他问刘可夫，都已经完成了，为啥不马上交卷？得到的回答是"我还没完全弄好"。临场不乱，有条不紊，不断追求更高目标。这就是刘可夫的实干做法。

那一程，遇见更好的自己

一天，采油三厂运动名将"铁蛋"偶遇刘可夫，他激动地向旁边的儿子介绍说:"这就是你可夫叔叔,当年厂职工自行车越野赛的第一名。当时我都当着大家吹出去了,我要是骑第二,谁敢骑第一?结果连第二都没骑上,得了个第三。"2008年,举国上下迎奥运,厂职工自行车越野赛上,刘可夫第一时间冲向终点,"铁蛋"嘴上立刻起了个大泡,这位曾经厂职工万米赛第一名纪录保持者、一口气能骑到百公里的人,输得心服口服。

刘可夫觉得只要一声哨响,必然要全力以赴。奔跑的过程,就是不断加持、潜心内修的过程,就是咬牙坚持、向外突围的过程,就是点燃自己、释放激情的过程。这是一条由汗水、心血沁润过的青春赛道,唯有不断提速、不断超越。赛后,刘可夫收到单位一份特别的奖励,率领劳模团队去北京看奥运会比赛。那一刻他感觉太棒了,仿佛整个人都在发光。

刘可夫奔跑着,迎向一个又一个拼搏出来的美好朝阳。2022年,他所在的工作室被授予"省级技能大师工作室"。2023年4月,他应全国石化行业职业技能大赛组委会盛邀,赶赴银川担任评委会主任。他觉得,43岁来得飞快,这是人们常说的"不惑之年"。从19岁在社会上打工;到29岁获得第一块黑龙江省技能竞赛奖牌;再到31岁获得中国石油天然气集团公司技能竞赛金牌、中央企业技术能手;34岁被聘为集团有限公司的技能专家;41岁荣获全国技术能手,不知不觉一路走到了今天。有人说"可夫你可以了",他自己好像还是当年那个扛着工具爬杆抢修的外线维修工,还是那个初上赛场斗志昂扬、不甘落后的新选手。人生路上的奖牌、光环、鲜花、掌声,不过是一个个走过来的小记号而已,他还要向新的目标出发,往前走,做更多的事情。

数字化油田建设步伐越来越快,采油三厂新时代产业工人创新基地、数字化创新创效基地刚刚建成,作为基层技能操作员工、技能专家、集团专家协会的副主任、省技能大师工作室的领衔人,为保证数字化设备平稳运行，刘可夫和他的团队要不断地解决问题、攻克难题。他们的工作计划排得满满的，每一天、每一周、每一月、每一年，都在为建设中国式现代化、建设百年油田而努力奋斗。

2023年，采油三厂数字化运维中心办了一场拜师大会，刘可夫新收了两位徒弟。活动刚结束，他们就激动地在微信里晒与师傅的合影，那种仰慕之情溢于言表。接下来，他们要跟着师傅一起攻关，解决难度系数很高的问题。在油田，各单位的很多一线电工们都听过刘可夫讲课，他是技能考试的辅导员、考试主任、评委会成员；他在讲课间隙也会讲到自己的故事，充满了传奇：他是技艺高超的"革新达人"，是集团公司技能专家，他总结出的"望、闻、听、切"四大绝招，解决了多项生产难题；他的革新成果"高压注水电机线夹"，在采油三厂24个联合站推广应用……

在采油三厂一栋很漂亮的办公楼里，刘可夫领衔的工作室装饰一新，工作室联合全厂七个劳模工作室、一个青年联盟。正在研发的新课题，有一些已经出成果，有一些刚刚启动，有一些还在酝酿中。刘可夫已经忙得没时间回家帮母亲的小菜园挑水施肥了，但是他会抽时间给家里打个电话报平安，也会把单位精心印制的获奖大照片拿回家贴在客厅墙上，好让母亲天天看。

刘可夫，有着一个洒脱自在、自信满满的灵魂。赛场上，令对手望而生畏；工作中，令无数后辈肃然起敬；生活中，敬老爱幼、无私奉献，令很多人感佩其品德。岁月给勤奋者以荣誉，时代给梦想者以舞台。"凿井者，起于三寸之坎，以就万仞之深。"此刻，"工"已磨砺成"匠"。

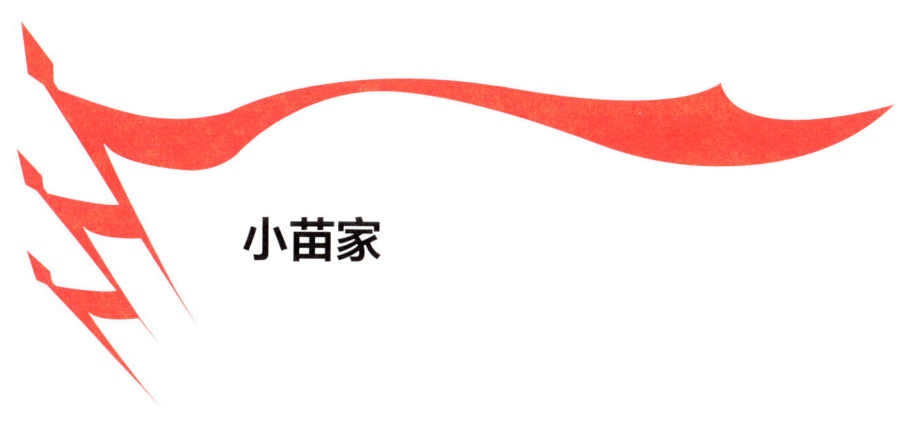

小苗家

1987年出生的苗占礼是个土生土长的"石油娃",爷爷、父母、叔伯、姑姑……很多家庭成员都在采油三厂工作,他跟小姑还曾经在同一个队上班。几十年来,人们发现,这个家庭的所有成员身上都因一种隐形的基因而充满力量,他们一代代默默传承着这种力量,像小溪源源不断地汇入大油田的洪流。

爷爷的遗憾

苗占礼的好多同事都是叔叔伯伯辈儿的,是父母当年的同事,看着他长大的。在北三一联合站工作过的叔叔阿姨们,都还记得当年那个有双黑葡萄一样眼睛的胖小子。妈妈经常是把他往队部一放,就带几个班长干活去了。他自己玩着玩着,就蜷在大木头长椅上睡着了,被喊醒的时候天都黑了,身上被盖着工服大棉袄……

胖小子小苗,像大田里茁壮的玉米秧苗,顶着大油田的长风烈日,听着深度污水站的机泵轰鸣,伴着抽油机上下舞动,一年又一年,自由自在,肆意疯长。

在铁人身边的我们

妈妈工作忙，经常把他放到爷爷家。从记事儿起，小苗就常见爷爷往小本子上写东西，抽屉柜里还有他穿军装的照片、大红证书。有些字，小苗认识：抗美援朝纪念，苗秀金，1960年。苗秀金是爷爷的名字，他觉得，爷爷跟别人不一样，很是威风。

然而，1934年出生的苗秀金，并不觉得自己有多荣耀。只因为，当年他赶赴抗美援朝战场的时候，战争已经结束，他在"三八线"上驻守4年，没赶上炮火硝烟，没有英勇拼杀，作为男人，作为军人，心里总有点不甘。

1960年，石油大会战开始了，刚好转业的苗秀金毫不犹豫地报名，血气方刚的他，有着冲天的豪气。这不亚于一场战争，饥饿、劳累、寒冷、缺医少药，有可能心理防线一松，就当了逃兵，而他坚持下来了。

苗秀金先当工人，后当干部，1984年从采油三厂一矿后勤队队长的岗位上退休。他有一把锄头，用来锄井场的草，也锄井场旁小开荒的草。北1排87，是他管过的一口井，他总是把草锄得干干净净，把井口擦得锃亮，像伺候孩子。退休十几年后，老苗还特意去那口井看看，老伙计了，亲！

苗秀金骨子里的英雄情结和无限豪情，在大油田得到生长和绽放，他和他的"战友们"像所向披靡，干成了一件开天辟地的大事情！在之后的漫长岁月中，他坚守着油井和"我为祖国献石油"的责任，悄无声息中成就了一个人、一代人，乃至几代人朴素的世界观和石油情怀。

妈妈的光辉

在母亲韩秀莲眼里，儿子是突然长大的。2005年，爱人意外去世，儿子正读高三。高中毕业，儿子考了省里一所大学。油田招工的消息传来的时候，儿子忍不住了："妈，我念完这个学，将来就不知分到哪去了，我还是想回去！"

大庆油田，对小苗来说就是背靠的一座大山，他觉得踏实、安全，有股子力量。

2006年，19岁的小苗如愿成为一名石油工人。高中学历，采油工、集输工，踩着爷爷、母亲的脚印儿，一步一步从头干起。

母亲，就像一束光，总是映照着他。这位全厂人人皆知的"铁姑娘"，早在小苗出生前一年，就已经是省劳模了，那时候，韩秀莲26岁。

1982年，第三采油厂北三一联合站投产，技校毕业生韩秀莲从采油队调到北三一联合站污水站当班长。她一个姑娘家，跟男人一样参加污油治理会战，选最大的筐，一次装50多公斤重的污油，人被压得透不过气来，汗珠子捋着脸淌成了溜，胃病犯了，累倒了。她硬撑着爬起来，找石灰刷泵房，仰着脖子刷房顶，白灰往领子里灌，淌进衣袖里、脖子里，滴进眼睛里。白天干活儿，晚上整理资料，三天三夜连轴转。那一年，石油管理局第87次岗位责任制大检查中，她的站，拿了全油田第一名！

1983年，23岁的韩秀莲被评为大庆市劳动模范；1986年，被评为黑龙江省劳模。她先后获得大庆市"三八"红旗手、石油工业部新长征突击手、石油管理局模范党务工作者、大庆石油管理局模范党务工作者标兵、中国石油天然气总公司模范党务工作者等市局级以上荣誉称号14项。

那时的小苗太小了，他不记得妈妈每一次夜不归家自己是怎么过来的，只记得，妈妈的皮肤，没有别人的妈妈那么白皙，又黑又瘦。

是的，他的妈妈韩秀莲，女人服气，男人也服气，全油田都服气！从女班长、女副队长，到女队长、女书记，直到2015年光荣退休。如今，依然每天组织退休的老头、老太太们搞活动，忙得团团转。

在铁人身边的我们

"铁姑娘"韩秀莲身上的这股子劲儿,在幼小的苗占礼心里埋下信心的种子,那就是:汗水和意志能浇灭拦路的火焰山!

"小苗"的心愿

苗占礼参加工作的第一年,有一天回家,他突然问:"妈,你参加过技能大赛吗?"原来,他报名了。

大赛选拔特别残酷,矿里集训每隔一段时间,就往下刷人,第一次,有一半人回家了,第二次,又有一半人被淘汰了,他憋足了劲儿,心想:不能被撵回家。母最知子心:"儿子,你要是拿个第一回来,妈给你奖励。"

结果成绩出来,他考了第三。别人觉得不错了,可这不是他要的。2009年,他第二次参赛,更专注,更辛苦,更投入。这次,考了第二名。2010年,他第三次参赛,拿回了第一名。

"妈,我一定超过你!"韩秀莲对儿子赛前的这句狠话很满意。

之后,是一路更猛烈的拼杀,冲出大庆油田职工技能大赛的选拔,直冲到集团公司比赛赛场。

22岁,"小苗"已露尖尖角,苗占礼成为全厂最年轻的技术革新一等奖获得者;23岁,他成为全厂最年轻的技术大赛第一名获得者;24岁,他成为最年轻的大庆油田公司杰出员工。

2017年12月,在当了三年工人、三年半班长、两年半副队长之后,正好30岁的苗占礼走马上任采油三厂三矿308队党支部书记,全队59名职工,200多口油水井、计量间,还有2座小站,他也跟爷爷、妈妈一样,成了带队伍的人。

如今,爷爷的耳朵背了,但身体还硬实,他每年要去山东老家住一阵,偶尔回来，种种小菜园，最高兴的是把各种果实拿给子孙们吃；妈妈退而不休，闲不住，还在张罗退休支部鸡毛蒜皮的那些事儿；苗占礼更忙了，女儿刚满周岁，单位工作刚接手不久，当党支部书记的他还是个新手。队里队外，家里家外，整天马不停蹄地忙。

母子俩通电话的时候，不怎么说工作，对这个儿子，就让他放手去干，妈妈心里都有数。

标准的"油三代"苗占礼，无论是作为苗秀金的孙子，还是作为韩秀莲的儿子，家族血脉中的养分源源不尽地流淌进他的身心，有时，喷涌着爷爷当年报名参加石油会战时的决绝，有时，生发出母亲抬污油筐时的神勇，当然也有困惑，也有磕绊；但凭借这种神奇的力道，每每面对新情况、新问题，他总能保持像祖辈、父辈一样的坚韧，用心去解开工作生活中每一个扭缠的绳扣，无所畏惧。

就这样，一代人，两代人，三代人，生生不息，这片散发着油香的土地上，正流传着、上演着无数个悠长的苗家故事。

节气里的石油故事

立春:"佳姐"和"霍总"

时至立春,江南水乡的人们已经接收到悄然而至的早春气息。而在大庆,这个日子只是春天的前奏,还处于万物闭藏的冬天。不过,"佳姐"与"霍总"的爱情已经是春暖花开了。

宋佳最近一次见到爱人霍明亮还是在 2023 年春节,金贵的假期刚过,夫妻俩便再次远隔千里了。一个在大庆油田采油三厂一座小油站坚守,另一个奔赴西北漠大线工程建设现场迅速进入工作状态。本来,霍明亮的工作是可以根据情况休假回家的,但是家里的情况是,媳妇没时间,即便回来也顾不上他,俩人便成了一年分十个月聚两个月的"假单身"。

终于把他盼回来了,久别重逢,难舍难分,为了多陪他,媳妇咬牙串了几天班,尽量把工作堆到后期干。俩人成双入对地回家见双亲、见亲戚、见朋友,不亦乐乎。不过,从他返岗走那天开始,她便忙到起飞,拳打脚踢一口气"歼灭"了革新攻关汇报材料,油田职工技能培训课件,事迹报告发言材料诸多任务,好几宿干到天亮,抢回了时间。

她,人长得小巧玲珑,一条活泼的马尾辫甩来甩去。他,大块头,白白净净，憨态可掬，爱穿白衬衣。刚谈恋爱的时候，她就发现这位人称"霍总"的大哥群众威望很高，又能写材料，又会管安全，多项全能，最主要很会唠嗑很暖心。本来初次见面没啥感觉，可一来二去不知为啥，她就愿意听他侃大山，想着念着黏糊着，直到在一个骤然响起歌声的浪漫冬夜，被他和一群同事精心策划的求婚大戏感动到眼泪稀里哗啦，只好乖乖地嫁给他做媳妇。

2018年的5月20日，宋佳妆容精致，身穿美丽的白纱裙，即将与爱人走进婚礼殿堂。新郎在众人簇拥下叫门的时候，被屋里的新娘要求，必须剪出标准的法兰垫片才能进来。于是，西装革履的新郎在众人的见证下，一丝不苟地剪了一个。这是宋佳正在参加的油田骨干技能人才培训班实操项目的"拿手戏"，只需一分四五十秒她就能完成，此刻成了考验爱情的加试题。小伙子用实际行动证明，爱你，就和你一起爱法兰垫。

婚后的"霍总"大力支持媳妇买了两个"大件"，一台笔记本电脑和一辆摩托车。摩托回家，宋佳脸上笑开花。车型小巧迷你，车身黑白相间，"霍总"的媳妇摇身一变成了飒爽英姿的女骑手，身穿纯黑色皮衣，头戴贴了亮膜的帽盔，护膝、护腕、护肘全副武装加持，怎么看怎么好看，怎么看都不是一般人。

宋佳超喜欢快速骑行风驰电掣的感觉，而胖墩墩的霍明亮对车和摩托并不来电，但是媳妇喜欢的就是他喜欢的。于是，在他的请求之下，女骑手欣然同意拉他逛一圈，只见本尊"哼嚓"一下坐上去，可怜的小摩托顿时给压得撅起头来，憋得吭哧吭哧直哼哼，无论怎么把油门拧到底，都是慢吞吞的二十迈。此后，小摩托的"哼哼"，便成了他俩新生活的一个"梗"。

笔记本电脑为主人立下了汗马功劳。本来只为玩玩，学画个CAD制图，一开始每天最多开机两个小时，高兴了还能下个电影看看，谁知这三年

在铁人身边的我们

越来越忙，回看"老伙计"的内存，就像女主人自己的人生，当初的一张"白纸"空空如也，现在桌面上遍布文件夹，C 盘、D 盘两度爆满不得不导出去另存。

霍明亮心疼媳妇胜于心疼自己，常隔空磨叨她要按时睡觉，少熬夜。

在宋佳"火"之前，"霍总"就已经很厉害了，是油田工程建设系统内小有名气的"先优模"，常被各路记者采访。一天，一位大庆日报女记者看他转发了一条宋佳获奖的新闻，标题叫作《"90 后"女集输工捧回全国荣誉，她是怎么做到的？》还专门配发一句话评论："太太太优秀了！"

女记者纳闷："咦，这个宋佳，你认识？"

霍明亮淡定地回了三个字："我媳妇。"

女记者惊呼："你俩都太优秀！"

为此，霍明亮私下里还跟媳妇皮了一句："这个人吧，我不太熟，只是天天早上吃她做的饭。"

忠心耿耿的笔记本电脑随时候命埋头苦干，陪着主人无数次问候大庆油田凌晨的月光、黎明的曙光。这位形影不离的老伙计知她很多秘密，比如"90 后"女集输工捧回全国荣誉，她是怎么做到的？更知道 80 余次生产隐患和 12 次次生事故是如何被女主人亲手消灭的？20 余项生产难题是如何解决的？"油气集输用管道封堵器"等专利 8 项是如何通过申请的？"抽油机变速箱防盗看窗"等 10 项革新成果是怎么孕育诞生的？5 本技能教材、12 篇技术论文是怎样反复修改、论证，最后定稿出炉的？几十次培训课件是怎么从最初的不成样子到最后的完美呈现的？

生活美好，朋友圈各种晒吃喝、晒旅游、晒幸福，有一天小两口却同时晒了两张图羡煞众人，一张是宋佳喜获"油田工匠"的奖杯，一张是霍明亮优秀党务工作者获奖证书，妥妥地撒了一圈"狗粮"。

2023年"五一"节之前,全国各地,中国石油,大庆油田,好多人都在晒一条好消息——大庆油田90后女集输工宋佳荣获"全国五一巾帼标兵"。与此同时,远在西北大漠的"霍总"转发并再次评论:"太太太优秀了!"

宋佳的父亲也看见了这条消息。

1990年春天,23岁的钻井队机械师宋印平带着初为人父的喜悦和不舍,告别产后虚弱的妻子和襁褓中的女儿,赶赴位于萨尔图区拥军村采油三厂的钻井生产前线。不久后在那里打出三口新井。巧的是,第一口井开钻那天,女儿宋佳刚满月。

2012年春天刚过,22岁的宋佳大学毕业后返回家乡大庆,在第三采油厂一座转油站倒班。好像是眨眼之间,女儿也成了和老爸一样有本事的好工人,站上了各种高端赛场的领奖台。她30岁当上了油田高级技师,31岁当上油田集输工种首席技师,工作十年,两次破格晋级,十多次斩获各种技术大赛奖项,"油田工匠""油田新时代青年先锋"荣誉称号接踵而至。

老爸高兴,女儿也像他年轻时一样爱钻研,别人习以为常的事情,她却总是苦思冥想,多打几个问号,"巡检路线如何规划更合理?""工具怎样革新工人更省力?"革新终于成功,减轻了同事劳动强度,同班大姐说:"干活儿,还得是咱小宋佳!"

有一天,宋佳鼓起勇气,敲开了顶头上司办公室的门,一份调研报告洋洋洒洒近万字,她想把大家联合起来一起干。火热雄心得到了领导支持,宋佳欣喜若狂。2022年11月,由宋佳发起厂工会支持的"萨北青年创新联盟"在采油三厂悄然启动。"联盟"与全厂7个劳模工作室和数字化运维中心数控室的"大部队"联袂作战。年轻人说干就干,冬去春来,联盟成员技能竞赛获奖,革新成功,论文发表,生产难题得到解决。

在铁人身边的我们

　　远在宁夏的"霍总"捷报频传，本阶段工程质量全优，大庆管道"铁军"以实际行动为祖国加油。小两口比翼齐飞的故事在油田内外传为佳话。他们每天隔空喊话，彼此撒娇、调侃、吵架、和好，并计划着下次回来吃好吃的。宋佳也从十年前的"小宋"很多人崇拜追逐的"佳姐"，还成为"大国工匠"刘丽的亲徒弟，威风凛凛的小摩托因主人太忙已闲置太久结了蜘蛛网，只有笔记本电脑任劳任怨，开机时间越来越长。"明星"宋佳，依然是老爸老妈的"老闺女"、公公婆婆的"佳佳"、老公的"媳妇"。

谷雨：时光深处"八一村"

　　谷雨时节，春雨绵绵，春雷滚滚。

　　在大庆油田，有一个叫"拥军村"的地方，是第三采油厂机关所在地。六十多年来，这里的官方名字一变再变，从"安达市农垦三十三场"到"松辽会战第三指挥部"（简称"三部"），再后来叫"大庆石油管理局采油三厂"，到现在的"大庆油田有限责任公司第三采油厂"，只有"拥军"这个"小名"从没变过。

　　一茬茬入职的新人来了，随便一走，就会发现，这里有拥军大街、拥军支行，有拥军一小、拥军二小，有拥军邮局、拥军社区，连公交站牌都是"拥军站"，一年一年，走着，念着，想着，干着，不知不觉就成了地地道道的"拥军"人了。然而，却少有人知，就在拥军村不远处，有过一个"八一村"。

　　春风鼓荡着广袤的原野，草浪轻摇，向一台台埋头工作的"钢铁侠"抽油机问候。我开车沿着"拥军大街"西下三、四公里，在一座计量间附近停下来，一位热情的老师傅大手一挥舞："对，这一片，原来都是八一村！"

然而，令人疑惑的是，之前也有人对我说，老二矿那几栋旧家属楼就是"八一村"，"八一村"就是老二矿！

我又讨教了更老资格的"坐地户"，他们挠了挠稀疏的白发告诉我，听长辈讲过，很多年前，这里住过解放军，"村"里没有真正的房子，只有帐篷，解放军出早操，吹军号，唱军歌，那才是正牌的"八一村"呢！

明媚的阳光下，我眼前没有当年的行军帐篷，也听不见军号声声，甚至找不到任何蛛丝马迹可以为"八一村"的存在佐证，年代久远，也难怪人们的记忆模糊。高天厚土之间，早已经"长"满了勤劳的抽油机、稳重的变压器和洁白的水井房，还有地下一条条阡陌纵横、功能各异的管线，默默讲述着一段不为人知的远去岁月。

"八一村"的历史上，应该出现过多种不同的房子，先是"干打垒"，后来是土房，土房之后是高级平房，再后来，几栋楼房拔地而起，再后来，油田安居工程启动，职工们搬到城里住上更好的房子，"八一村"完成了历史使命，悄然退场。

其实，"八一村"的第一批房子应该是帐篷。

故事发生在20世纪60年代初，沉睡了亿万年的萨尔图草原上，爆发了一件"石破天惊"的大事情，松基三井出油了，松辽石油会战打响了！数以万计的会战大军如海潮般涌进荒原，突然间什么都显得不够用了。钻井生产、建设施工、人吃马嚼都需要水，萨尔图火车站附近两口深井的水都打干了。缺水，铁人王进喜和他的战友们用脸盆端水保开钻。缺水，人只能喝苦涩的碱水。缺水的大会战，就像人没有血液一样动弹不得。万人誓师大会上的拳头举了又举，井越打越多，务必要找到充足的水源，建成一条输水管线，才能保证一个月后把第一车原油运出去稳妥妥地交给国家。

很快，水源找到了，当务之急是抢修一条大口径输水管线。会战工委

在铁人身边的我们

研究决定，这条管线从喇嘛甸的西水源到萨尔图的东油库，17.2公里长，要埋两米深，并在10天内挖好全部土方，30天内全部焊接完毕。"大干红五月"开始了。

黑龙江人民出版社出版的《安达志》忠实记载了1960年萨尔图草原上的第一场春雨，从4月26日那天就早早地来了，那一年刚过谷雨时节，雨量大，雨期长，一连十多天不开晴。令人头疼的是，在气温还没有回暖之前到来的雨水，使刚刚化开表层的草原泥泞不堪，而地下深处的冻土层依然坚硬如钢铁。可就是这时候，必须开始挖土方了。

21岁的小战士刘加枝，从部队转业报到当天就成了一名油建大队的装卸工、电焊工。他跟着师傅，把一段段比腰还粗的圆钢大管子摆在地上，没有老吊车就用大撬棍撬，把它们一字排开，两伙人各把一头，一伙儿往喇嘛甸方向干，一伙儿往萨尔图方向干，越干离家越远，越干离胜利越近，终于焊成一条延绵20公里的伏地长龙。

开挖土方最难时，解放军来了。春雨连绵，军绿色的帐篷群落像草地上的大蘑菇，一夜之间冒了出来。管线沟要挖到2米多深、1米多宽，没有挖沟机，只有人。挖出来的土，齐刷刷地往没有管线的一侧甩，很快就甩出一座小"土山"。沟越挖越深，"山"越来越高，人越来越矮，挥锹甩土越来越困难。

没有一条河流穿过的萨尔图大草原，到处是积水洼塘。长期被雨水浸泡的黑土地，又稀又黏。工地上，积水盈尺，齐腰齐膝。更糟糕的是，小雨变成了大雨，有时暴雨如注、雷电交加，很多已经挖好的地方出现了塌方，雨水"呼呼"地往沟里灌。军民并肩战斗，垒土筑堤，一刻不停地用脸盆、水桶、铁锹淘积水和稀泥，速度慢了雨水会再次灌回沟里。

挥起的铁锹上，拖着黏土带着泥水，太沉了，再从沟底往上甩土实在甩不动了。怎么办呢？地面上的人抓紧把土往远处倒，把"土山"削平。

第四辑 小站深处有佳音

虽然进入雨季，气温却没有跟上来，还在零下四五摄氏度左右，晚上还要更低，有些水面下结了薄冰。野外施工的人，汗水、雨水、带着冰碴的泥水黏在身上，冷得浑身打颤。

管线走直线。挖着挖着，前面是积水两尺多深的沼泽地，干部战士脱下鞋袜，光脚站在没膝深冰凉的泥水中作业。深层的冻土像石头一样坚硬，他们抡起沉重的十字铁镐，拼着力气刨。猛劲儿一镐下去，对碴了，能下来几块小冻土，不对碴，只在地面留下一镐尖印。胳膊抡疼了，手掌起了茧子，磨出了血丝，虎口震裂，十个手指肿起来，吃饭都握不住筷子，可没有人停下来。管线沟一寸一寸顽强掘进，他们挖得真快呀，像猛虎一样，二连的"黏土突击队"，每人每天平均挖黏土20多立方米，一整天的苦战，终于在晚10点胜利穿过沼泽地。

天上，雨日夜不停地下；地上，人昼夜不停地干。执行挖沟任务的红星、红旗两个中队是参加过淮海战役的英雄队，像打仗执行战斗命令一样，指挥员带头跳下深沟，战士紧紧跟上。当年入伍的新战士小李子，自己文化水平低，拿着纸找班长请他代写请战书："你给我写上，我保证做到干字当头，难字靠边。"

多年以后，大庆人依然感念这支无私驰援大油田的神勇"天兵"，他们是人民解放军沈阳军区的3000多工程兵将士，当天接受任务，当天入场开工，跟时间比赛，跟老天争胜，专干最苦最难的活儿，最后仅用5天时间就完成土方任务。

1960年6月1日，披红挂彩的第一列车从东油库满载运出，大庆石油会战初战告捷。石油工人们眼含热泪，握手，相拥，将帽子高高地抛向天空，在高亢的《社会主义好》的乐曲声中，列车一声长啸，徐徐启动滚滚油龙，冲破蒙蒙细雨，去向党中央、向毛主席、向全国人民报喜去了。从此

在铁人身边的我们

后，大庆油田的原油源源不断地汇入新中国石油工业的大动脉。

几天后，会战工委把这条他们视为"生命线"的管线命名为"八一输水管线"，把解放军的驻地命名为"八一村"。

完成了任务，留下40多公里公路和"八一"输水管线，部队又要开赴其他战场了。从春雨到秋雨，"八一村"的战士们"拼"过整个漫长的雨季，一场场硬仗打下来，个个像泥里滚过的猴子，疲累交加。石油工业部部长兼会战总指挥余秋里，特意举办答谢宴亦是送别宴，一穷二白的年代，端上六大盆热腾腾的炒野菜、炖野菜，敬上锦旗"当年淮海惊敌胆，今朝会战展雄风"。多年后，已是国务院副总理的他把这段故事写进《余秋里回忆录》，他深情地叮嘱后人，不能忘了解放军对大庆油田的贡献和帮助。

会战大军用行动"向解放军看齐"，苦干实干，"三老四严"，苦战三年，挺过老天爷考验，在荒原上站稳脚跟，创出惊天奇迹。

人们惊异地发现，大庆石油人的血脉里，熔铸了特有的解放军气质。当年会战大军中的三万多退伍战士和两千多退役军官，本身就是"穿着蓝制服"的解放军。卸掉了领章和帽徽的他们，依旧指哪打哪，让干啥就干啥，上钻台、扛钻杆、管油井、挖土方、当力工、挑饭桶、喂猪做饭、种地、捡粪，甚至去修鞋、理发、打扫卫生，后来井越打越多，厂子越建越多，技术工种奇缺，他们又成了钻井工、采油工、作业工、泥瓦匠、电焊工和管道工。

当了石油人，骨子里还是解放军。勘探开发油田，叫"会战"，叫"拿下"。油田叫战区、领导机构叫指挥部、干部叫指挥。把支部建在基层队。出发时，排队唱歌，喊口号，处处都是一派军营景象。

1966年，"八一村"一带作为萨尔图北部开发区，从"会战第一指挥部"分出，创建"第三指挥部"，人们打井采油，建站盖房，生儿育女。很多男孩的名字都有个"军"字，建军、立军、志军、红军、延军、利军……他们常在"八一管线"隆起的大坝上玩儿，不知不觉，把上面踩得很实很实，成了一条路。

一年又一年，"建军""立军"们长大了，工作敢打敢拼，不怕苦累，很像当年"八一村"的解放军。他们干活有了"老吊车"，有了"挖沟机"，有了数字化油田，"八一输水管线"上的坝楞子消失了，石油城成了一座美丽的百湖城。石油工业部对他们的夸奖"老老实实，埋头苦干"绣在一面锦旗上，字字发光，这八个字里藏着大庆精神铁人精神，闪闪发光、满满当当地装在一代代"拥军人"心里，满满当当。

拥军村专门为有功之臣建的高级楼房已略显老旧，其中一户，住着93岁的荣占海和他的老伴，从八路军到解放军，又成了石油军，他见过"八一村"的帐篷，和战士们并肩战斗过，也享受着新时代的好生活。晒太阳的时候，他喜欢哼《我是一个兵》，更喜欢唱《我为祖国献石油》。

立夏：一口井的燃情与长歌

大庆油田的时节，总是与日历牌上的"规定"不那么合拍，立夏来的时候，天气还像个顽皮的孩子，恋恋不舍地跟春天纠缠，看人家江南已是"日出江花红胜火"，这边的杨柳才出芽，迎春花、丁香花、桃花刚吐蕊，偶尔还会扬一场大雪玩上半天，便爬起来奋起直追，搞得那风连自己也说不清是春风还是夏风，只顾着很卖力气地鼓起腮帮子吹，只要拂过广袤原野，只要爬上高大的抽油机，只要吹动一面面湖水，只要大小动物们都扭扭搭搭地出来溜达，大小植物们都蠢蠢欲动地使劲儿生长。

在铁人身边的我们

眨眼工夫，一场火热的盛夏就会铺天盖地而来，便会搞得翻天覆地，这是任谁也阻止不了的，就像六十多年前，发生在这里的那场创造人类奇迹的石油大会战。

暖烘烘的太阳照在80后女生张南南身上，一路兴奋地追着她从厂地质研究所的资料库快步赶回厂史编撰办公室，一进门，她便向同事们"连珠炮式"地报喜，满室都响着她甜脆脆的声音："我找到咱们三厂的第一口井啦！萨6，就是这个萨6，1960年4月27日开钻，5月12日完钻，这是大庆油田会战早期详探井，也是咱们萨北开发区钻打的第一口探井。真是老资格啊，比建厂还要早呢！"

她发现，这口井投产之初日产油高达53吨，从自喷到转成抽油机采油，后来又装上电泵，每个时期都保持高产，至今仍然雄踞高产井榜单，是第一作业区注采112班的"产油大户"，这简直让人激动得有些上头。

搞了19年油田开发技术工作，南南还是第一次以另一种视角去细"抠"一口井。三天来，她带着"寻根"的任务，一头"扎"进浩繁的地质资料库里"探宝"。在这里，每口井都有自己的独立"户籍"，它们的前世今生沉睡在一本本井史上、在一个个整齐排列的档案盒子里，她怀着敬畏，小心翼翼地翻开发黄的纸页，就像打开一道道历史之门，哗啦啦地，一些久远的信息，便从时光深处穿越而来，强烈地吸引并冲击着她的认知。

20世纪60年代初，松基三井出油，萨66井、杏66井、喇72井，相继喷出高产油流，说明大庆油田是个好油田、是个活油田、是个特大油田。为进一步探明大庆长垣储量，松辽石油会战领导小组挥师北上，决定在萨尔图油田再打20口详探井，并把这光荣的任务交给了四支最过硬的钻井队。

同样是立夏时节，荒原上的气温还没有上来，雨水却连绵不绝。铁人王进喜率队刚打完第一口生产井，准备向下一个井场进发。而刚从新疆赶到大庆的1202队不甘示弱，后起直追，这支被赞誉为"永不卷刃的尖刀"的石油系统老牌标杆队，前任队长是著名的张云清，现任队长是大庆会战"五面红旗"之一的马德仁，全队当月实现了五次开钻、四次完井，创出全站区最高纪录。他们打的第一口胜利井，正是这口萨6井。

打井打疯了，干活拼着命，恐怕没人在意是什么节气了，也没有心思按照老家习俗玩"斗蛋"，更没有条件吃上一顿用五色豆做的米饭，因为锅里只有煮土豆和高粱米饭。在人们心里，"拿下大油田"才是头等大事，恨不得一拳头砸出一口井来，一下子打出个大油田，抱回个"金娃娃"！每个人胸腔里热血沸腾，血管里激情迸发，再大的雨也浇不灭，再冷的天也冻不跑。在他们心里，天天都是红红火火、蓬蓬勃勃、万物生长的立夏日。

大半个世纪过去，如今的萨尔图草原上，雨后春笋般地"长"出一批批油井，浩如繁星。南南惊喜地发现，这口萨6井的位置就在厂机关办公楼不到一公里处，在它周围是萨尔图北部开发区数以万计的油水井，累计向国家交出的原油是个天文数。一代代采油三厂人守着井，奋力"加油"，62年干劲儿不减，如火如荼。南南恍然大悟，原来，从一口井的"立夏日"点燃的精神火种，一直传到今天，还要照耀明天。

大暑：炽热的青春

"炽风送流火，烈日烧腾炉。"七月的大庆油田萨尔图草原，火伞高张，热气蒸腾，一阵急促的暴雨倾盆而下，所有的绿植尽情地伸展腰肢，猛劲儿

在铁人身边的我们

地吸纳天地馈赠之精华。草原北部星火泡沿岸的农田、青草和野花迎来最旺盛的生命季。蛙鸣、蝉鸣、虫鸣、鸟鸣，风声、雷声、雨声、拔节抽穗声、抽油机鸣唱声汇成一曲"万物生长"，在大自然广阔的音乐厅里奏响最美妙的天籁之音。

农田里，密林般的玉米秆又"蹿"出一节，纷纷伸出最顶部的几片叶子，要拔节、抽穗、灌浆了。绿意蓬勃的大豆秧结出娇嫩的幼荚，眼见着伸长了、加宽了、丰厚了。植物们怀里张扬的花朵正在羞涩地谢去，它们的枝干愈发粗壮，而头却缀着日渐丰盈饱满的果实，谦虚地垂下。

太阳暴晒、水分蒸发，光合作用最为活跃，火热的盛暑正是它们孕育的关键期，所有的根、茎、叶都在大口大口地吸取着太阳的能量，在大自然的选择、优化中生发壮大，愉快地唱着——长！长！长！

小狗子伸长了舌头，躲在阴凉里怎么也不愿意出来，老人们哄着孩子在空调房里避暑。太阳射出万道金针，热浪汹涌一次次向抽油机猛扑。刚换完皮从抽油机上带下来的小伙子，一仰脖就喝光了一瓶矿泉水，那水立刻变成晶莹的汗珠从他的额头嘀嘀嗒嗒地砸在地面上。

抽油机，是这片草原上特有的神奇"物种"，它们的数量浩如繁星，有红色的驴头、黄色的曲柄、绿色的减速箱，黑白相间的基础底座，还有灰色的井口流程，浑身上下都是钢筋铁骨，只要通上电，就会日夜不停地"磕头"抽油。

小伙子有着农民一样的古铜肤色，也像农人爱土地一样爱着一座座"钢铁侠"，无论三九天还是三伏天都是他的大忙季，天天抡大锤，爬上爬下，敲敲打打，帮抽油机做体检和养护。他的双臂结实、双腿有力，站得很稳，动作很准，眼神很坚定，浑身上下自带气场。

可他并不是生来勇敢，第一次爬抽油机，腿抖得厉害，心快跳到嗓子眼了，停在二层台缓了二十多分钟，终究还是败下阵来。但他不肯服输，一点点再试，终于克服了恐高，爬上14型抽油机并徒手换好"毛辫子"，征服了这个大家伙，也成为自己的"王"。那一年他24岁，从此以后，不管遇上什么麻烦，他总对自己说"我可以的"。

那座名字叫北2-352-E65的抽油机，就守在通往星火泡的路上。每次小伙子经过，它都点头致意，好像是在说"谢谢你"！

那个周五下午的阳光真是猛烈，35摄氏度的气温简直要把铁烤熟。这口井因"驴头"偏磨不能正常工作了。小伙子手搭凉棚，举头看着那颗高悬在12米空中的硕大"驴头"，天空白亮刺眼，他眼里几乎要盯出火来。

这是作业队刚交的一口井，按照常规，可以等下周一由他们来处理。未来两天只能"趴窝"等待救援了，可农谚说"早稻抢日，晚稻抢时"，农时不许片刻耽误。在油田，也是一样争分夺秒，更何况还是口高产井。等不起啊，身为副班长的他就领人上去了。

年轻人全副武装，用一根安全带把自己吊在"驴头"上，双脚勉强插在铁片扶梯的圆孔里动弹不得，一手把着"驴头"，一手操作管钳。抽油机呼呼地冒着热气，烤得人无法靠前，身体不小心贴上，马上被烫得缩回来。他紧咬牙关，一扣一扣卸下断了的顶部螺丝，再换上新的。

三十分钟后，小伙子完成任务爬下来，站在下面负责安全监护的两位大哥长长松了口气，赶紧帮他解下安全带，发现他的腰背被勒出大块青紫，红工服早已湿透，整个人如水里捞出一般。

小伙子瘫坐在地上，淡定地再次仰头，刚刚身体靠过的那一面"驴头"，已被汗水洇湿成一大片人形水印！

日复一日，这样的"出手"究竟有多少次，连他自己都数不清了。共同的饱食阳光和饱经风雨，成就了人机之间深厚的交情，他们总是相看两不厌，血液保持沸点，就像大暑季疯长的庄稼，生命籽粒越来越饱满充盈。

日复一日，能干的小兵变成常打胜仗的小将，他的"疆域"越来越大，他总是开着那辆白色轻卡，兜着偌大的星火泡、生态园转啊转，天天和"老伙计"们在一起。

烈日炎炎，雷雨阵阵，土壤的高温和湿热为农作物快速生长提供了巨大帮助。青春的风度、气质和体魄亦是在雨热交织的磨砺中完成。

此时，一条火红长卷传遍萨尔图北部开发区，由油田先进党组织206队党支部发起的一次倡议，主题为"石油工人心向党"。展开的长卷气势如虹，满载着新时代石油人的奋斗与坚持，也致敬101年前的7月23日，那也是个火热的大暑日——伟大的中国共产党的梦想启航日。

这一天，小伙子在长长的条幅上郑重签下自己的名字"刘晓旭"，便与第三采油厂3000多名党员的心意会合！

立秋：班长小辛

立秋的天儿说变就变，一阵太阳一阵雨的。中午刚过，天空忽又浓云骤聚，暴雨便冷不防地倾盆而下，持续多日高温的萨北油田，"刷"地一下变得凉爽了，公路上所有汽车的雨刮器都拼命开到了最高挡，广袤原野瞬间变成汪洋。

辛承龙早就提前到队了。干采油的，对付这种特殊天气，必须知道自己该干啥，他认为这是所有注采输班长都该具备的"本能反应"。

这是他34岁的立秋日，也是他成为一名采油人的第十二个年头。一年"新兵"、两年维修工、一年实习技术员、六年副队长的历练，助力他成为油田改革新模式下一名崭新的注采输大班长，带着二十多人，管着一百五十多口油水井，还有计量间、配水间和注入站。作为全厂上百个基本生产单元的"兵头将尾"之一，他拼着一身力气抢大锤、挖穿孔，靠着一腔热血投新井，创效益型铜牌队，披星戴月，顶风冒雪，越战越勇。

他自带一份"老司机"的沉稳，对这种鬼天气从不敢大意。暴雨很容易造成停机、抽油机断皮带，要时刻警惕，保证每台机泵都好好的。还有，安全的事儿分分钟挂在他"心尖儿"上。雨后开关配电箱，一定先用试电笔先试电，以防出现意外。他总是嘱咐大家，在班组群里也说，当面也说，电话也说。

雨一停，他就冲出去了。有三公里多的路段，他要步行"溜"一遍，地下埋着主管道，万一穿孔跑油，被雨水冲大了污染面，可不得了。全班人在不同点位同时行动，太阳重新露头时，两条抽油机皮带已换好，四条打滑的皮带已紧固完毕，挖排水渠的铁锹都备齐。这几天的瞬时雨量大，井场积水不少，还要抓紧挖沟排水，保证作业施工设备随时能开进去。

2010年的立秋日，小辛大学毕业回到采油三厂。他每天上班的地方，离他爷爷生前工作的地方很近，他干的采油，也是爷爷生前干过的。

他是爷爷亲手带大的。说来也巧，爷爷退休那年，他正好出生。他手机里存着一张合影，爷爷抱着刚出生九个月的他，两个人都笑眯眯的。他们的眉眼很像，越看越像。上小学一年级，和小伙伴玩"藏猫猫"时，他发现了一个爷爷的"秘密"。他刚钻进一个大柜子里，就看见角落里一大摞证书和奖章。他挨个打开翻看、抚摸，一枚枚奖章真精致，一张张大红证书真好看，每个都写着爷爷的名字"辛玉和"。

他最喜欢听爷爷讲"打仗"的故事。在抗美援朝战场上，不到二十岁的爷爷因作战英勇成为炮兵班长，后来负伤回国，再后来转业到了玉门油田，再后来来大庆参加松辽石油会战。他摸过爷爷腿上的伤疤，他觉得那是

在铁人身边的我们

块特别的奖章。

那次,他带人连夜处理管线穿孔,因地点在一片树林里不能上机械设备,只能用人挖。他们足足挖了两个小时,又一桶接一桶把积水舀出去,到天黑终于处理完。太累了,中途有人干不动,打了"退堂鼓",他也累,但咬牙坚持到胜利。

那次,零下20多摄氏度,队部的供暖管线冻了。为了不让工人挨冻,他带着几名骨干轮番上阵,用镐一下下刨开一米多深的冻土,从早干到晚,终于把阀门挖出来修好,炉子点着了,暖气送上了,他们几员大将都冻感冒了。当工人们怀着感激和赞许向他竖大拇指时,他觉得就像上台领奖,挺光荣的。他坚信,如果爷爷活着,也会为他点赞的。

立秋了,天高气爽,草木开始结果孕子。石油人都知当年辛玉和最讲"三老四严",为防止刮蜡时出事故,用放大镜一寸寸地仔细检查有没有砂眼。六十多年过去,在这片土地上,严实作风正像谷物日渐丰茂成熟……

不知不觉,辛承龙的证书也有一小摞了,有很多"厂优秀员工",还有一个"油田优秀共产党员",他胸前还有一枚大学二年级就戴上的光闪闪的党徽。他要踩着爷爷的脚印去走,照着爷爷的想法去做。他的名字是爷爷给起的,他牢牢记着,"承"是继承的"承"。

寒露:当秋露寒遇上火山岩

寒露时节,夜凉如水,一轮明亮的上玄月挂上天空,照耀着广袤的松嫩平原,也照进大庆油田勘探开发研究院一间办公室的窗子里。

秋天已经过得差不多了,北方的气温仍在"过山车式"地折腾着,昨天骤然下降,今天又"绝地反弹",明儿还要回落。当"白露"完成了炎热向凉爽的过渡,"寒露"便担起了凉爽向寒冷的转折。于是,深秋翩然而至,落英缤纷而下,四五级的西北风卷土重来,来势汹汹,扫荡着高大钻机、油水井站、生产施工现场,也扫荡着寂寞原野。

北方的供暖期将至未至,要准备与室内不请自来的阴冷寒气斗争一段时间了。月光落在裴明波紧锁的眉头上。他全然不知,外面的世界已是星移斗转、群芳谢幕。他也无暇与最后一批撤退的大雁挥手告别,甚至都没注意到,一拨拨树叶正随风起舞,在天上抒情地飞,在地上撒欢地跑……

他似乎也忘记了,每年这时候,在距离大庆不远处的家乡,一大片黄豆已收割完毕。新鲜的豆子珠圆玉润、颗粒归仓。它们被磨成豆浆,飘来天然的豆香。田野上,大颗大颗的露水,也像豆子一样圆溜溜的,在草尖儿上摇摇欲坠。

天,真的凉了。大部分的小虫子不再折腾,它们已经扯着嗓子热烈地唱了一个夏天。顽皮的蚂蚱还在奋力腾跳,想最后再刷刷存在感。只有菊花,在办公楼前一簇簇怒放着,白亮亮、金灿灿的。

那么,亿万年前的寒露秋月夜是什么样呢?火山喷发的时候是什么样呢?裴明波的大脑皮层兴奋着,想着在外人看来是"臭氧层"里的事情。作为"火山岩储层与气藏识别技术与评价研究"国家973课题负责人,裴明波满脑子都是火山岩,走火入魔了一般。

正常的油气都藏在砂岩里,但是在松辽盆地,有一种特殊的油气藏在一亿年前喷发的火山岩里。

一亿年以前的事,怎么去研究它?那就让时光倒流吧。从现有资料,反推当时火山喷发的样子。那时是什么状态?什么形式?多大范围?怎么流动?波及范围有多远?每个火山之间有什么关系?要搞清楚的问题实在

在铁人身边的我们

是太多了！他要给每个火山做个解剖，看它们的"肚子"里究竟藏着几个油气藏。

这可不是遥不可及的科幻片，这是他神圣的工作和事业。自从干上了油田勘探开发，他便与"地震波"结缘，终日苦思冥想，一条道跑到黑了。

那天深夜，他突然从床上弹起来，大叫："对，现今火山喷发！"妻子惊异地看着爱人又"疯"起来了。只见披一身白月光的他，急火火地打开电脑，点开浏览器，疯狂地在网上"打捞"资料。

在别人的眼里，那些密密麻麻的地震波有如浩瀚天书，而他的目光，却能穿透电脑屏幕，直达几千米的地下，能看见那里有油滴的活跃、有气藏的灵动、有无尽的宝藏。他知道，不同的火山喷发强度不一样，喷发的范围各不相同，岩浆流动的方向也存在差别；而且，火山岩喷发是有间歇性的。他坚信，把这些细细分析，就能使人类对火山岩储层的预测再往前迈一步。

想法很好，难度超大，唯有以梦为马，不舍昼夜。一个寒露季过去，又一个寒露季来临。已从一名技术骨干成长为国家项目子课题负责人的裴明波，带领团队一路拼杀，闯进国际公认的"禁区"，在浩瀚而神秘的火山岩气藏里苦苦探索。

他们目光所及的面积之大，有方圆6000多平方公里。他们的任务之重，是在大庆油田已探明的两个"1000亿"之外，再找第三个"1000亿"。宝藏究竟在哪里？他们反推1亿3千万年前火山喷发的过程，建立分期次的火山口地震识别技术，一共识别了190个不一样的火山口，发现了112个新火山口，相当于找到了112个新的火山岩气藏。从28岁到40岁，12年的持续用力、艰难笃行，迎来一个又一个重大技术突破。

认识永无止境。他喜欢自己的名字"明波"，这一辈子就是要把来自地下几千米的地震波弄个明白。只要能找到更多的油气资源，哪怕踏破千里，穷尽一生！就在这座大楼里，数不清的前辈们都是这样过来的。

深秋，夜凉如水，靠什么守住寂寞清寒？必然是胸膛里那腔永不降温的热望与热血。

霜降：老崔和小孙

这是国庆节后的一个普通工作日，秋日暖阳照在大庆油田萨北开发区一座普通的三层小楼上，楼体东侧"计量检定室"五个红色竖版大字在金色阳光下熠熠生辉。

计量检定室是第三采油厂数字化运维中心的一个工作处所。小院里，每天都有采油班组的轻卡车出出进进，有的来送表，有的来取表。厂里每年大部分的仪器仪表检定任务都是这里完成。在一楼，200多平方米的水表标定间，在机泵的嘈杂声中，常有一老一小两个人在大声交流。

老的叫崔胜海，60后，中等身材，四方脸，一双大眼睛炯炯有神，穿戴永远干干净净。30多年前，这座楼还在设计图纸上的时候，他就在"干"水表检定了。

小的叫孙晨，是个"90后"，半拉研究生，爱说爱笑，爱打篮球，爱学习，大伙儿都叫他小孙。自从小孙调来当计量检定室副主任，这一老一小就成了"忘年交"。

老崔19岁参加工作，到现在正好40年，59岁的人了，看起来一点儿也不像。其实，他自己也没觉得自己老，身上好像总有用不完的劲儿。当组长这么多年，作为组里唯一的男同志，他凡事都往前冲，设备运转，故障判断，机泵维修，阵阵都落不下。老崔每天忙忙乎乎，张罗着把检定完的仪

在铁人身边的我们

仪表准时交到一线生产人员手里，从未耽误过生产。大伙儿都觉得，只要有老崔在，就有了"主心骨"。

日子一天天过去，退休时间也一天天临近，老崔渐渐有了一件心事，日常检定工作有很多力气活，有时还要登高和用电，组里有一位女同志也要退休了，刚来一位身体单薄的女同志，实在不忍心让她挨累，我这身"武艺"传给谁呢？

巧了，夏天的时候，天上"掉下来"个副班长小孙。这个年轻人，总爱追着他问这问那。老崔不仅不烦，反而眉开眼笑，像捡到了宝贝。

老崔最喜欢被提问。他坚信，善于思考的人才会有问题，有问题不怕，只要能问、会问、敢问。于是，在检定现场，这一老一小经常上演"提问"和"回答"。

对于小孙的问题，老崔从来"竹筒倒豆子"倾囊相授，绝不藏着掖着，他时而故作神秘，时而慢声细语，讲着讲着，便兴致勃勃、眉飞色舞。小孙一开始听得似懂非懂，就在小本上记了又记，在现场提问，晚上回家再细细复盘，努力把师傅的答案一点点消化掉。问着问着，不知不觉，他俩的交流已从"单边提问"升级到"互问互答"。

老崔常有一番话挂在嘴边。"不要小瞧这计量工作，油田要注好水、用好水，一切数据的源头就在咱们手里。你看，每口水井上都装水表，每座计量间、中转站、联合站里都有流量计，这些仪器就像人的眼睛和耳朵，咱们搞数字化油田、智能化建设，就是用数据架起高速公路，不能让数据'起根儿'就出问题，要确保耳聪目明。"

小孙心里赞叹，老崔这是把中心主任常讲的道理"翻译"过来了。春去秋来，阳光总是热情透过检定间宽大的落地窗，把一老一小的影子打在塑胶地板上。早上，影子是长长的，中午，影子是短短的，到了傍晚，影子又从另一边长出来。

小孙越来越佩服老前辈，啥时候都惦记着工作上的事儿。哪个班组仪表快到检定日期了还没送来，哪台泵最近不太对劲，哪个牌子的仪表质量怎么样，哪个单位又送来一批新型号的表，都在他心里。有一次，听说第六采油厂新改造了一套水表检定装置刚刚完工，他就火急火燎地去找领导请示，要带着几个年轻人去现场看看。

到了一看，这套新装置不仅精度高、稳定性强，检定时间还能缩短20%，想起家里屡修屡坏的设备，老崔一拍大腿："咱们回去就打改造申请，越快越好！"

小孙问："都要退休了，还操心啊？"

老崔看了看小孙，正色道："改造工程不是小事儿，任意一个环节有问题都会造成大麻烦，轻则影响工作效率，重则增加安全隐患，退休前如果不能看着完工，我不放心呐！"

说到这时，老崔忽然神色一黯，语速变缓："如果条件允许，真想再干上十年……"

下班了，忙了一天的小孙和老崔肩并肩走出室外，阳光洒在围墙上火红火红的叶子上，也悄然落在两个人身上。小孙发现，老崔额头上的皱纹都舒展开了，这股子意气风发的劲儿，真像个年轻人。

冬至：从最长夜出发

时光不居，地球绕着太阳一圈一圈地转着。当阳光垂直打在南回归线上，北半球最短日最长夜就来了。

这一天，天上的太阳最矮，地上的人影最长。严寒向东北大地发起新

在铁人身边的我们

一轮猛攻,北风如刀吹面裂,滴水成冰气成霜,原野上白雪茫茫,钻塔和抽油机周身寒光凛凛。

冬至到,大考至。这是通往春天的唯一通道,也是每一个大庆石油人的入职必经路。天真冷啊,明天会更冷,但别无选择,北风吹就吹吧,风雪来就来吧!不穿越苦寒,没鏖战过冰雪,怎算是铁人的后代?

酷寒怕什么,60多年前,大油田的缔造者们就是这样一个接一个地数着"九"、一战接一战地战着"寒"过来的。亘古荒原上世界级大油田从无到有的奇迹,就是在这条通道中淬炼成的。60多个寒冬里,西北风就是这样卷着暴雪扑向石油人的。然而,困难如冰山,信念如烈火,西北人王进喜"宁肯少活二十年"坚持了下来;南方人王启民"宁肯把心血熬干"坚持了下来;北方人李新民"宁肯经历千难万险"坚持了下来;80后热血青年张晶率队扛起红旗挺进高峰,身后跟着排山倒海的石油大军,越战人越勇,越拼血越热。

路远怕什么,一天两天三天,四天五天六天,七天八天九天,"数九隆冬",久久为功。要知道,从第一个九天奔赴第九个九天,便是阳春了。

冬至日,奋斗日。所有的困难都来吧!屏住气,凝住神,深秋有备无患,入冬厉兵秣马,深冬严阵以待。抽油机迎风斗雪,卡车、电瓶车、"小红人儿"往来穿梭,热血烧红天空。石油人创造历史,寒夜再长也挡不住黎明的到来。

冬夜里,一场发端于第三采油厂的网上读书会持续发酵,"栉风沐雨,行则将至"主题,字字滚烫直抵人心。灯光下,高高帅帅的"全国技术能手"刘可夫、笑眯眯的"油田工匠"宋佳、稳健持重的"功勋员工"程延庆、目光清澈的油田公司技术能手孙博文,围坐热议读书与人生体会。70后程延庆和90后宋佳是一对相映生辉的明星师徒,刘可夫和孙博文刚结为厂创新创效工作室的新伙伴。

"40岁，人生不是过了一大半了吗？我怎么还像一二十岁一般？"作家李一鸣散文集《在路上》的句子勾起了43岁刘可夫的心绪："作家写的是自己，可好像也是在说我。"19岁在社会上打工，29岁代表大庆油田拿到黑龙江省技能竞赛奖牌，31岁获集团公司技能竞赛金牌、中央企业技术能手，34岁当上集团公司技能专家，41岁成了全国技术能手。有人说"可夫你可以了"，他却觉得自己还是那个扛着工具爬杆抢修的外线维修工，还是那个初上赛场斗志昂扬的新选手。

那年冬至日，厂里投产一批新井，可夫顶风冒雪奔赴野外架线。人爬上高杆，身体悬在12米的高空，戴着薄线手套一下一下地拧螺丝。风咬他十根手指，他咬自己牙关；雪扑他身体，他目不转睛地干活，装完横担装刀闸，装完刀闸装绝缘子……终于干完一杆下到地面，拔出插在"脚扣子"里的双脚，人几乎冻僵了，使劲搓手哈哈气，使劲跺脚活活血，便又和同事拽着上百斤铝线，亦步亦趋，蹚着没腰深的积雪，头也不回地向50米外的下一杆前进。

旷野中，狂躁的西北风从没有停止向着新一代石油人肆虐。它示威着，挑战着，号叫着。可夫一杆一杆爬，一杆一杆完成安装，直到干完第30杆，全线送电，天早就黑了。顶着早上的北风出，披着月下的寒光回，睫毛挂着霜花，棉衣冻成咔咔作响的硬壳。夜幕之下，可夫身后，萨北油田一批崭新的机泵、崭新的抽油机井，生动地转起来了！

刚上班时，可夫遇到问题常问老爸。那位老实巴交的老电工，退休10多年后依然能清楚准确地画出自己所供职变电所的全部电路图。北方大地寒风刺骨，铁人纪念馆巍然矗立，这片曾经亘古不变的苦寒之地，而今处处热气腾腾。一代代人与前行路上的"风雪"斗争，一仗一仗打，最后拼的何尝

在铁人身边的我们

不是意志力?

时时用心,必有回响。代代用心,必有功成。漫漫长路,何为栉风沐雨?风雨如磐,唯有前行。就让寒风为我梳头,就让雨水为我沐浴洗礼!

冬至大如年,只因今夜起,一段充满希望与梦想的远征开启。夜未央,行无疆,道阻且长,春归有期。

我们的读书会"自有诗意"

缘起于春天

提起我们的读书会,很多人都觉得"自有诗意"这名字不错。殊不知,我们不只有个好名字,还有很炫酷的LOGO,有新媒体读书会频道,有写作小组,有微电影团队,还有很像样的章程,更有接二连三的好消息。年复一年,在广袤的矿区井站,这团小小"火种",聚拢着一群有趣的人,一起做着有趣的事情,生命里真的就多了一份丰盈自在和美好"诗意"。

大庆油田"自有诗意"读书会的创办是从2016年春天矿里的一场朗诵会开始的。那时候,简陋的机关会议室刚安上了崭新的电子屏,让人觉得很新鲜,主席台前排的桌子往旁边一挪,就成了一个小舞台。每个人上来都很兴奋,这些来自基层一线的"油三代"们,有大学生,有硕士生,还有在读博士生,他们上班,穿上工作服巡井、量油、填写报表,下了班,换上休闲服弹钢琴、跳舞、打网游。他们头发乌黑、眼眸明亮,像一只只含苞欲放的花骨朵,渴望绽放,也需要呵护和栽培。把他们组织起来,有个"好玩儿"的去处,让这些"小苗"向阳而生,这也是我们成立读书会的初衷。

在铁人身边的我们

"朗读者"们的样子

"朗读者"们很投入,每每读到精彩处,全然一副忘我陶醉的状态。一位叫淞铭的小帅哥还是个"书痴",说起读书如数家珍、头头是道,越说越高兴。我发现,他们不仅朗诵有"专业范儿",油井管得也很上档次,在工作上,不是"小班长"就是生产骨干,能在"抡大锤""扳阀门""拿话筒""诵读诗词"之间自由转换,纯正的新时代油田"生力军"。听着,看着,聊着,想着,不觉间有了灵感,我很快创作出一首朗诵诗,题目为《春天,我们从大庆出发》。

不久之后,在厂"五四"青年节活动上,淞铭、天宇等四名会员激情满满地朗诵了这首专门为他们写的诗。偌大会场,所有人屏住呼吸,倾听书声琅琅,感受诗情浩荡,单调的采油生活多了一抹亮丽色彩。这场活动颠覆了人们印象里原有的"采油工"形象,满堂的喝彩全部送给这群充满活力、阳光自信的年轻人。

读书会成员一起线上读诗、品书、写读后感、开网上朗读会、搞主题征文,计划紧跟着行动,行动之后又接上想法,每月都有新"节目",读书会像一豆"火苗"盈盈发光,引人前行,有彼此同路的伙伴,有互相欣赏的知音,工作辛苦,但生活美好,充满收获和希望。

都是"自己人"

读写多了,感悟多了,自信心也见长。秋天来了,厂征集廉政微电影的通知一下来就激发了大家的创作"瘾",有人主动担纲写"最较劲儿"的剧本,有人毛遂自荐当演员,有人跑前跑后干"剧务",同事家的客厅成了临时摄影棚，演职人员全部是"自己人"。剧本修改了好几次，不仅要有细节还要有噱头、有亮点，有时为一句台词儿憋得脑仁儿疼，忽然想出好点子，立即击掌相庆。拍，不轻松，剪片更不易，小乔和天宇连熬三个通宵捧出"新生儿"，饱含心血和激情的片子从厂、大庆油田公司、集团公司一路"通关"获奖，萨北石油人故事到处流传，得知喜讯，"自有诗意"读书会群里沸腾了。

公众号上的读书频道火了，一篇篇青涩却满怀热望的投稿雪片一样飞来，我用了好几个晚上逐篇逐字看完，再用更多时间与每一位作者交流。一个女孩微信里发来了眼泪汪汪的表情："长这么大，还没有谁像您这么地耐心教我一篇东西该怎么写……"时间一天天过去，茹楠、于磊、红艳的读后感见报了，晓雪的文章上刊了，晓跃、淞铭、丽群的征文获奖了，小朴、胡越等5人被黑龙江省《党的生活》杂志社评为读者俱乐部积极分子；丽华、春盛和我的名字登上了全国总工会读书征文光荣榜，海波还拿了个"中国梦劳动美"的全国大奖，大伙儿积极性更高了，队伍从十几人发展到几十人、近百人，读书氛围更浓了。

北京，一抹"石油红"

2018年底，我和当时的矿党委书记韩秋站上中华全国总工会的领奖台，来自大庆油田的"自有诗意"读书会被评为全国职工书屋读书活动优秀品牌。2019年春天，我带着十几名会员应邀走上大庆油田"首届朗读者"电视节目录制现场，与"大国工匠"刘丽、《铁人传》作者孙宝范同台交流。站在舞台中央，我们再次朗读那首《春天，我们从大庆出发》，在"高大上"的油田六百平方米演播大厅，一颗颗文字带着神奇的力量，把火热的石油情

在铁人身边的我们

愫传向远方。

2019年"世界读书日"这一天,我再次受邀去北京参加中华全国总工会"阅读经典好书,争当时代工匠"主题活动,我怀着激动的心情,现场听全国职工书屋公益代言人,著名演员萨日娜老师朗诵了我创作的小诗《相约春天》,我身穿"石油红"工服,带着大庆油田职工自己的读书故事,与全国总工会领导和各省地区职工书屋负责人同场交流,深感光荣和自豪。

做一团"小火苗"

书香沁润心灵,这些年,会员们在各级平台、报刊累计发表文学、文艺作品上百篇,有十多人获得国家级、省部级征文奖励。老会员茁壮成长,陆续充斥到油田、厂、作业区、班组成为业务骨干,有的成了油田规划设计师,有的在基层带队伍,有的成为油田各级机关工作人员,每个人心里还常驻着一起读书时的美好时光,又各自成为一团"小火苗",去照亮别人。

我自己也加入了中国作家协会,出版了四本文集,被评为中国作协"深入生活,扎根基层"先进个人。最难忘的是,2021年12月,我去北京参加了中国作协第十次全国代表大会,现场聆听了习近平总书记重要讲话,获得巨大鼓舞和激励。

光阴荏苒,2022年的春天来了,读书会又充实新鲜血液,迎来厂数字化运维中心的二十几名新会员,厂工会支持我们的首场读书分享会以直播方式面向全国书友开放。活动前,我们的老朋友,全国总工会工人出版社从北京寄来的一批好书,工人出版社资深文学编辑宋扬老师特意连线为我们做精彩导读。现场嘉宾都是我们自己的同事,有全国技术能手刘可夫,有女软件工程师,有厂"铁人式好员工",大家一起荐书、品书、读书,一个小时过去了仍意犹未尽。

最后一刻,会场传来老会员天宇清脆又熟悉的声音,他朗诵的《读书倡议书》道出每个人共同的心声——"如今,读书会这粒小小'火种',在萨北油田生根发芽,让诗书之气、铁人精神之气、石油文化之气,在更多人心中'燎原'。让我们在阅读中更深切体验人生百味、感受万丈豪情;执着求索,怀抱温暖阳光;汲取奋进的智慧和力量……"

2016年,"自有诗意"读书会由大庆油田第三采油厂员工崔英春创办。2018年11月,该读书会被中华全国总工会评为全国职工书屋读书活动优秀品牌。经过六年发展,读书会会员不仅在本厂,在大庆油田其他单位乃至全国职工书屋活动中都有影响。(编者注)

代后记

我们的作家代表证

2021年12月12日,我乘坐的动车还在行进中,早到的代表就已经在朋友圈里晒代表证,石油团的路小路老师已经在开全委会了。下午4点多,我的双脚真真实实踩在北京朝阳站水泥地面上的时候,心才踏实下来。

下午5点30分一路辗转,我终于准时赶到会议驻地北京站附近的湖南大厦,在一楼大厅,几位和我一样兴奋的女作家在"签到处"牌子前拍照。她们胸前的代表证红艳艳的,脸上喜盈盈的。

进房间第一眼,我就发现了桌上的4个代表证,仔细摸了一下我自己的那张,我的照片和名字清清楚楚地印在上面——中国作协的会标、防伪标志和编号,"北京2021""中国作家协会第十次全国代表大会""行业系统代表团"。我小心翼翼地别上一枚党徽,再把代表证端端正正地戴在左胸前,人立马就精神了。

放下箱子,我去找路小路老师。巧了,他就在我隔壁。小路其实是老路,老名片、老资格、老作家、老名人、老领导,中国作协全委会委员,5年一届的全国作代会的三朝元老。当年中国石油作家协会就由他一手筹建。

路小路穿着一件浅绿色的薄羽绒服,直溜溜的小个子,好像浑身都是干劲儿。他的代表证端端正正地戴着,红光满面。代表证后面是辉煌的文学成就，我在百度里发现一大堆。他一摆手，哈哈乐："过时了，过时了。"他把帮我们打印好的纸质文件交到我手里说："你发给他们几个吧！拿回去报销，自己也做个纪念。"

长庆油田的第广龙老师、华北油田的殷常青老师知道我来了，也急火火地来取代表证。晚上10点，远在3000公里之外的新疆塔里木油田的杨秀玲老师辗转11个小时赶到宾馆了，我第一时间把代表证送到她房间去。

有了这个证，我们的"石油五人团"接上头了。12个行业60名作家聚齐了。

行业团是这次大会最大军团，阵容庞大，囊括了大大小小12个小团，石油、煤炭、公安、电力、水力、铁路、冶金、自然资源、金融、科普，各行各业的作家应有尽有，令我眼花缭乱。

戴着这个证，在整座湖南大厦，行业系统代表团、浙江省代表团、湖南省代表团、海南省代表团、重庆市团，200多人成为"自己人"了。

第二天下午2点，在北京国际酒店会议中心3楼紫金厅，第一次全体代表大会上，800多名作家代表"会师"了。

12月14日上午10点30，人民大会堂，中国文联第十一次代表大会、中国作协第十次全国代表大会开幕式上，3000名作家代表、文艺界代表、特邀嘉宾与以习近平同志为核心的国家领导人见面了！

这天早上，浩浩荡荡的中巴车、大巴车从北京国际饭店出发，从好苑建国酒店出发，从首都宾馆出发，从湖南大厦出发，结成队，连成线，同向同行，百川入海，同时奔向人民大会堂。

我坐在第19排70号舒适的座椅上，举头是浩如繁星的"穹顶"，脚下是软软的地毯，正前方的主席台强烈地吸引着我的目光。巨幅会标下，黄色幕布映衬着面面红旗，庄严肃穆，恢宏大气，充满神秘。这里，无数次见证、创造、记录了新中国的历史剪影和未来走向，是一代代中国人的梦想之地、希望所在。跻身在3000名艺术家、作家"星河"里的我，只是一滴小小的水珠，却有幸被"收编"汇入壮阔的文学洪流。此刻，代表证就是身份证，就是通行证。那上面，没有任何职务、头衔，只有名字和照片，红艳艳、亮闪闪，戴在每个人的左胸前，是那么干净、纯粹、圣洁、荣耀！

全体起立，高唱国歌。在热烈的掌声中，习近平总书记开始讲话。他的声音洪亮、悦耳、熟悉，他是全中国人心中最大的明星。而此刻，我离他那么近。他就在我们中间，在人民中间！

习近平总书记的讲话，高瞻远瞩、振奋人心，是一篇闪耀着马克思主义真理光芒的纲领性文献，继承和发展了马克思主义文艺观，开辟了中国特色社会主义文艺理论的新境界，是新时代文艺发展的行动指南。习近平总书记充分肯定了全国文艺界在党的十八大以来取得丰硕成果，同时对广大文艺工作者提出五点希望，一是心系民族复兴伟业，热忱描绘新时代新征程的恢宏气象；二是坚守人民立场，书写生生不息的人民史诗；三是坚持守正创新，用跟上时代的精品力作开拓文艺新境界；四是用情用力讲好中国故事，向世界展现可信、可爱、可敬的中国形象；五是坚持弘扬正道，在追求德艺双馨中成就人生价值。总书记语重心长地勉励大家要增强文化自觉、坚定文化自信，展示中国文艺新气象，铸就中华文化新辉煌，为实现第二个百年奋斗目标、实现中华民族伟大复兴的中国梦提供强大的价值引导力、文化凝聚力、精神推动力。这五点希望，既是世界观，也是方法论，殷殷嘱托，谆谆教诲，字字含情。他站在历史的高度教我们一个作家应该以什么立场去创作、应该写什么。

文艺承担着成风化人的职责。立德树人的人，必先立己；铸魂培根的人，必先铸己。广大文艺工作者要把个人的道德修养、社会形象与作品的社会效果统一起来，坚守艺术理想，追求德艺双馨，努力以高尚的操守和文质兼美的作品，为历史存正气、为世人弘美德、为自身留清名。文艺要通俗，但决不能庸俗、低俗、媚俗。文艺要生活，但决不能成为不良风气的制造者、跟风者、鼓吹者。文艺要创新，但决不能搞光怪陆离、荒腔走板的东西。文艺要效益，但决不能沾染铜臭气、当市场的奴隶。创作要靠心血，表演要靠实力，形象要靠塑造，效益要靠品质，名声要靠德艺。广大文艺工作者要珍惜自己的社会影响，认真严肃地考虑作品的社会效果。一个文艺工作者如果品行不端，人民不会接受，时代也不会接受！不自重就得不到尊重！广大文艺工作者要讲品位、讲格调、讲责任，堂堂正正做人、清清白白做事，歌颂真善美、针砭假恶丑。要弘扬行风艺德，营造自尊自爱、互学互鉴、天朗气清的行业风气。

"生活就是人民，人民就是生活""只有深入人民群众中，才能揭示生活本质，把握时代脉搏；也才能够领悟人民心声，塑造新时代的经典人物"这些话，声声入耳，句句入心。我深深牢记，融化于心灵深处。习近平总书记始终强调"人民至上"，以人民为中心，为人民创作。作为一名石油作家，我比任何时候都意识到自己在新时代的这份新使命、这个新任务，我要以更为深邃的视野、更为博大的胸怀、更为自信的态度去书写。我深知，好好写石油人就是写人民，好好写石油人的新生活、新变化，就是写这个新时代。我要把大庆油田的火热实践和精彩故事讲给世界听，把更为生动立体的大庆油田展示出来；要让自己的文字时刻在场，永远担当！

我的思绪奔涌着，在基层一线写了 30 年，我坚持把脚下这片广袤油田作为创作主场，把身边的"石油明星"作为关注主角，把他们放在最高位置去创作，我的灵感一次次像奔涌的泉水源源不断。这些年，我就是在这种感觉中，迎来一篇又一篇的作品发表、新书出版、新文获奖，2019 年 3 月加入黑龙江省作家协会，2020年4月加入中国石油作家协会，2020年8月加入中国作家协会，3年时间，完成了我的文学会籍"三级跳"。很多人羡慕我，赞美我当上了"国"字头作家，我时刻不敢偷懒。"国"字头不是漂亮头衔，而是更大责任。

2020年11月，石油作协选派我参加中国作家协会"中国一日"大型主题文学实践活动。一大早，我背起简单行李，在楼下早餐店买了10个馅饼就出发了，开车一个小时，走进距离市区百公里之外的乡村，走进驻村干部办公室，走上田间地头，夜宿百姓家炕头，连夜写出散文《二龙山村的笑容》，一周后在《黑龙江日报》发表，很快获"学习强国"平台转发。之后，我写出了一系列扶贫故事，《地火》《党的生活》《中国石油报》《大庆日报》《大庆晚报》等分别以报告文学、散文、消息等不同文体刊发。大庆市杜尔伯特蒙古族自治县莲花湖边的小小二龙山村，新时代脱贫故事，通过我的笔向更多地方流传。

2021年5月，我非常荣幸再次参加"中国一日"活动，来到大庆油田第三采油厂刚刚经历企业改革后脱胎换骨的注采206班。2019年，我曾以报告文学《吸铁石》记录过这个热气腾腾、充满正能量的基层党支部的日常。时间过去了一年，他们现在是什么样子？带着感情，我写出了《我和我的"206"》《我"绿萝"一样的"206"》系列报告文学和散文，在《中国石油报》《黑龙江日报》《地火》陆续刊出。

从2021年夏天开始，在大庆油田公司党委宣传部领导大力支持下，我作为重大典型宣传创作组主要成员，一头扎进1205钢铁钻井队驻队采访，跟钻工一起上零点班，一起吃食堂、上钻塔、住工房，连续驻队两周。荒野中，与井架为伍，我记的采访笔记有好几本。驻队采访结束后，我再次独自驾车往返120多公里去体验井队生活，"白加黑"连轴转，捕捉鲜活细节。

当一个又一个石油明星跃然纸上,"人民楷模王启民""新铁人李新民""三老四严传人李雪莹"的故事声名远扬,我体会到了最大的幸福。我常想,即便我的身体老了,即便我的笔还稚嫩,只要还有力气,还是写下去,写石油、写大庆、写三厂人、写身边人。"在人民的壮阔奋斗中,随时跳跃着创造历史的火热篇章。汇聚起来,就是一部人民的史诗。"对一名写作者来说,深度参与,生动记录,穷尽毕生之微力,去雕刻一滴草尖上的朝露。当无数个它们汇聚起来,成为小溪流,成为大江大河,汇入滚滚大海大洋,就是以自己的方式融入这个时代。这样,我的写作就有了意义。带着这样的情感劳作,晨昏敲打,我乐而忘返、甘之如饴。

此刻,我的思绪又回到北京作代会的会场。在这里,习近平总书记的心与所有人的心息息相通,文学的心与时代的心一起跳动。在这里,无时无处不激扬着豪情、鼓荡着力量。来自天南海北、各行各业的作家,每个人都不同。有的正当旺盛中年,有的已鬓角斑白,有的一身军装,有的一身警服,有的一身民族服装,相同的是,每个人都春风满面、意气风发。在这里,开放、包容、激越、振奋的气息无处不在。我这粒小小的文学分子正被中华大地上浩荡的洪流所吸纳,正在脱壳出一个新我。我珍惜胸前的代表证,珍惜"石油作家"之名并深深感恩,我觉得,我赶上了好时候!

从北京开会回来,又回到火热的生活和寂寞的写作中。回顾这些天的经历,我很激动也很兴奋,内心受到强烈的鼓舞。从没有想过,因为写"作文",能写到北京去,写进人民大会堂,见到习近平总书记,并且获得中国石油最高领导集体的高规格接见。回来以后,又受到大庆油田公司主要领导和我们三厂领导的接见。这是我作为一名普通石油写作者的福分和荣耀,也必然成为我坚持写下去的强大动力。这些天,很多人关心我、羡慕我、祝福我,为我高兴,说你真了不起、你真光荣、你真幸福。其实,我只是一个代表，是中国石油了不起，是大庆油田了不起。我结识的天南海北的作家们，当他们知道我是大庆油田来的，都很关心，对我们的油田发展很关注，并且纷纷对大庆精神铁人精神表达敬意。

18日下午，我利用返程前最后一点时间，接受全国总工会职工书屋的邀请，参观了工人出版社社史展。在展馆最醒目的位置，我看见一本题为《工人阶级的光辉形象王铁人》的小书。1966年2月出版，定价是一毛八分钱。铁人精神在中国的影响历久弥新，作为大庆人，我激动且荣耀。

临行前，我把去北京开会的消息报告了"人民楷模""大庆新铁人"王启民老总，他在微信里为我点了一个大大的赞，祝贺我，为我高兴。这两年，采访交流的过程，他老人家对我诸多鼓励、支持、关注和影响，成为我前行的动力。写《铁人传》的孙宝范老先生读到我写的1205钻井队的文章，第一时间给我打来电话祝贺也给予很多具体指点；1205队的弟兄们也常为我点赞。2021年下半年，我作为油田宣传部重大典型创作组成员多次驻队采访，持续关注页岩油前线的"战事"，有幸和队长张晶，和全队人都交上朋友，我采访到很多他们的奋斗故事，常常被他们打动，这些都成了我丰富的创作素材。

我这棵幸运的"文学小草"背后是中国石油的航母，头上是大庆油田的阳光，脚下是大庆精神铁人精神的沃土。这些年，无论是写新闻故事，还是写报告文学，我得到了三厂领导、大庆油田党委宣传部、文联和石油文联的大力扶持。2020年初，大庆油田文联选送我参加省作代会，选派我参加萧红文学院学习，助力我不断增进写作本领，为我创作提供强大助推力和广阔舞台。

回来后，大庆油田党委、油田文联连续举办两场座谈会，我作为大庆油田唯一参加中国文联十一代会、中国作协十代会的代表做了重点汇报，领导就学习落实习近平总书记重要讲话精神做出部署、提出要求,这是组织对我们石油文学事业和石油作家的支持和关心,是对我们的激励和鞭策,更为我们今后的创作注入了无限的动力。

正如习近平总书记所说:"当代中国,江山壮丽,人民豪迈,前程远大。"我深感生逢其时,更坚定了书写伟大时代、讴歌伟大实践、写好石油故事和石油明星的决心。我把这枚宝贵的作家代表证收好,珍藏,更加坚定决心,要以手中的笔,继续宣传中国石油,展示大庆油田,讴歌大庆油田,讲好石油故事,为唱响"我为祖国献石油"主旋律注入时代强音。